[11] FISHMAN R. Urban Utopias in the Twentieth Century: Ebenezer Howard, Frank Lloyd Wright, Le Corbusier[M]. Cambridge, Massachusetts: MIT Press, 1982: 3-22.

[12] CHOAY F. The Rule and the Model: On the Theory of Architecture and Urbanism, ed. Denise Bratton[M]. Cambridge: MIT Press, 1997.

[13] WATSON V. African urban fantasies: dreams or nightmares? [J]. Environment and urbanization, 2014, 26(1): 215-231.

中国校本教研与校本课程数字出版平台
中国校本教研网 www.schooledu.com.cn
◎特别推荐◎

小学科学实验总动员

大科学课堂有效提升学生创新力

江美华◎著

江蘇教育出版社

序　言

胡锦涛同志在庆祝清华大学建校100周年大会上指出："全面贯彻党的教育方针，坚持育人为本、德育为先……着力增强学生服务国家、服务人民的社会责任感、勇于探索的创新精神、善于解决问题的实践能力，努力培养德智体美全面发展的社会主义建设者和接班人。"综合国力的竞争说到底是人才的竞争，在贯彻《国家中长期教育改革和发展规划纲要（2010—2020年）》中，创新人才培养是当前教育改革中的一个重要问题，必须"从娃娃抓起"，贯彻于教育的全过程中。其中，结合小学科学课程的教学，如何带领孩子们走出课堂、走向社会、走向大自然，促使孩子们对生命进行探索，吸引了许多有志向的教育工作者的注意力。他们做了大量的探索与研究工作，浙江金师附小江美华老师就是其中的一位。

江美华老师有着21年的小学科学教育经历，他忠实于党的教育事业，认为课外是孩子们学科学和用科学的广阔天地，在这片广阔的天地里，孩子们的身心能得到健康成长，科学素养能得到有效提升。他同时认为，课内外相结合的科学课才是完整的科学课，孩子们在课内学习了科学知识和实验方法，在课外获得了应用科学知识和实践科学方法的机会。多年来，他不但深入进行了教育理论方面的探讨和研究，更难能可贵的是他兢兢业业、孜孜不倦，克服了许多困难，坚持进行尝试、探索、实践，积累了丰富的经验和体会。他把积累的经验和体会加以系统化的整理，写成了这部20余万字的专著，是很值得称道的。

书中用10章系统地阐述了小学科学实验活动的教育价值，以及如何开展和评价小学科学实验活动的项目。其中，大量穿插了他在指导学生开展科学实验活动过程中面对困难和挫折时如何坚守理想和信念的感人故事。

他在书中指出，科学教育要为学生的全面发展和终身发展奠基，必须从旧思维走向新实践，必须从小课堂走向大课堂，让更多的学生走向生活，让更多的学生融入社会，让更多的学生回归大自然。书中分别介绍了世界著名实验室、科学探究实验室以及孩子们的家庭实验室，以扩大科学教师的视野、开拓他们的思路；还介绍了当下西方国家颇为流行的科学实验成果集和科学实验记录袋的组织和评价。科学实验活动不但让科学课变得丰满了，更重要的是切实提升了孩子们的科学素养。

书中也实话实说，叙述了个中的酸甜苦辣。由于受应试教育和传统观念的影响，科学实验活动当前还只是在少数学校开展，还只是一部分学生受益于此项活动成果。但素质教育是世界教育发展的趋势，它是不以人的意志为转移的。创新教育就是以培养人的创新精神和创新能力为基本价值取向的教育。在普及九年义务教育的基础上，在全面实施素质教育的过程中，为迎接知识经济时代的挑战，我们着重研究与解决在基础教育领域如何培养学生的创新意识、创新精神和创新能力的问题。这是当前一个十分重要的课题，因此我特向读者推荐本书。我相信，本书的出版，将对此问题的研究与解决起到十分有益的推动作用。

是为序。

中国工程院院士
哈尔滨工业大学教授 黄文虎
博士生导师

2012年9月9日

目　录

Contents

第一章 对小学科学教育的新思考

近年来，世界各国都加大了科学课程改革力度，注重儿童对周围世界的探究兴趣和需要，强调用符合儿童年龄特点的方式学习科学，提倡科学课程贴近儿童的生活。

在这样的背景下，我国于2001年秋，在小学科学教育领域展开了一场全面而深刻的改革。在这场改革中，沿袭了78年的《小学自然》更名为《小学科学》，并明确提出了“以培养科学素养为宗旨”和“以科学探究为核心”的改革实践，诞生了新中国成立以来第一部国家科学课程标准——《科学课程标准（3～6年级）》（以下简称《课程标准》），并陆续出版了不同风格、多元化的课程标准实验教材，即教科版、苏教版、青岛版、粤教版、鄂教版、大象版、河北版、湘版。

对于这次小学科学课程改革，南京师范大学博士生导师、教育部基础教育改革专家组成员、国家基础教育课程项目小学科学课程标准研制组负责人、江苏教育出版社《科学》教材主编郝京华老师这样评述：

发生在21世纪的中国基础教育改革的社会背景之一是对创新人才的呼唤；其二是科技时代对人的科学素质的要求。前者是改革开放的中国欲“自立于世界民族之林”的需求，即《基础教育课程改革纲要》中所说的“为了中华民族的振兴”；后者是针对科学技术已如此广泛、深入地影响着个人及整个社会生活、生产，科学素质已成为个体生存的基本条件而提出来的。

科学素质的内涵是个复杂的结构，大体包括了六个领域——科学知识、科学方法、科学精神与态度、科学本质、科学的价值及科学与技术的关系。这与20世纪60年代的科学教育取向——“儿童像科学家一样”有着巨大的差别，对“科学素质”的关注是《基础教育课程改革纲要》中“为了每一个学生的发展”的理念在科学学科中的逻辑顺延。

这一时期，我国小学科学教育得到了快速的发展。在改革过程中涌现出来的大量事件，既包含了改革的各种尝试、观念的碰撞、思想的磨砺和丰富的实践体验，又记录了现实文化背景下我国小学科学教育发展的独特轨迹，值得我们深入地思考和研究。也是在这一时期，我们还共同关注和反复探讨了哪些是科学教育的基本问题，在认识和实践方面取得了哪些实质性的进展，曾经以及正在面对的矛盾、冲突和困惑是什么。这种思考和研究，对于丰富我国科学教育工作者的认识，提升改革的经验，以及解决我国科学教育中存在的深层次问题，将具有积极的意义。

第一节　对小学科学教育价值和过程的新思考

科学教育在很长的一段时间里担负着向人们传授科学知识之重任，而且起到了应有的作用。但在新的时代背景下，科学教育的价值到底是什么？科学教育的价值应该怎样去实现？这的确是两个非常值得思考和探讨的重要问题。

一、对小学科学教育价值的新思考——追求真善美的和谐统一

在知识经济时代，以培养创新型人才为宗旨的科学教育在社会和教育系统中的地位得到了空前的提高。从这个意义上说，科学教育是知识经济和现代教育的灵魂。

从广义上讲，科学教育是一种通过科学知识、科学观念、科学方法、科学精神等教育来培养人的全面科学素养，并促进社会全面进步的人类实践活动。因此，科学教育的价值是多维的、统一的。

不过，相比较而言，科学教育的价值在统一性上表现得尤为明显，即科学教育是追求真、善、美相统一的教育，是追求自由、和谐的教育。根据科学教育价值关系中主体的不同，我们可以从科学教育的个体价值、社会价值

和综合价值三个方面来探讨这种统一性。

1. 科学教育的个体价值

科学教育的个体价值是指科学教育的属性对个体的需要及发展的满足和适合程度。就对个体全面素养的作用而言，科学教育的个体价值可概括为培养和提高人的全面科学素养。科学素养在现代人的心理品质结构中居于基础地位，没有良好科学素养的心理品质是不全面的或空洞的。而所谓“全面”，是指科学教育在培养人的科学素养时是知、情、意、行并重的，是智力因素和非智力因素协调发展的。

科学是揭示自然界、社会和人的思维发展的客观规律，使人获得真理、摆脱愚昧、走向“人性的完善”的活动。科学教育再现和浓缩了人类科学活动的漫长历史，将科学知识以一种无比概括的高效方式传给受教育者，从而为培养人的合理的智力结构打下良好的基础。

虽然科学知识教育在科学教育中仍然非常重要（因为科学知识结构是训练人的理性、培养人的智力结构的基础），但随着社会的发展，人们越来越深刻地认识到，科学教育不仅仅是科学知识教育，关于科学情感态度和价值观的教育比科学知识教育更为重要。

2. 科学教育的社会价值

科学教育的社会价值是指科学教育的属性对社会的需要及发展的满足和适合程度。著名科学家贝尔纳认为科学有三方面的社会价值：一是直接满足人类的需要；二是社会变革的主要力量；三是用来发现社会运动和社会需要的意义和方向。而这三方面的价值又可以概括为物质价值和精神价值两个方面。科学教育是一种以科学为中心的人类活动，其价值也有物质价值和精神价值之分。不过，科学教育的物质价值和精神价值又可概括成一点，那就是“促进社会全面进步”。

（1）物质价值

科学教育的物质价值有物质生产价值、消费价值之分，但主要是物质生产价值，或称生产力价值。马克思提出“科学技术是生产力”的观点，邓小平则进一步提出“科学技术是第一生产力”的观点。科技作为生产力，是潜在的和间接的，要把这种潜在的和间接的生产力变为直接的生产力，就得通过教育，尤其是通过科学教育来培养人。邓小平认为，“要实现四个现代化，科学技术是关键”，这很好地概括了科学教育的生产力价值。在知识经济时代，不仅知识成为生产力，教育也将成为“知识生产力”，而科学教育则是首要的“知识生产力”。

综观当今世界，可以发现，经济竞争、综合国力竞争的重要方面实际上是科技竞争，归根到底又是科学教育的竞争。科学教育可提高社会科学能力的总体水平，是科技加速发展的内在动力，是提高民族素养的根本途径。基于此，各国都非常重视科学教育。如日本在近一个多世纪的发展中，先后采取了“教育立国”“技术立国”和“质量立国”的战略，可见日本对科学教育的高度重视。这很好理解，科技和教育的密切关系最充分地表现在科学教育上，抓科技就必须抓教育，尤其是要抓科学教育。

(2) 精神价值

科学教育具有使人产生巨大的精神生产和精神享受的价值，而精神生产和精神享受价值都是文化价值，科学教育的文化价值最根本的又是文化革新和文化建设价值。

科学教育的文化革新价值表现在两个方面。首先，科学领域的开拓。科学革命引起的文化革新最先只是在一个较小的范围内发生，要扩大这种革新的范围，提高革新的力度，必须借助大规模的科学教育。其次，科学教育通过直接培养创新型人才来作用于传统文化，也能引起文化的革新，这种文化革新能力甚至是衡量当代民族文化素质高低的重要标志。

科学教育的文化革新价值又表现为三个层次。第一，科学教育“生产”的新科技进入物质文化领域，会扩大物质文化范围，其内涵必变。第二，科学教育本身作为一种制度文化，其革新必然会引起教育制度、政治制度和经济制度等其他制度文化的变革。作为制度文化的外部因素，科学教育又通过吸收、借鉴、扩散别国和其他地区的先进科技知识而引起制度文化的变革。第三，科学教育通过对文化核心部分的冲击而引起文化革新，如“理解科学”教育可以改变人们对自然界的态度，由崇拜自然、征服自然到与自然相协调。

科学教育的社会价值是物质价值和精神价值的统一。精神价值通过物质价值来表现，物质价值以精神价值为灵魂。

3. 科学教育的综合价值

人是个体人和社会人的统一，科学教育是个体价值和社会价值的统一。所谓科学教育的综合价值，是指它的个体价值和社会价值相统一的价值。我们说，科学教育追求真、善、美以及自由与和谐，这就是科学教育的综合价值。

科学活动是求“真”的活动。“真”即真理、规律，科学教育首先就是要展示自然界、人类社会及人的思维发展的规律，还应被纳入真理发现的过程中去，成为人类发现真理过程中的重要一环。“求真”是人和动物的本质区别之一，培养求真的方法、态度和精神是科学教育的主要目标之一。在科技知识剧增的今天，关于科学方法和能力的教育将比关于科学知识的教育更为重要，谁掌握了科学方法和能力，谁就掌握了获取科学知识的武器。

科学活动是求“善”的活动。恩格斯说：“科学愈是毫无顾忌和大公无私，它就愈加符合于人的利益和愿望。”科学不是“超人”的，而是具有人性的，“无论科学可能变得多么抽象，它的起源和发展本身都是人性的”。可见，科学具有“求善”的特性。更何况，科学教育是一种科学活动，因此，其也具有“求善”的特性。科学教育教人善待他人、善待社会、善待自然、善待科学本身，是“人力价值”与“人性价值”相统一的教育。

科学追求美，而且本身就是美，即科学美。彭加莱说，他（科学家）研究自然是因为他从中得到快乐，他从中得到快乐是因为它（自然）美。可以说，科学美是科学家进行科学活动的不竭动力和所追求的终极目标之一，科学教育的重要方面是揭示与传播科学美，通过揭示与传播科学美，培养人的科学美感和审美能力，从而提高人的审美素质。

科学教育的综合价值体现为真、善、美，也体现为自由与和谐。自由与和谐是人类活动的原则和最终目的，而科学教育就是反映人类特性的一种“自由而和谐的活动”。首先，科学教育是认识必然性的教育，是人类获取自由的重要途径。科学教育承认并追求人的意志自由，但这种自由是以“真”为基础的相对的自由。其次，科学教育的“善”和“美”都是自由的形式，“恶”的或“丑”的科学教育都不是自由的科学教育。不仅科学教育的组成要素、过程是善的、美的，而且其结果也是善的、美的。科学教育要求人在心理和行为上善待他人、社会、环境，并充分感受美、鉴赏美、创造美。而科学教育的成果——丰富多彩的劳动产品，则是科学教育的自由与和谐价值的另一种表现形式。

总而言之，科学教育具有培养、提高人的全面科学素养和促进社会全面进步的价值，也即真、善、美的自由统一，其必然需要在各种各样像科学实验总动员这样的实践性活动中去建构。

二、对小学科学教育过程的新思考——经历典型性探究活动

意大利著名教育家蒙台梭利说：“真正的教育，应以活动为中心，观察孩子们的天性，激发孩子们的灵性，这才是教育的根本意义所在。”可见，孩子们只有在适合潜能和灵性开发的活动中，才会得到欢乐感、自由感和满足感，而这种欢乐、自由和满足，能够促进潜能与灵性的爆发。

小学科学教育应当如何进行？目前，国际上已经形成了共识，这就是以

探究为核心来组织教学。尽管儿童是使用探究法学习科学知识，而科学家是在努力增进人类对自然界的了解，但儿童和科学家所从事的活动和思维过程有着许多相同之处，即都是一种以科学探究为核心的活动。有专家说，这种最接近“科学本身实际搞法”的体验，最容易使学生了解科学的性质，掌握科学知识和方法，领悟科学的精神和价值。

因为科学教育的主体是学生，所以科学教学必须在满足学生发展需要和已有经验的基础之上，为他们提供能直接参与的各种科学探究活动。对学生而言，如果他们亲历对其发展具有更大意义的典型活动，那将更有利于他们对科学知识的理解、探究能力的提高和思维能力的发展，从而在有限的教学时间内获得更大的发展。

另外，小学科学教育的特点也决定了学生需要亲身体验，以获得直接经验，而要获得直接经验，就要经历典型的科学活动。可以这样设想，当学生具有这些典型的活动经历之后，他们可以对科学形成基本的理解，并形成与自身年龄相适合的情感、态度和价值观，这实际上是在新的基础上建立的小学科学课程的基本任务。在这次改革中，编者开始尝试对典型活动的设计，并把它编入相应的教材之中。当然，编者更希望借用科学教师的智慧，设计出更为典型的课内外探究活动，用以丰富儿童的课内外生活，为其人生添彩，为其成长铺路。

儿童在这样一些科学活动中，将借助观察、实验、调查等方式获得大量的直接经验，也将借助阅读、收集资料等方式获得丰富的间接经验，通过合作、发表、讨论、辩论获得与他人交往的经验等。这一过程，既不是传统的教学论著作中所说的特殊认识过程，也不是单纯的实践过程，而是二者的高度统一。在经历了这种认识与实践相互交错的过程之后，儿童的经验才逐渐变得科学。

我们已经在改革实践中看到，基于对科学教育过程的这种理解，能够克服学科本位的束缚，改变以往的科学教育方式和育人模式。

例如，“养蚕”这一主题，历来是小学自然课的教学内容。但在这次课程改革中，对这一主题的教学有了新的突破。以往的教学目标指向蚕的一生发生的具体变化和“变态”的概念，关注的是蚕的大小、形状、颜色和身体构造，学习方式仅限于观察和记录。现在的教科书和教学，重点是让学生亲身经历养蚕的过程，体验和了解蚕的生长、发育、繁殖和死亡的生命历程，形成动物的生命周期概念。在学习过程中，学生要解决饲养过程中碰到的各种困难，要对蚕的生长发育作出推测，对蚕的变化提出自己的问题，尝试着开展研究，并作出自己的解释。

有专家说，随着像养蚕、种凤仙花、观察月相和考察家乡的自然水域等一些典型的中长期观察活动进入儿童的科学学习生活，势必需要为儿童构建一个新的活动平台，只有这样才有可能帮助儿童开展好相关的探究活动。“小学科学实验总动员”就是这样的新平台，而且借助这样一个新平台，我们还为孩子们的健康成长开创了一片更为广阔的天地——大科学课堂。

事实上，想要解决儿童成长中出现的各种各样的问题，必须关注他们的课外生活，丰富他们的课外生活。让人兴奋的是，教育专家和各级教育部门已经非常重视，教育部门还将丰富儿童的课外活动写进各级各类的教育规划中，从制度上给予保障、督促，帮助学校有组织地开展各种科学课外活动。

博科工作室队员栽种黄豆

《国家中长期教育改革和发展规划纲要（2010—2020年）》中有这样一段话：“注重知行统一。坚持教育教学与生产劳动、社会实践相结合。开发实践课程和活动课程，增强学生科学实验、生产实习和技能实训的成效。充分利用社会教育资源，开展各种课外及校外活动。加强中小学校外活动场所建设。加强学生社团组织指导，鼓励学生积极参与志愿服务和公益事业。”

《浙江省中长期教育改革和发展规划纲要（2010—2020年）》中也有一段类似的话：“重视课后科技、艺术、体育活动，广泛组织各类兴趣小组和学生社团活动，办好体育赛事、艺术节、科技节和读书、演讲活动。”

虽然小学科学实验总动员不是基于践行“规划纲要”这一伟大的目标，但它的一个很重要的目的，为了丰富儿童的课余生活，让儿童在各种各样的课内外实践活动中提升科学素养，并让一些具有一定科学天赋的儿童借此脱颖而出。因为我们的国家不但需要一批又一批具有较高科学素养的未来公民，而且更需要一个又一个像钱学森、王淦昌、钱伟长这样的顶尖科学家。

第二节　对小学科学课程改革和设置的新思考

为学生的全面发展和终身发展奠定基础，是新一轮课程改革对各门课程提出的基本要求，也是世界科学教育发展的总趋势。我国著名教育家陶行知先生早就说过："这个国家，如果是现代的国家，如果是现代世界的一个国家，那么他的教育，更不能不顺应着时代和世界的教育趋势，而伴随着竞争。"如何紧随世界科学教育的发展趋势呢？我国在20世纪80年代的小学自然学科改革中就已经显现出这个问题。但实践证明，如果不对课程进行整体改造，这一思想还只能是一个良好的愿望，不能转变为科学教育的现实。在这一次的课程改革中，针对我国小学科学教育存在的问题，科学教育改革先锋在课程改造方面做了许多有意义的工作。

一、课程改革告别学科本位

我国的课程改革专家从近年来有代表性的国家和地区小学科学教材中发现，由于确定了以提升科学素养为课程的培养目标，着眼于学生的全面发展和终身发展，科学课程已经发生了一系列实质性变化。比如，教材内容已经从一般性的科学事实、信息、词汇转移到主要的科学观念和基本概念建构。

美国STC教材的"生物体"单元目标是这样预设的："重点解决小学生如何看待生命世界的观点问题，把教育学生科学地看待生命世界，理解生物与环境之间相互依存、相互作用的关系作为主要目标，并从这一目标入手选择教学内容和开展教学活动。"可以很清楚地发现，发展到今天的科学课程已经不是单纯地教学生学习有关学科（物质科学、生命科学和地球科学）的知识，而是引导学生进行科学探究，了解科学、技术和社会，学习科学的历史及概念。

德国综合理科教材中有关"沉和浮"的教学内容是这样编写的："它以研究那艘整个世界为之轰动的，长约274米、重46000余吨，当时体积最大、设备最先进、装饰最豪华的远洋客轮——泰坦尼克号沉船的原因为线索，对物体的沉和浮展开相关的研究活动。"可以清楚地发现，科学教育更多的是要求学生理解科学概念和培养探究能力，而不是了解、知道和记忆科学知识，更不是照本解释和照本运用（会做练习题）；提倡让学生亲身经历各种活动，通过动手做去建构科学概念并形成探究能力，而不再仅仅是掌握新课标上的几个名词。教学的基本方式已经不是演示和证明科学事实和概念，而是开展大量的科学探究活动，注重在活动中运用证据和作出解释，并且强调调查研究的延续性，注重将课内的研究活动拓展到课外。对此，江苏省苏州市吴中区中小学生综合实践学校张洪鸣校长有过这样几段话：

在新一轮基础教育课程改革中，《自然》改为《科学》，国家颁布了科学课程标准（2001年），从三年级起，每周两三节科学课。新的科学课程标准强调了课程的性质：小学科学课程是以培养科学素养为宗旨的科学启蒙课程，明确“教材只是一个例子”，教师要用教材教，而不是教教材。2001年走上了校长岗位后，我充分利用学校和社区教学资源，开发科学学科校本课程，为科学探究提供平台，创设大环境，收到了事半功倍之效。例如，利用学校文化建设，继承叶圣陶先生倡办的“生生农场”（即先生、学生开垦基地，栽种植物），赋予现代技术含量，把信息技术手段巧妙地与栽种植物、研究植物生长与环境相结合，使学生的探究变得更有效、有趣。

又如，“田间西瓜网上种”：利用小学科学课中提出的“植物的一生能在100天中实现吗”的问题，我们在五年级选择一个实验班，分成若干小组。一方面启发学生作出各种假设并创造条件进行实地栽种；另一方面，在校园网上建专门网站和博客，收集相关资料进行研讨。学生每天轮流在“生生农场”田间管理的同时，定时定点用数码相机进行实景拍摄，并将幼苗成长的真实图片及时上传到网上，供大家观察比较，从而提出更多的问题来讨论。老师不断启发和指导学生从多角度探究，尝试真正意义的“综合”。师生情趣盎然，坚持95天，终于从成熟的西瓜中获得了种子，也真的体验到了叶老描述的“你‘做’了，你实践了，内容就充实了，方法也‘左右逢源’了”。网上信息变得越来越多，学生也随着对西瓜生长的讨论变得热闹起来。当西瓜成熟、大家分享之时，植物与阳光、植物与水分……一篇篇具有一定价值的研究报告也就此诞生。

学校还相继建立了“池塘群落”“风车园”“科学宫”“生物馆”……为科学教学提供了丰厚的条件。

可以这么认为，科学课程已经不再覆盖许多内容和学习主题，而是集中研究某些基本的科学概念，以确保学生的探究活动能够深入地进行。

像教科版小学科学教材，每一册都分为四个主题单元，每个主题单元都是围绕一个主题展开一系列的探究活动，而且每个主题都安排了课后拓展活动。

不难看出，科学课程已经在新价值观的指导下建立了新的体系和结构，采取了新的方法和策略。而在改革之前，我国小学科学教育在许多方面还没有摆脱学科本位的影响，在一系列的课程理念和呈现方式上还显得陈旧和落后。例如，在教学目标中仍然忽略科学的观点，在内容选择上不善于从大处着眼，关注的仍然是一些具体的学科内容，教给学生的仍然是一些零碎的科学知识。像这些问题，需要在课程的整体改造中得到解决。具体来说，新的科学教育的“新”主要体现在以下方面。

1. 将“科学探究”和“情感态度与价值观”纳入课程内容

这是小学科学课程整体改造方面迈出的具有重要意义的一步。2001 年公布的课标规定了科学探究、情感态度与价值观、生命世界、物质世界、地球与宇宙共同构成小学科学课程内容的五大部分，显示了它与以学科作为基础的自然课的重大区别，表明了科学课程是以科学的物质化成果（知识和技能）以及精神化成果（科学的思想、方法和精神）为基础的。这一举措的意义不仅在于能够引起广大教师和学生对科学探究、情感态度与价值观的重视，而且在于建立课程内容的完整概念。对此，有专家这样评价：“从科学教育的过程来看，科学探究是核心，情感态度与价值观是关键，科学知识是基础。在实践中，必须把各分目标作为一个完整的体系加以把握，不能厚此薄彼。其实，‘三维目标’是对人的综合素质的一种分解、一种诠释，它们之间是立体横向的结构，是并列交融的关系。如果把科学素养比作一个活生生的人，那么，知识则可比作其血肉，能力与方法可比作其力量，情感态度与价值观则是其灵魂，三者缺一不可。”

2. 用“活动”整合三个维度的教学目标和教学内容

长期以来，对于困扰小学自然学科建设的一大问题，我们始终没有找到一种有效的解决方式，即如何在课内外将科学探究（过程和方法）、情感态度与价值观、科学知识三个维度的目标有机结合起来，使得科学教育的整体目标可以落实。在这一次课程改革中，根据活动促进学生发展的理论，选择活动作为基本课内外教学组织形式，通过活动设计将科学探究（过程和方法）、情感态度与价值观、科学知识形成综合性的教学实践，构建了以活动为基础的教材和教学过程，寻找到了一条落实课程目标的切实可行的渠道，这是对课程建设的有力推进。在这一课程思想的演化下，全国各地的科学教师纷纷推出有着强大影响力的，学生喜欢、家长满意的课内外结合的科学学科活动（探究性作业）。当然，这也是本书在后面章节将着重探讨的话题：小学科学实验总动员——大科学课堂有效提升学生创新力。

二、课程设置围绕学生需求

众所周知，以学科为本位的课程，对学生的需要是很少关注的。近年来，虽然在我国的基础教育领域开展了对学习主体的研究，但“学生的需要问题，从学科的设置始到教学大纲和教科书的编写止，都没有真正进入作为设置者和编制者的心中，作为一个首要的、十分重要的、前提性的问题来研究，作为选择教学科目内容的主要参照和目的来思考”。在这次改革中，则试图扭转这一状况。

1. 从学生的发展需要设计活动内容

以往的教学设计主要从学科体系框架，从高年级学生的需要和成人的眼光考虑问题，新课程试图改变这一思维模式，注意把那些贴近学生生活实际、在新的社会发展背景下学生面临的和亟待解决的问题纳入教材和课堂，同时也注意选择那些对学生未来具有特殊意义的新内容、新知识。

2. 从学生的原有经验出发展开活动

从学生的原有经验和感兴趣的问题出发展开活动，要求科学教师在教学前，对学生进行调查，了解学生已经知道什么，还存在着哪些不正确的经验，在教学主题方面最感兴趣的话题是什么，等等。科学教师不仅应研究教学内容的难点和重点，而且更应注重研究学生发展的实际需要。

3. 将不确定性因素作为创造的源泉

科学教师应充分考虑课堂教学中存在的不确定因素，对可能影响教学的各种不确定因素进行预设并寻找对策。因为教学不可能一成不变地按照预先设计好的方案进行，教师需要随时关注学生产生的新问题、新困惑，然后根据这些新情况调整教学的节奏和顺序，确定新的方向，将其拓展到课外，让其成为学生在课内外研究的问题。

三、课程建设强调面向未来

事实表明，以传递前人积累的知识和技能为主要目的的课程，定位于过去，是不利于学生发展的。今天的小学科学课程，要为学生的全面发展和终身发展奠定基础，必须更多地着眼于未来。为此，新课程在建设中注意到了以下三个方面：

1. 激发学生探究科学的好奇心和兴趣

学生在小学阶段形成对科学的强烈兴趣，发展对周围事物的好奇心，确立起对科学的正确态度和价值观，对他们一生的发展极为重要。新课标实验教材和课堂教学，无论是教学目标的确立，还是教学内容的选择，都试图向着这一新的方向积极努力。

教科版小学科学三年级“动物”单元，教师用书中明确写到：“请注意，在认知方面，其实并不是真的需要孩子们学习有关蜗牛、蝗虫、蚂蚁等动物的知识，这是没有多大意义的。”

也许有人会质疑，儿童不学习蜗牛、蝗虫、蚂蚁的知识，那到底学什么？其实，新课程的“新”就体现在这里。比如“动物”单元，活动的主要目的，就是试图让学生通过观察研究后，能对其中的一种或几种动物发生兴趣。新课程强调用兴趣激发兴趣，在活动中培养儿童的科学探究兴趣，激发儿童自发地进行观察认识活动，力图对儿童的观察认识活动施加积极的影响。因此，这一单元所希望达到和能够达到的目的，就是激发学生研究动物的兴趣，并期望儿童能把这种兴趣延伸到课外。

2. 培养学生主动发展的意识和能力

心理学告诉我们，要使学生获得持续的发展，必须唤起学生主动发展的欲望和培养他们自我发展的能力。我国小学科学课程在经受了20世纪80年代的改革洗礼之后，课堂教学发生了许多变化，但学校整体教育所形成的学生被动接受、适应、服从、执行他人思想与意志的状态仍广泛存在，这些仍是课程改革要解决的重点问题。在这一次改革中，小学科学课程围绕着探究活动的开展，加强了对学生独立性和自主性的培养，即通过科学探究能力的培养来增强他们主动发展的能力。

目前，用科学探究的方式组织教学活动，不但成为科学教师的共识，而且已成为他们的自觉行动。在教学中，科学教师积极鼓励学生提出自己感兴趣和需要解决的问题，放手让学生设计解决问题的方案或实验计划，用不同的方式观察和调查研究，并在小组或班级内展开交流和讨论。许多学校还进行发展性评价，通过让学生自评或他评的手段，培养学生的反省能力和正确看待自己的态度，这些措施在促使学生形成主动发展的意识和能力方面正发挥着积极的作用。

3. 开发学生的生命潜能

众所周知，到目前为止，世界上还没有找到一种大家公认为最好的育人模式，不过有一点已达成共识，那就是好的教育模式是能够开发学生潜能的教育。现代科学研究成果证实，儿童具有极大的学习潜能，只要善于引导，儿童与生俱来的好奇心就能转化为强烈的求知欲和持续的学习行为。例如，小学3～6年级的儿童，其脑重约为成人脑重的90%以上，脑重的增加表明脑细胞在生长发育，脑机能逐渐趋于完善，心理水平不断提高。

为此，瑞士心理学家皮亚杰指出，这个阶段的儿童已经可以从具体的事物中理解数、形、体积、重量、容量等概念，故而能够胜任小学里的学习任务。英国科学教育家威尼·哈伦也指出，小学中年级儿童已经能借助想象对一个简单过程进行逆向思维，高年级儿童能够初步建立用数据来检验假设或某种观点的思维方法。因此，我们绝不能低估儿童学习科学的潜能，错误地认为“儿童学科学不过是玩游戏而已”。教师要在丰富多彩的活动中让儿童的潜在能力表现出来并获得发展，而小学科学课程中的探究活动是最能展现儿童生命活力的。目前，新课标实验教材和广大科学教师正在通过典型探究活动的设计，在课内外给儿童创造多种多样的机会和环境，让学生在科学活动中经历更多的发现、创造和自我构建的过程，从而使课内外活动更加充满生机与活力。

在推进我国新课程改革的过程中，我们首先应当承认每个学科的独特性，同时应该看到，封闭的教育体系忽略了教育中情感、态度的参与。因此，只有打破原先封闭、确定和统一的课程体系下只是由学科专家开发课程的局面，才能实现在开放、不确定和独特的教学环境下教师、学生、家长、社区共同参与课程开发的全新局面，建立综合课程体系，形成动态的、非线性的、多元化的、开放的复杂性思维模式。

第二章 小学科学教育的新天地

科学是一门以培养儿童科学素养为宗旨的学科。然而，想要通过每周两三节课完成科学素养的培养目标，这是很难做到的。为此，新课标中有这样一句话："课外才是孩子们学科学、用科学的广阔天地。"其实，早在新中国成立之初，教育家吕型伟就指出课外活动是"最活跃的教学因素"。因此，科学教师应努力开创科学教育的新天地——大科学课堂，让学生在"大科学课堂"中提升自己的科学素养。

第一节　从旧思维走向新实践

科学课不是记忆课，更不是背诵课；读科学、记科学已成为过去。理想的科学课应以丰富多彩的探究活动充实学生的生活，让学生通过亲身经历各种探究活动体验学科学的乐趣。为此，科学课需要开放的空间和大量的时间，需要科学教师根据学生的实际情况、校内外发生的事件，有效地推动和创造性地开展课内外科学探究活动。

一、构建小学科学教育的新思维

1. 儿童是科学探究的主体

科学教育就是引导儿童对自然现象进行观察和发现的过

程，即提出问题、设计实验、动手实验、观察记录、解释讨论和表达陈述。科学教育强调教师应尊重儿童在科学探究中的主体地位，引导他们从一个被动的观察者成为主动的实践者，在与世界的接触中为自己的疑问寻找答案。实践表明，如果科学教师注重孩子在科学探究中的主体地位，那么孩子的想象力和创造力将是惊人的。科学实践还有助于儿童进行合作与平等交流，有助于儿童与他人建立起更加和睦的关系。

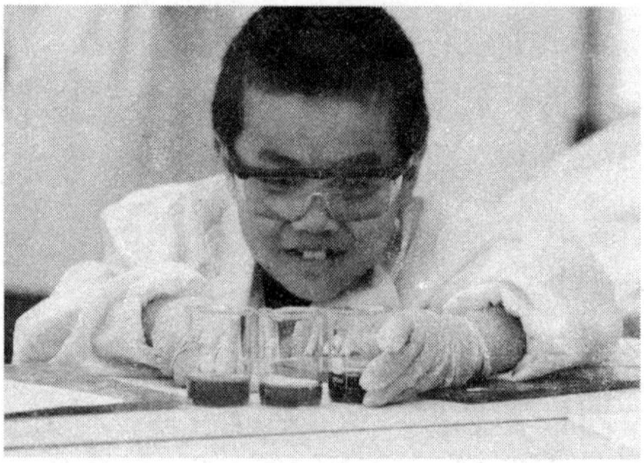
博科工作室队员用地沟油制取香皂实验

2. 课外是科学探究的新天地

科学教师不要把学生束缚在教室这个太小的空间里，教室外才是孩子们学科学、用科学的更广阔的天地。因此，科学教师应树立这样一种认识：课堂不是学生进行科学探究活动的主要场所，科学探究的主阵地在大自然、在社会、在社区、在家庭。对于科学课堂而言，40 分钟的时间是一个定量，而学生的探究活动却是一个不可预测的变量，课堂不可能解决学生心中的所有疑问，下课铃响了，如果学生头脑中的问号变多了，这才是我们所期望的科学教育效果。在英国等西方发达国家，不少学校经常带领学生走出教室，到实地亲身感受和理解环境，如栽种植物、照料动物、记录天气状况、考察农场、参观自然保护区或博物馆等，一些学校还在偏僻的乡村建立起学生实习基地。所以，科学教师应设法让孩子们快乐地走出小课堂、走进大自然，把解决问题的钥匙交给学生，让他们自己开启科学之门。

3. 探究是培养科学素养的载体

科学素养是指对日常生活、社会事务以及个人决策中所需要的科学概念和科学方法的认识和理解，并在此基础上所形成的稳定的心理品质。今天的学生将是明天国家建设的主力军，其科学素养的高低会直接影响到国家未来科学技术的兴衰，影响到国家未来的生存与发展。具有一定科学素养的人会对科学产生兴趣并渴望探究，能发扬质疑、验证的科学精神，运用自己所掌握的科学知识和方法发现问题、提出问题、解答与实践有关的问题，或者能描述、解释和预测自然事物与现象。

其中，科学探究对学生科学素养的培养有着重要影响。为此，科学教师应为学生提供更多的动手实践机会。这样，学生就可以根据自己的兴趣爱好，按自己拟订的方案去从事各种科学探究。例如，在家里或社区建一个小小气象站，或观察小猫、小狗的生活习性，或测量太阳高度，或自制蒸汽机，等等。有时，还可以按科学教师的布置，在课外进行长期的观察和实验，记录有关数据，对记录的数据进行整理、分析，探索其中的一些规律。实践证明，在丰富多彩的课内外探究活动中，学生的科学素养必然得到培养和发展。

4. 构建广泛而有效的支持系统

科学教育的有效开展需要建构广泛而有效的支持系统。这种支持系统包括：（1）让科学家成为科学教育的倡导者、组织者以及科学知识和信息的提供者。因为科学家直接参与活动不仅可以满足教师对培训信息和资源的需求，还能在教师遇到困境时为教师提供咨询。（2）大学、研究院所及教学资源中心的有效支持。科学教师应设法让各种科普场馆免费向学生开放，争取各科学机构的科普书籍、实验器材、设备、场所等物质资源供学生使用。（3）社区、家庭的广泛支持与参与。（4）信息支持与快捷的服务网络。

二、构建小学科学教育的新模式

培养模式是在一定的教育理念指导下，对人才培养目标、方法、机制、措施及人才培养过程中各种关系的规范。先进的人才培养模式是先进的教育理念的客观化，是先进的教育思想在教育实践中的反映和表现。从陶行知的“生活教育”、陈鹤琴的“活教育”，到当代的“爱的教育”“成功教育”“快乐教育”“自主教育”和“非智力因素教育”等，它们都是在一定的教育理念指导下建立起来的，蕴藏着素质教育的先进思想和成功经验。

小学科学是随新课程改革诞生的一门学科，经过近10年的改革和探索，在教育理念方面有了很大的改观。不过，在课外活动设计上，科学教师的观念依然陈旧，他们认为课外就是“课堂教学的延伸和补充”。对于课外活动的设计，科学教师常常随意为之，或者根本不去设计，只拿科学教材中一些现成的拓展活动敷衍了事；或者即使进行过一些设计，也只是针对课堂教学而言。教师投放到课外活动设计的精力可以说是微乎其微。

此外，虽然有些活动科学教师经过精心设计，但由于诸如家长思想观念、课外活动时间分配等原因，家长把科学课当作副课，认为孩子只要上课认真一点就行了。在课外，语文、数学、英语等学科的作业都做不完，科学只能靠边站了！还有，科学课的一些活动对于学生来说，确实有些难度，没有成人的支持和帮助，不易开展起来，如观察星空、观察月相、种植凤仙花、考察家乡水域污染情况等。因此，开展科学课内外活动效果并不理想。

小学科学实验总动员是指教师以学校、家庭、社区、社会和大自然为据点，挖掘它们之中的优势科学课程资源，结合科学教材的前延后展性活动，结合学生的日常生活，设计出适合课内外开展的观察实验活动，从而构建起一个科学氛围浓厚的“大科学课堂”。这个“大科学课堂”作为培养人的一种模式，有着以下特点：

1. 在培养目标上：重知识，更重能力

在培养目标上，希望变“重知识、轻能力”的培养目标为“既重知识，更重能力”的培养目标。中国有句古话：“授人以鱼，仅够一饭之需；授人以渔，则终身得鱼。”现今，人类知识在不断地膨胀和更新，靠生硬灌输和被动接受，将永远赶不上科学的飞速发展，唯有提高学生的能力才是上策。为此，科学教师要有这样的理念，科学知识确实重要，但探究能力更重要。科学教师还要有这样的观念，发展学生的探究能力才是科学教育的本，千万不能本末倒置，回到曾经饱受痛苦的老路上。科学教师更要有这样的认识，让科学知识的学习成为培养学生探究能力的桥梁，通过科学知识的建构，最终实现学生探究能力的发展。

2. 在活动内容上：重课内，更重课外

在活动内容上，科学教师应不拘泥于教材上规定的内容，广泛利用教材以外的各种课程资源开展科学活动，这对呵护和培养学生的科学兴趣、提高学生的探究能力将有着很大的作用。只有课内外结合的科学课才是完整的科学课，虽然其他学科也强调从课内向课外延伸，但科学课对此更为注重。因为科学课更强调对学生能力的培养，而除课堂教学外，课外才是培养学生能力的更广阔的舞台，如种植、养殖、参观、访问、调查、考察等。为此，科学教师一定要有这样的备课观，那就是除了备教材、备学生外，更需要备由课内向课外延伸的活动，从而架起课内向课外延伸的桥梁，把课外这个广阔的舞台真正还给学生。

3. 在教学方法上：轻讲解，重探究

在教学方法上，科学教师应轻讲解、重探究，以调动学生的积极性，实现教师主导作用与学生主体作用的结合，实现系统知识的学习与智力充分发展的结合，实现内在动力与学习责任感的结合，实现书本知识与直接经验的结合。然而，现实中“重讲解，轻探究”的现象还是屡见不鲜。当然，其原因是多方面的，或者是科学教师的教学理念未能和新课程同步发展；或者是科学教师贪图省力，毕竟讲解省力省时，探究费力费时，而且短时效果又不明显；或者是科学教师心有余而力不足，由于年龄和资源的关系，科学教师想开展也开展不起来……凡此种种，说明教学方法的改变并不是自动发生的，它需要多方面的推动。其中，最主要的还是科学教师本人的求变心理，毕竟老教材还可以有新教法嘛！

4. 在组织形式上：轻封闭，重开放

在组织形式上，科学教师应构建起以课内外活动为凭借的组织形式，从而实现教师和学生、教师和家长、教师和社会的相互协调、相互配合，形成科学教育合力，真正让科学课走出课堂、走出学校、走向生活、走向社会、走向大自然，把学生培养成具有一定人文精神和科学素养的未来公民和接班人。为此，科学教师再也不应简单地认为科学教育就是把几十号学生关在一个教室里，然后一节课一节课地搞活动。殊不知学生是那般的苦、那般的痛，只是他们想说不敢说罢了！让孩子们成为囚犯一样的教育方式，再也不是时代所需要的。俗话说，开放才能搞活。虽然这是经济用语，但用在科学教育上未必不可。只有开放科学教育，给孩子们足够的时间和空间，孩子们才可以真正成为一个活灵活现的人。

5. 在资源开发上：轻单一，重整合

在资源开发上，科学教师应引导学生更好地利用教材、学校、家庭和社区四个平台，挖掘和整合这四个平台中的各种课程资源，在各种拓展性科学学习中，学会用科学的思维方式解决自身学习、日常生活中遇到的问题，形成乐于探究的良好学习品质，树立社会责任感，逐步领会做人的道理。总的来说，现在的科学资源还是非常单一，学生所拥有的无非就是教科书、实验室，以及一些配套的实验器材。有的学校甚至连实验室都没有，很多农村地区的学校就连实验器材也非常匮乏。显然，这不是完整的科学课程，也是与新课标理念相悖的。科学教师应该让孩子们从课内走向课外，把孩子们置身于广阔的课外活动中。为此，上级教育部门应该支持科学教师开发、整合课内外科学学习资源，让学生在多样化的学习资源中学科学、用科学并爱上科学。

6. 在评价方式上：轻甄别，重发展

在评价方式上，科学教师应让评价成为科学教育的有机构成环节，成为能够促进学生发展的有效教育手段，而不是简单地告诉学生自身在群体中所处的位置。然而，用一纸一笔考查学生，然后将成绩排排队的方式在各地还很普遍，这显然不符合新课标理念和学科性质。为此，科学课提出“双发展理论”，即科学概念和探究能力同步发展，要求探究能力的发展建立在对科学概念的掌握之上。也就是说，学生掌握科学概念是为了更好地促进探究能力的发展。鉴于此，科学教师必须落实好科学课程标准在评价上的四点建议：一是评价主体要实现多元；二是评价内容要实现全面；三是评价方法要实现多样；四是评价时机要实现全程。这样才能达到淡化评价的甄别功能，强化评价的发展功能。

7. 在学习形式上：轻个体学习，重小组学习

在学习形式上，科学教师应变革过去的个体化学习方式为个体与小组合作学习相结合的方式，对学生的评价和奖励也应由过去主要针对个体转向针对小组为主，而学生之间也应由过去的竞争关系转向合作与竞争相结合的关系。可以说，学习形式的变革是新课程改革最为成功的地方，大多数一线科学教师都能自觉地开展小组合作学习。在小组合作学习方式中，科学教师的权威被淡化，角色被转变，从而使得学生主体性增强，学生不再看学生后背，而是面对面围桌而坐，这是一种注重互助式、互动式、讨论式的学习。正是有着如此多的优点，合作学习不但出现在经济合作组织（OECD）的文件中，而且还被写进科学课程标准。

8. 在师生关系上：轻师道尊严，重民主平等

在师生关系上，科学教师应从陈旧的“师道尊严”的堡垒中解放出来，构建起民主、平等、和谐的师生关系。因为健康的师生关系是实施科学教育的基础，只有师生关系和谐健康，学生才会乐于接受科学教育，才有可能被培养成为符合社会发展需要的高素质人才。如今的科学教师大多经过时代的洗礼，很少有师道尊严的意识，但教师“把持”科学课堂的现象还时有发生。这不但不利于孩子们的科学学习，而且也不利于孩子们性格的健康发展。在新型的师生关系中，科学教师所充当的角色是学生学习能力的培养者，是学生人生的引路人，学生则是一个个生动活泼的有尊严的人。

6 年的实践证明，小学科学实验总动员——大科学课堂有效提升学生创新力，让社会大众重新认识到课内外活动在促进人成长方面所具有的良好作用。这是 2009 年 7 月 22 日，我带领孩子们在浙江师范大学观察日全食时，《金华晚报》记者任文林对此所作的采访报道。

日全食完美谢幕后留下的教育悬念

——“少年夸父”的天文热情能延续多久

“太神奇了，太阳变成月亮了。”邢成皓眯着眼睛，用日食专用镜片对着太阳看了一会儿，惊奇地对身边人说。7 月 22 日，本世纪最长的日全食完美谢幕，每个人的观测体验成了津津乐道的话题。不过天文学家表示，本世纪我国还将观测到6次日全食。

自古以来，日月星辰像磁石吸铁一样始终吸引着人类探寻的目光。400年前，伽利略率先使用望远镜观测星空，结束了人类仅用肉眼观天的时代，开创了宇宙探索的历史新纪元。为了纪念400年前伽利略率先使用望远镜观测星空这一壮举，在2007年12月20日的第62届联合国大会上，联合国宣布2009年为“国际天文年”。

小记者和家长争睹奇观

7月21日，金师附小科学老师江美华在衢州老家过暑假。不过，他接到了不少学生的电话，都问有没有组织一起观看日全食的计划。得知金华晚报小记者将自发在浙师大科技馆门口观看日全食，当天下午，江美华坐车回到金华，晚上则住在浙师大北门的一个小宾馆里。

江美华一一通知这些爱好科学的学生：7月22日早上8点，在浙师大科技馆门口观看日全食。

“这些学生刚刚小学毕业，此次集体科考活动，很可能是他们小学阶段参加的最后一次集体活动。”江美华说。早上8点，江美华和浙师大的志愿者早早等在科技馆前。不久，30名学生在家长的陪同下陆陆续续赶到。有些上班的家长特地为此请假，还带上同事的孩子一起参加。

博科工作室队员观察日全食

邢成皓是名杭州的小学生，今天也跟着哥哥一起来到浙师大。在观看之前，邢成皓从浙江少儿频道上看到了很多日全食的新闻，知道了日全食形成的原因以及正确的观看方法。浙师大青年志愿者总队的学生为大家准备了70多片日全食专用镜片，邢成皓看着大学生戴着红帽子为大家服务，他也想加入。于是，一名姐姐帮他找了一顶志愿者的红帽子。成为“志愿者”后，他马上接过分发镜片的活儿，忙碌起来。

在观看现场，金师附小的江美华和浙师大青年志愿者总队的学生成了讲解员，很多学生自发地站在他们边上，边看边听。事实上，对于这次日全食，江美华有着充分的准备。今年5月，江美华老师作为婺城区小学科学教师代表，参加了在天荒坪抽水蓄能电站举行的日全食观测培训。

没有天文类的兴趣班

前几年，浙师大的学生对浙江省范围内的省一级重点中学天文台的使用情况做过一次调查，发现80%的天文台成了摆设。究其原因有两点：一是不少中学老师不会使用天文望远镜；二是虽然大家都认为应实施素质教育，从小培养孩子们的科学素养，但实际上，学校对于这方面还是不够重视。

在市区各个培训中心，数奥、英语、航模、音乐、舞蹈……这些都是经久不衰的科目，报名者趋之若鹜。记者打了一个下午的电话，就是没有找到天文类的兴趣班。向身边的一些家长打听，他们也表示没有听说过这样的兴趣班。

浙师大旅游学院马远军博士说，宁波市青少年宫每年都组织天文夏令营。今年，他本来也想借助省内高校里的天文协会，在浙师大组织青少年天文夏令营，后来，由于各方面原因，这件事情就搁浅了。

说起青少年的天文观测，我们不得不提起丁舒珊。2005年8月31日，杭州高级中学17岁的高二学生丁舒珊在美国国家天文台望远镜最新拍摄的实时星空照片中，发现了一个“天外来客”——一颗新的近地小行星，她一举成为世界上第二个发现FMO的女性业余天文爱好者。

令人尴尬的是，丁舒珊的这个巨大发现，竟然是在父母不知情的情况下，偷偷摸摸完成的。她母亲在接受采访时，道出了许多家长的真实想法：“目前最重要的是高考，天文学得再好也不能为高考加分。”

“少年夸父”的热情怎么保持

“我省至今没有一座国家级天文台，也没有一所高校开设天文专业。”马远军博士说，他认为，这两点导致我省在天文领域相对滞后。

2005年，浙师大也成立了天文协会，每一届大约有80名学生加入协会。每年的中秋节，他们都会架起天文望远镜观测月球，这一活动吸引了周围不少大学生。在每年天文节上，有知识竞赛、有讲座、有影像资料展播等，应该说，活动开展得也挺丰富。尽管如此，天文协会会员的流失仍然比较严重，能够坚持下来，真正成为核心的，也就是一二十人。

仰望天空对于现在的孩子来说，似乎太少了。市教育局工会主席蒋相忠说：“保持孩子对科学探索的热情，关键要有一个热心的老师。像金师附小的江美华老师，学生都毕业了，还愿意回来和他一起观测，这就非常难得。”

蔡闻沁和妈妈在观察日全食

江美华老师身边为什么总是围着

一群热爱探索的学生，这其实和他的科学考察有着密切的关系。在小学阶段，科学课和其他学科一样，也担负着培养学生这个生命个体成长之重任。科学课要促进学生成长，必须强化“生命的亲历性”。诚如诗人汪国真所言：“生命是自己的画板，为什么要依赖别人着色?”

江美华认为，生命的这种不可替代性反映到科学课上，就是科学课为什么强调给学生提供机会，让他们像科学家那样进行科学探究活动；为什么要让学生亲身经历以探究为主的学习活动，并作为科学学习的主要方式；为什么要让学生在科学探究中体验学习的兴趣，增长科学探究的能力，获得知识，形成尊重事实、善于质疑的科学志趣；这一切都是“生命亲历性”使然。

本报记者　任文林　文／摄

三、开展小学科学教育的新实践

1. 小学科学教育是课程开发过程

小学科学教育既是生活型课程，又是经验型课程。因此，必须开展多样化的实践性学习活动，如探究、调查、访问、操作、服务、劳动实践等，注重学生在活动过程中的体验。具体来说有如下几个方面：

（1）在课程目标方面，科学教师应构建起既符合世界科学教育共同价值取向，又符合中国国情、学校实际情况及学生年龄特点的小学科学课程目标体系。

（2）在课程实施方面，科学教师应明白科学素养的形成是多种教育方法的结果，仅靠单一的“传递——接受”式教学模式是难以奏效的。只有通过探究，儿童才能认识并掌握科学研究的一般方法和过程；只有在实际体验了科学技术给人类生产、生活带来的福祇和问题后，儿童才能领悟科学是把双刃剑的确切含义。

（3）在课程资源方面，科学教师应知道社会、家庭中存在着丰富的科学课程资源，应想方设法“拆除”教室的围墙，使学生在课堂上习得的科学知识、科学方法、科学态度、科学价值观有迁移运用的机会，并使课外的课程资源成为学生研究科学的重要智力背景。

（4）在课程评价方面，科学教师要建立起与科学素养培养目标相匹配的评价体系。在评价方法上，应考虑除纸笔测验以外的方法，如观察法、“档案夹”法、实际作业法等。评价的主体应从教师个体转移到教师、学生个人、学生集体及家长等评价主体联合体。

2. 小学科学教育是科学探究过程

在科学教育领域，人们公认“探究学习”一词是由美国芝加哥大学教授施瓦布于1961年在哈佛大学所做的报告——《作为探究的科学教学》中首次提出的。施瓦布指出：“如果要学生学习科学的方法，那么有什么学习比通过积极地投入探究的过程中去更好呢?”从那时起，探究学习不仅成为科学教学中的主流方式，而且成为科学教育的一个重要目标。有学者指出：“如果要选择一个词汇来描述自1950年以来的科学教育的目标，这个词一定是‘探究’。”

在中文和英文中，“探究”都解释为考察、探索活动。在新课标中我们可以看到这样一句话：“探究既是学生科学学习要达到的目的，又是学生科学学习的主要方式。”小学科学是以培养学生科学素养为宗旨的启蒙教育，但是科学素养的养成是一个长期而又艰巨的过程，也是一个自我建构的过程，单纯地靠课堂40分钟的探究活动是远远不够的。为此，科学教师要从学生感兴趣的探究活动出发，结合探究活动的实际情况，有意识地把课堂的探究活动向课外延伸，把大量的探究时间还给学生，让他们在大自然中自主地开展探究活动，使探究活动延续下去。

3. 小学科学教育是社会实践过程

科学是一门综合性实践学科。它具有综合性学习的一般特点，即试图打破课堂内外、学科内外、学校内外的界限，给学生充分的自由空间；试图打破“学科中心论”，重视体验，重视过程，重视参与，希望通过科学研究使学生获得对探究方法的体验，培养个性和人格。我国著名科学家韦钰院士认为，科学课不仅教给孩子们科学知识，同时培养一种科学的文化、创新的文化。从某种意义来说，科学课实际上也是社会实践课，在科学实验的过程中，可以培养孩子的社会情绪能力。研究证明，凡是科学教育开展得好的小学、幼儿园，孩子们在自信、合作、对别人的尊重和对别人利益的考虑等社会行为和情绪能力方面明显提高。

第二节　从小课堂走向大课堂

人民教育家陶行知老先生曾说：“我们的教育，要解放孩子的头脑，让他们能想；解放孩子的眼睛，让他们能看；解放孩子的双手，让他们能做；

解放孩子的时间，让他们能学自己想学的东西。”而只有让学生放开手脚走出课堂，走向社会，自己去调查访问，自己收集资料，才有可能使每个学生的潜能最大限度地发挥出来，才能实现陶老的期待。

一、让更多的学生走向生活

陶行知先生还曾提出“我们的实际生活即是我们全部的课程”以及“没有生活作中心的教育是死教育”。现代课程论也认为，生活世界是科学世界的意义之源，教育必须回归生活世界。而回归儿童的生活就要把学生的个人知识、直接经验、生活世界看成重要的课程资源。新课程标准明确提出，学生的课内外生活是学校课程资源开发的重要领域。

为此，科学教师应想方设法让孩子们把科学课带到生活中去，使他们将所学到的东西运用到生活中去，让学生真正体会到科学就在生活中，科学会给生活带来无穷的乐趣。同时，也希望通过孩子们的这些举动去改变家长不正确的生活方式和习惯。不过，要想让更多的学生走向生活，其途径和方式是多种多样的。

1. 查阅型研究活动

科学教师可以结合相关的内容指导学生开展查阅型研究活动。比如，在学生研究“我们吃什么”一课前，科学教师可先让学生统计自己家庭一周内吃些什么，然后利用电脑、书籍等查阅自己家所吃食品中的营养成分，最后根据家庭生活情况制订一份科学合理的食谱。

2. 创作型研究活动

科学教师可以利用学生制订的食谱作为活动材料，让每位学生了解科学饮食的重要性，然后把这张食谱带回家，再次与父母共同讨论修改，从营养学角度出发，根据自己家庭的生活水平，制订出更为科学的食谱，这张修改的食谱又可在“食物的搭配”一课中使用。这样做既能提高孩子们的主人翁精神，又可在活动中放手让学生去创新，甚至可以提高每个家庭的生活质量，让学生亲身感受到“科学是为人服务的，现代人离不开科学”。

3. 专题型研究活动

科学教师指导学生研究完一个单元时，可以让他们根据自己生活的环境选择研究课题，进行专题型研究活动，如“生活垃圾的来源和处理”“空气污染的调查研究”“学生近视眼产生原因的调查”等。当学生确定课题后，可以让学生利用身边的资源展开调查，利用采访、查资料、实验等方式经历科学的探究过程，以培养学生的探究能力。

此外，还有探究性、参观性的生活化研究。首先，让学生研究身边的生活，关注社会动态，做生活的主人。其次，科学教师还需努力开拓生活化的活动空间。只有做生活中的有心人，科学教师才能发现校内外教育资源的丰富性，由此让学生开阔视野。

当科学与儿童的现实生活密切联系时，科学对儿童来说才是鲜活的，富有生命力的，脱离生活的科学是“不完整的科学”。在科学教育中，我们应该尊重学生的生活经验和已有的知识水平，使科学贴近学生的生活实际，让科学变得生动、有趣，这样做容易被学生理解和接受，学生才能体会到科学在日常生活中的价值。

“不同颜色吸收太阳光热量”研究报告

研究问题：夏天，人们喜欢穿浅色的衣服；冬天，人们则喜欢穿深色的衣服。据说，其原因是不同颜色吸热本领不同。不同颜色物体的吸热本领是不是真的不同？我们选用黑色无光纸、粉纸、银白铝箔纸、黑色蜡光纸和白纸五种不同颜色的纸开展实验。

研究方法：采用对比实验，把五种不同颜色的纸折成纸袋，在每只纸袋中分别插入温度计，然后平放在阳光下。除纸的颜色不同外，我们力求纸袋的摆放方式、摆放地点、实验时间、纸袋大小以及温度计等条件尽量相同。在读取温度时，尽量做到同一时间。为此，我们小组成员进行了分工，一个队员计时，一个队员记录，其余队员分别认读一只纸袋的温度。

博科工作室队员做不同颜色吸收太阳光实验

研究过程：实验开始前，江老师建议测试一下五支温度计的精确度。我们小声嘟哝，温度计应该不会有问题吧？没想到试测后，真的有一支温度计出现问题，于是我们调换了一支温度计，再试测没发现新的问题。

纸的颜色	初温	2分钟	4分钟	6分钟	8分钟	10分钟	变化趋势
黑色无光纸	23℃	30℃	33℃	34℃	36℃	38℃	温度增高最快
粉色纸	23℃	29℃	30℃	30℃	31℃	34℃	温度增高较慢
银白铝箔纸	23℃	32℃	33℃	33℃	34℃	35℃	温度增高一般
黑色蜡光纸	23℃	32℃	32℃	33℃	34℃	37℃	温度增高第二
白纸	23℃	30℃	29℃	30℃	30℃	31℃	温度增高最慢

根据统计表的数据，我们又绘制了折线统计图。分别用黄色、红色、紫色、绿色、蓝色代表白纸、粉纸、黑色无光纸、黑色蜡光纸和铝箔纸。

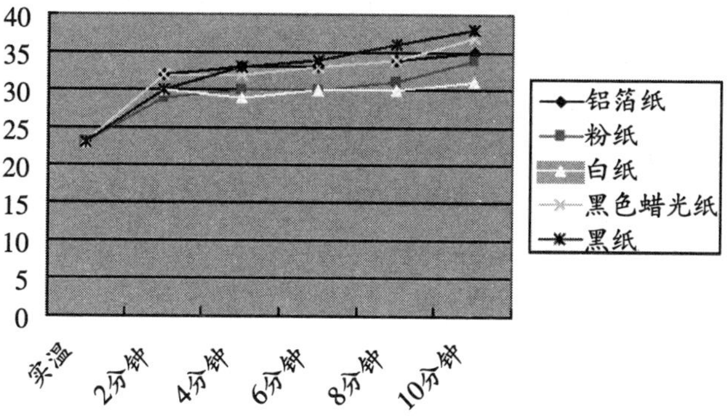

研究结论：分析实验数据后发现，黑色无光纸吸热本领最强；同是黑色的纸，黑色无光纸比黑色蜡光纸吸热本领强。通过查阅资料，我们发现，原来蜡光纸反光能力强一些，它的吸热本领也就弱一些；黑色无光纸反光能力弱一些，于是吸热本领就强一些。银白色铝箔纸之所以吸热本领较差，是因为它的反光能力强。怪不得航天员穿的宇航服都是银色的，这样还可以减少紫外线的辐射。

拓展研究：实验证明，人们在冬、夏季之所以喜欢穿深、浅颜色不一的服装，是因为不同颜色的衣服吸热本领不同。我们想继续研究物体的吸热本领还跟哪些因素有关。

二、让更多的学生融入社会

现在的学校不可能孤立于社会之外。学生只有在与社会交往过程中，在面对不同利益、不同观点、不同兴趣爱好，面对冲突和妥协的过程中，才能真正学到顾全大局、团结协作、积极进取和运筹帷幄等社交品质和能力，才能真正锻炼领导才能，才能在公众活动中不陌生、不怯场、不退缩，其非智力因素才能得到良好的发展。因为没有活动中的矛盾冲突、得失成败，光从书本上学习这些条目、概念、环节，是没有现实意义的。但对于以上诸要素，学校很少强调，家长很少重视，社会也很少提供机会。但许多著名的教育家早就提出社会才是学生的大课堂这一观点。

美国著名的教育家杜威强调校内学习和校外学习必须连接起来，两者之间应该自由地互相影响，让学生在学校中进行的学习与在校外所得到的教育同步起来，使儿童在学校的活动能延续到校外，特别是他们家庭中所熟悉的生活。为此，杜威指出：“学校生活……应该从家庭生活里逐渐发展出来。”

在他看来，学校应该使儿童能把校外日常生活中获得的知识和经验带到学校中加以利用，同时使儿童能把在学校中学到的东西应用于校外的日常生活，使学校成为一个校内学习和校外学习连接起来的有机整体。为了使儿童入学后能在各方面全面协调地发展，校内学习与校外学习必须统一起来，学校生活与家庭生活必须互相补充。

从表面看，学生参加社会活动需要时间，与书本知识学习有冲突。其实，社会活动与学习成绩并不矛盾。社会活动只要不过度，不仅不影响学习，而且有益于提高学业成绩。首先，社会品质有许多方面是一致的，如用心、自律、坚韧，又如分类、抽象、概括，它们在本质上都是相通的。其次，在社会活动中可以提高自信心和责任感，可以学习对事情结果的预料和判断，可以增加对自己个性特点，包括优点、缺点和弱点的了解，能够有自知之明，从而提高自我规划能力。

社会活动不仅需要参加有组织的集体活动，而且更要参加个体的、松散的、自由的交往活动。在这种交往活动中，最能体现社会的竞争本质。而这些品质和能力在有组织的集体活动中是很难学到的。知识本身是丰富的，所以知识可以用在不同的地方。科学知识是知识，社会知识也是知识。列宁曾说："一个人在社会运动中一个星期学到的东西，比他在学校里两年学到的东西还要多。"列宁的这句话令人深思。想必很多人都看到过央视那句意味深长的公益广告词："关注孩子，但不要'关住'孩子。"说得多好啊！我们应从自身做起，再也不要让孩子们成为"笼中鸟""狱中囚"。

在苏联著名教育家苏霍姆林斯基创办的帕夫雷什中学，学校跟家长商量好，在每一个家庭里，都让儿童在特定的某一天栽一棵树，献给父母和老人，然后由儿童照料这些树。当果树结果的时候，儿童把第一批水果奉献给长辈。学校和父母一起讨论，规定孩子在家里要做哪些家务劳动，12～13岁的学生在暑假里一定要跟父母一起在田间或畜牧场地里劳动，他们向家长介绍高年级学生喜欢哪些创造性劳动项目。在"创造节"的日子里，学校领导邀请家长到学校，观看他们的子女在教学工厂、实验室、劳技室和教学实验园地里做出的东西。苏霍姆林斯基劳动教育的指导思想十分明确，这就是让儿童从小就热爱、崇拜劳动。"劳动不仅是一种神圣的义务，而且也是一种欢乐。我们对家长说，如果你们想让孩子成长为关心和体贴别人的人，让他们把父母亲当成世界上最亲爱的人，那就必须使他们把全部生活建立在劳动的基础上，而且最主要的是，要用高尚的思想和动机去激励这种劳动。"

可见，只有让学生走向社会，才有可能给学校带来更大的生存空间，给学生带来更大的发展空间。还记得，2008年发生震惊国内外的"三聚氰胺事件”后，为了让孩子们能够深入了解“三聚氰胺事件”及此事件对金华本地奶牛养殖业的影响，在郭子扬同学家长的帮助下，我带领博科工作室队员考察了“金华东关生态养殖场”。这是博科工作室队员们的考察记录。

走近金华东关生态养殖场

考察背景：2008年9月，甘肃等地报告多例婴幼儿泌尿系统结石病例。调查发现，让大家意想不到的是，患儿多有食用三鹿集团生产的三鹿牌婴幼儿配方奶粉的历史。进一步调查发现，奶粉受到一种叫作“三聚氰胺”（在业界被称为“假蛋白”）的化学品污染。虽然三鹿公司几经掩盖，但最后还是发展成为震惊世界的“三聚氰胺”事件！

“三聚氰胺”是什么？发生“三聚氰胺事件”后，金华市政府采取了哪些措施以防止类似事件发生？金华奶牛养殖业受到了哪些影响？奶牛是怎样产奶的？奶牛的饲料是什么？奶牛的粪便是怎样处理的？……带着这样一些问题，2008年12月28日，“博科工作室”队员考察了金华东关生态奶牛养殖场。

博科工作室队员考察东关生态奶牛养殖场

考察队员：朱金涛、孙家浩、汪应俊、许芸、何玥莹、郭子扬、陈丽菁、张帆、陈妍、施哲文、陈映雪。

考察过程：金华东关生态养殖场坐落在金华二环线附近，距离城区约10公里的路程。考察地点是郭子扬家长联系的，郭子扬妈妈是学校数学老师，爸爸是分管此方面的领导。借助这层关系，在考察中给我们领路和介绍的居然是区防疫站的工作人员。有人说，家长也是科学教育资源，这不是最好的诠释吗？

东关生态养殖场占地约三四十亩，建有六七间看似有点破旧的房子，以及两三间工作用房。在走近奶牛前，工作人员为队员送来一次性鞋套。这是为了防止把细菌带入奶牛生活区。我们发现，和考察生态养猪场相比，奶牛养殖场对外来人员的消毒似乎宽松一点。

我们走进奶牛生活区，一股难闻的臭气扑鼻而来，熏得队员们用手捂住鼻子。但随着活动的深入，队员们逐渐忘记了臭味。生活区要么是待产的奶牛，要么是正在产奶的奶牛。几头刚产出的小奶牛被绳子拴着，甚是可爱。

［采访记录］

队员：奶牛一般长到几岁后就会产奶？

叔叔：奶牛出生后 18 个月就可以配种，一般配种 280 天后就可以产奶。

队员：奶牛是怎样配种的？是不是种牛配种的？

叔叔：现在奶牛场基本上都采用人工配种。这样不但方便易行，而且可以提高成功率。（叔叔展示了奶牛配种用的针管，针管为一根细的不锈钢条，看不出有什么特别的地方）

队员：三聚氰胺是一种什么物质？它有什么危害？

叔叔：三聚氰胺是一种食品添加剂，如果挤出来的牛奶加入三聚氰胺，可以提高其蛋白质含量，达到以假乱真，获取非法收入。因此，加了三聚氰胺的牛奶实为假牛奶，是一种水和三聚氰胺的混合物，婴幼儿如长期食用这样的牛奶加工成的奶粉，轻则造成泌尿系统结石病，严重者可导致死亡。这就是震惊世界的“三聚氰胺事件”。

队员：奶牛会不会生病？一般奶牛可以存活几年？

叔叔：奶牛也会生病，如奶牛和人一样会得感冒。一般来说，奶牛可患 240 多种病，可以存活十多年。

队员：一头奶牛一次可以挤多少斤奶？一般可以连续挤奶多长时间？一头奶牛一年大概能获利多少元？

叔叔：一头奶牛一次能够挤出约 50 斤奶，一般可以连续挤 3 个多月。如按 3 块钱一斤，可获毛利 15000 多元。但每头奶牛每天需 15 斤饲料，一年光饲料就需一万多块钱，再扣除其他费用，因此，一头奶牛只能获利四五千块钱！

队员：（笑着问）我们发现奶牛大便特别多，请问一头奶牛一天会产生多少斤粪便？这么多的粪便是怎么处理的？

叔叔：一头奶牛一天会产生 30 多斤粪便。我们这个养殖场有 200 多头奶牛，一天会产生 6000 多斤粪便。这些粪便除用于农户的生产外，其他则投入沼气池，经发酵产生沼气。可惜的是，到目前为止，我们养殖场的沼气池还没真正用起来。

队员：奶牛养殖场现有多少个工人？他们的年收入怎么样？

叔叔：养殖场现有 6 个工人，200 多头奶牛的吃喝拉撒全由他们负责。他们的收入一般在每月约 1500 元。

队员：奶牛有没有什么特别有趣的行为？

叔叔：有啊！如奶牛边吃会边摇尾巴，如果某天奶牛的尾巴不摇了，说明它生病了。又如，一般动物只有一个胃，而奶牛有 4 个胃室，即瘤胃、网胃、瓣胃和皱胃。饲料可以按顺序流经这4个胃室，也可以在进入瓣胃前返回到口腔内再咀嚼，这就是有趣的反刍现象。奶牛的4个胃室也并非连成一条直线，而是相互交错的。如果某一天奶牛没有反刍现象，则说明它生病了。

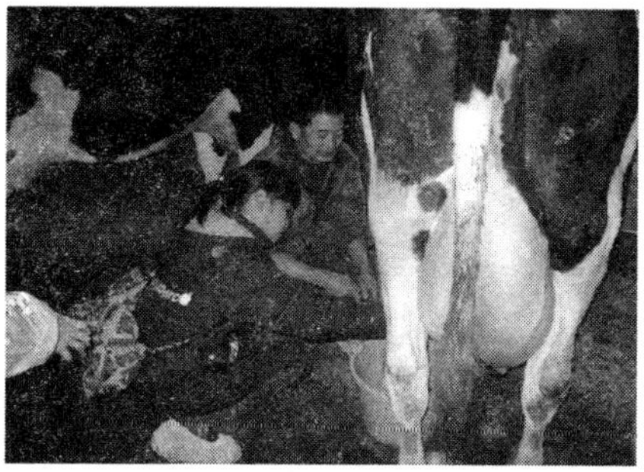
博科工作室队员陈丽菁在挤奶

亲手挤奶：叔叔现场为我们演示了人工挤奶的方法。没想到，叔叔还让我们亲手挤奶。队员陈丽菁还真的挤出了乳白色的奶水，但量没有叔叔多，看来，就是挤奶也是很有学问的。

感想建议：考察东关生态奶牛场，一方面让我们对不法商人置婴幼儿的生命于不顾、牟取暴利的可恶行径感到气愤；另一方面让我们感受到工人们劳动的辛苦，以及我们应该珍惜粮食。通过此次考察活动，我们在收获快乐的同时，还学到了许多书本上没有的知识。

建言献策：沼气是利用粪便等有机物发酵后而产生的一种可以燃烧的气体，其主要成分是甲烷，是一种清洁能源，不会污染环境。沼气池中的液体和残渣还是很好的有机肥料。修建沼气池投资少、建设快，容易管理，容易推广，而且沼气是一种很有用途的新能源。更何况，养殖场已建有大型沼气池，又有着如此丰富的资源，我们建议养殖场利用好沼气。

三、让更多的学生回归大自然

大自然是最好的课程资源，从古到今，我们总能从很多人的身上看到自然的影响，不少历史名人都能在自然中发现灵感，获益匪浅。有位国外的教育家说得好：“大自然是世界上最有趣的教师，它的教益无穷无尽，然而，世界上有很多孩子却没有机会与这位大教师亲近，实在遗憾。”美国作家奥尔科特说：“在乡村出生长大的人，等于受了一部分最好的教育。”其实，国内的许多教育家也曾发表过类似的论述，著名教育家陈鹤琴就曾说过：“大自然就是活教材。”因此，科学教师要利用好大自然这本“活教材”，更要引导家长利用好大自然这位有趣的“科学老师”。

美国有一对夫妇颇具冒险精神，他们把4个孩子带到偏远的农场自己培养。白天，孩子们像普通的农夫一样在农场干活，在劳动中讨论种子发芽、遗传、农药等知识；晚上，曾是大学教授的父亲则负责给孩子们讲授文化知识。到了周末，一家人开车到附近小镇的图书馆借阅种种书籍。这种特殊的教育激发了4个孩子前所未有的求知欲，他们如饥似渴地学习，然后在农场里进行着自己的各种实验，孩子不断探索，养成了很强的发现问题和解决问题的能力，4个没有读过中学的孩子均以优异成绩考入著名的哈佛大学，并分别成为电脑、畜牧、天文、造船方面的专家。

人与自然之间的关系是微妙的，孩子在和自然的亲近中定能变得聪明、健康。因此，如果条件允许，科学教师和家长不妨带上学生或孩子，去亲近山林，听听鸟鸣，闻闻花香，也可以去浏览名胜古迹，参观博物馆。这既能让孩子品尝大自然的盛宴，也能让孩子领受古人和今人智慧的馈赠，孩子们也不会成天与电脑、电视机和游戏机为伴了。

博科工作室队员在琅峰山捕捉昆虫

法国著名雕塑家罗丹说得好：“美是到处都有的，对于我们的眼睛，不是缺少美，而是缺少发现。”大自然的环境如此生动形象，将万物的神奇变化、鲜艳的色彩、丰富的声音展现在孩子跟前。只要科学教师和家长带领孩子们走进大自然，再加以积极的引导和启发，孩子们就会拥有一双发现美、欣赏美的眼睛。有了这双眼睛，孩子们就有了美的情感、美的行动。

1. 可随季节与气候的不同来选择欣赏素材

春天是万物复苏的时节，科学教师可让孩子们感知植物返青、动物苏醒以及明媚的春光，让孩子们观察奇花异草的生长，聆听小鸟、青蛙的叫声，认识和说出见到的各种花草的颜色。夏天可让孩子们感受如火的高温、品尝瓜果蔬菜的清香。秋天可带孩子们观赏金色的粮田、火红的枫叶，欣赏蓝天白云的美。冬天可让孩子们感觉凛冽的北风、体验寒冷的气候、观赏飘落的雪花和光秃秃的树干等。孩子们在不同的季节中欣赏到不同的美，从而感受自然规律。

2. 可随地理位置的不同来更换欣赏内容

我国地大物博，疆土辽阔，自然和文化资源非常丰富，几乎每个地区都有自己的名胜古迹和独特的风土人情。这些自然景观和旅游资源，科学教师要充分利用起来，引导孩子们领略大自然的鬼斧神工，感受田野风光，观赏名胜古迹，了解风土人情。科学教师在带领孩子们参观的过程中，还可以引导孩子们对比家乡前后的面貌变化，培养起他们从小热爱美好生活、热爱家乡的美好情怀。

3. 可随自然美景的不同来丰富教育内容

陶行知先生说过："大自然、大社会就是活教材，都是我们的学校。"美国教育家斯特娜夫人认为："儿童最好的老师莫过于自然。"因此，科学教师要在孩子的心灵深处播下热爱大自然、热爱生活的种子。比如，给学生讲述保护野生动物的重要性，随便捕杀某些动物会破坏生态平衡，一旦生态失衡，就会引起疾病的传播、病菌的繁衍，给人类的生活带来灾难，等等。

不过，科学教师在带孩子们欣赏大自然时，应注意以下两个方面：

第一，外出的地点要有选择性。外出的目的应很明确，是带孩子们去增长见识，不是大人自己出去玩，所以选择的地点要适合孩子的特点，选择空气清新、环境安全、风景优美的地方，切忌带孩子到空气污染、人车较多、噪音较大的或有安全隐患的场所中去活动。

第二，欣赏大自然应以孩子为主体。科学教师切忌只顾自己的兴趣游玩，而冷落或忽略孩子的感受。有很多老师会说："现在孩子长大了一点就不再愿意跟我们出来了。"其实，主要原因是老师在最初几次带孩子们外出时，没有很好地把握住孩子的情绪。

著名学者李庆明在《李吉林与情境教育》一书中有这样一段话："教育要解放儿童，就必须将儿童带入充满诗意、充满生命活力的真实生活或真实情境中去。"众所周知，大自然给人类的启示太多了：人类模仿鸡蛋外形的特点，建造了拱形桥；受鸟儿飞翔的启示，发明了飞机；根据茅草划破手指现象，发明了锯……大自然中的动物、植物以各自独特的生存方式向我们暗示着一个个自然的奥秘，只有将孩子领进自然，他们才能用心感受与发现，才能产生兴趣，才能收获知识、健康成长。大自然的一切都是鲜活的，让孩子看着书本想象并不符合孩子的天性，很多知识，孩子在自然中就能够寻找到答案。

鉴于以上认识，每每召开家长会时，自嘲小学科学教育宗教徒的我，都不会忘记提醒家长，应时常带领自己的孩子外出走走，感受大自然的神秘，把大自然当作活的教材。这是 2009 年 4 月 10 日，我以"春之旅"为题写的一首小诗：

春天
终于来了
是否想起
多少日子没有和孩子走进田野
是否忆起

童年时和伙伴们在蓝天下撒野
走向大自然
呼吸清新的气息
走向大自然
拥抱自由的心灵
面对最简单的自己
一次出行
一个好的开始
一次旅行
一份好的心情

儿童的思维是从动作开始的。听会忘记，看能记住，做才能学会。小学科学实验总动员作为一种新颖的课内外相结合的学科活动，激发了学生对科学探究的兴趣，帮助学生加深了对科学概念和科学规律的理解，培养了学生观察实验现象的能力和独立进行实验的技能，为学生提供了大量的动手实践机会，很好地弥补了科学课堂的某些不足。可以说，“小学科学实验总动员”建构的是一个实践模式，是一扇小小的窗口，从中透射出来的是我们对科学教育、育人模式、学生发展的深刻理解和思考。

2011 年 3 月 12 日上午，金华市教科所陈芸主任打来电话，说是准备推广此项课题的研究成果。听到此消息，我在电话中笑着对陈老师说：“不会吧！这是真的吗?”说实在的，就当前的情形，一位普通教师的个人成果想要被市级以上科研部门推广，这是非常困难的。其实，在申报此项课题研究之前，我已经以“小学科学‘家庭实验总动员’的行动研究”为研究课题，申报金华市 2008 年教育科学规划和浙江省 2009 年教学研究系统课题并立项。2009 年和 2011 年课题研究结题后，先后荣获 2009 年金华市教育科研优秀成果评比二等奖和浙江省第四届教学研究系统成果评比三等奖。

一般的课题是先设计研究方案，后开展实践行动。而此课题是在有了一年多的实践活动并取得较为理想的成效之后，我才决意设计研究方案申报省、市级教科规划课题。因此，一开始就没冲着什么大奖而做，只是希望借助课题研究这一形式，让活动得到专家的指导，让活动更为科学有效，让更多的人认识此项活动，动员更多的人参与到这项活动中来。6 年后的今天，我可以骄傲地说：“我做到了!”

不过，我还希望借助课题研究这一形式，强化自我的资料积累意识，使科学实验总动员活动过程有迹可循、有据可查。今天之所以能完成这本有着一定理论高度且附有大量案例和图片的拙著，以课题的形式开展研究功不可没。

让我没有想到的是，这项主要以培养儿童的科学素养为主要目标的学科活动，以其特有的魅力成为孩子们的最爱，也借由孩子们的口被许多家长所关注。当然，孩子们在参与相关活动中，注意力、观察力、思维能力、想象力和记忆力等智力因素得到了很好的开发；在动机、兴趣、意志、情感和个性等非智力因素上也得到了很好的培养。

这是萨玛·沃泽曼和乔治·伊芙妮合著的《新小学科学教育》中的两段话，现用此作为本章节的结束语：

老师们在工作时想要感到安全、受到保护，并且没有后顾之忧，是很自然的。当要求他们去从事一些从未干过、与以往不同的，甚至与他们已经建立好的教学实践基础迥异的工作时，他们会感到战战兢兢、焦虑不安和缺乏信心都是正常的。

通向未知之旅并不是通向黑暗隧道的旅途。这一旅程有一个事先就明确了的目的地，尽管我们从未真正到达过。因此，把这一旅途当成是实现成功的旅程——这一目的地将引导你迈向你所深信不疑的科学学习目标。是的，旅途中会有艰难险阻；是的，旅途中会有风险曲折。每一趟旅程都有艰难的时刻，但我们义无反顾，因为，旅程往往也充满惊喜，那些小麻烦无足轻重。

第三章
小学科学实验总动员活动概述

如果说课堂教学是课程实施的主要途径，那么课外活动则是课程实施的重要补充。小学科学实验总动员作为一种新型的课内外相结合的实践活动，它正以其特有的魅力，吸引着成千上万的儿童参与其中，被小学科学教育专家和广大一线科学教师所重视，而且他们对其进行了卓有成效的实践性探索。

第一节　小学科学实验总动员的特点

小学科学实验总动员由于立足于课内和课外，立足于学生身边的事和物，因此，其具有取材方便、操作简单、内容多变、方法灵活等优点，使得每个学生都可以动手操作、动脑思考。具体来说，深受学生喜爱的小学科学实验总动员，有着以下特点。

一、灵活性

科学课是严格按照小学科学课程标准和教学用书进行的，有相对稳定的内容和形式，特别是在时间上更是有严格的限定。比如，三四年级的学生每个星期只有两节科学课，五六年级的学生每个星期只有三节科学课。而小学科学实验总动员活动形式灵活多样，可以是个人单独进行，也可以是小组或集体共同进行，且内容可变通，实验不受时间、地点和空间等方面的限制。

生熟鸡蛋的分辨

“吃鸡蛋喽！吃鸡蛋喽！”跑进厨房，看见台板上放着两个鸡蛋。我以为这两个鸡蛋都是熟的，就随手拿起其中的一个，妈妈却急忙阻止：“不能吃，不能吃！这个是生鸡蛋，快放下，拿另一个！”咦，生熟鸡蛋没有区别呀！这么说来，吃鸡蛋时，很可能错把生的鸡蛋当成熟的鸡蛋，而把熟的鸡蛋当成生鸡蛋！那该怎么办？正当我困惑之时，妈妈笑着对我说：“琳琳，你能否用实验区分出生、熟鸡蛋?”

对呀，可以动手实验！在实验前，我在生鸡蛋的壳上画了一个笑脸，在熟鸡蛋的壳上画了一个哭脸。

我的第一种方法是旋转法，即把鸡蛋放在桌面上，记录两种鸡蛋旋转持续的时间长短。时间长的用“A”表示，时间短的用“B”表示，实验结果如下：

次数	生鸡蛋	熟鸡蛋
1	B（转不动）	A
2	A	B
3	B	A
4	B	A
5	B	A

第二种方法还是把鸡蛋放在桌面上旋转。只不过，待鸡蛋转动起来后，用手指轻轻地使它停止，看看哪种鸡蛋是立刻停止转动，哪个鸡蛋还在微微旋转。立刻停止转动的写“C”，微微旋转的写“D”，实验结果如下：

次数	生鸡蛋	熟鸡蛋
1	D	C
2	D	C
3	D	C
4	D	C
5	D	C

对比两次实验结果，发现旋转持续时间长的，用手指轻轻触碰就立刻停止转动的是熟鸡蛋；而转不动或者转起来就倒的，用手指轻轻触碰还能微微旋转的鸡蛋是生鸡蛋。

呀，为什么熟鸡蛋旋转持续时间较长，用手指轻轻触碰就能立刻停止转动？而生鸡蛋为什么转不动或者转起来就倒，用手指轻轻触碰还能微微旋转呢？

告诉你吧，秘密在鸡蛋里面！熟鸡蛋里面是固体，而生鸡蛋里面是液体，生鸡蛋由于蛋黄的流体就会产生惯性，所以会出现上述实验现象。

哈哈，我是在这样一个偶然的机会学会了怎样辨别生鸡蛋还是熟鸡蛋的！妈妈还夸我这个探究活动开展得好。

（金师附小　曾佳琳）

“生熟鸡蛋的辨别”来源于曾佳琳的生活。曾佳琳同学所开展的鉴别实验活动简便易行，而且极具科学性。像这样的实验，如果时间不允许，可以放一放，待有空余时间再进行研究。另外，大人有意识地培养孩子的实验兴趣，对其成长有着重要的意义。

二、开放性

如果说科学课程在学习内容、活动组织、作业与练习、评价等方面给教师和学生提供了选择的机会和创造的空间，那么，小学科学实验总动员与课堂教学相比，有着更大的开放性，这就是其不受教学计划和学校围墙的限制，内容比较接近现实、贴近生活，富有新鲜气息。因此，小学科学实验总动员是一种打开围墙的活动，是一种接近生活的活动，是一种走近社会的活动，是一种亲近自然的活动。

我们的冰箱会烧坏的

暑假里的一天，我因口渴到冰箱里拿饮料。当我手触到冰箱的外壳时，感觉到其外壳很热，这让我很是惊奇，怎么会这么热呢？莫非是冰箱坏了？我赶紧把“发现”告诉了爸爸，并催促爸爸快点去看看，不要是冰箱烧坏了。

没想到爸爸若无其事，还笑眯眯的。这下我可有点不高兴了，拉下了脸。爸爸看到我有点火了，才开口对我说：“你去打开冰箱看看。”我过去打开冰箱。呀，里面是一个冰凉的世界。我困惑地拿出一听饮料回到客厅，坐在沙发上一边喝，一边动着脑儿想，这到底是怎么回事？

对了，可以上网查找答案啊！我赶紧来到书房，打开电脑搜索了起来，没想到很快找到了答案。

原来，当冰箱正常工作时，蒸发器在箱内吸收的热量以及压缩机工作时所产生的热量都是通过位于冰箱外的冷凝器散掉的。目前，有的冷凝器位于冰箱背后，有的则内藏于箱体两侧。正常散热时，冷凝器表面温度可达50～60℃。另外，具有防露功能的双门冰箱，其正面箱门四周和中梁处均设置了内藏式防漏管，防漏管是冷凝器的一部分，正常散热时，防漏管的温度略高。因此，冰箱外壳发热就不足为怪了。

当我把查到的答案告诉爸爸时，爸爸夸奖我真有能耐。“里外两重天”，这就是冰箱有趣的地方。

（金师附小　吴佳灵）

多有趣的问题啊！想必很多同学在生活中都遇到过，但又有多少孩子把它当作问题来探究呢？想必很少吧！为什么？是否可以归结为应试教育的结果？中国工程院院士秦伯益认为，从应试教育到应试科研，整个体系抹杀了人们的创新能力。但是，如果我们拥有开放的眼光，那又会是怎样的一种结果呢？我们可以在美国的孩子身上找到答案，那就是敢于质疑、勇于尝试。

三、趣味性

科学探究是科学研究过程的本质特征，引导儿童主动探究、亲历科学探究的过程，这将有利于呵护儿童的好奇心和激发儿童学习科学的主动性。小学科学实验总动员的活动内容虽然也是观察和实验，但它又无须像课堂教学那样中规中矩，学生可以根据自己的兴趣、习惯、能力、意志、情感和个性进行观察和实验。观察和实验内容、形式均是学生比较喜欢或迫切想知道的，富有吸引力，能引起学生浓厚的兴趣，激发学生的探究心理，满足学生的精神需要。

黄豆的子叶怎么变绿了

这个学期，我们在江老师的指导下种植黄豆。昨天，我在观察刚出土的豆苗时，发现了一个很奇怪的现象，黄豆的子叶居然变成绿色了。还记得一个星期前，我播下去的黄豆子叶可是黄色的。这到底是怎么回事？

对了，阳台上的那棵小豆苗，它的子叶不也是绿色的吗？可为什么几天过去了，我却一直没有注意到呢？难道，这就是所谓的熟视无睹？因为豆苗子叶出土时变成绿色，所以也就把豆苗的子叶想当然地认为是绿色的了。

黄豆的子叶为什么会变成绿色？我跑去问科学老师。没想到，连江老师也说不知道，还居然称没注意过此现象呢！其实我知道，他不是没看到，只不过是和我一样未曾注意罢了！江老师听完我的描述后，也为此怪现象而好奇，就和我一起查找此现象的原因。

查阅资料后发现，原来黄豆的子叶含有叶绿素。它们只要见到阳光后，就会由黄色变成绿色。这样，其就具有光合作用的能力，可以在黄豆还没有长出真叶前，给黄豆苗提供前期所需的营养，等到黄豆的真叶长出后，它就自然而然地枯萎了。

植物世界是不是很有趣？不信，你也种几株黄豆或其他的植物试试，说不定还会有更加惊人的发现呢！

（金师附小　严超然）

伟大的科学家爱因斯坦曾说：“兴趣是最好的老师。”我想，这句话应该是他的切身体验。当年，他大学毕业后，生活没有着落，好不容易才谋到一份专利局的工作。在这样艰苦的工作环境中，他居然发现了相对论。靠的是什么？毋庸置疑，兴趣！是兴趣推动着他不停地思考，是兴趣推动着他不断地求索。当然，儿童的问题除了需要兴趣激发之外，也需要大人有意识地呵护。

四、自主性

小学科学实验总动员是学生在教师、家长和有关方面的指导、帮助下，在课内外独立开展的实验活动。它一般在学生的家庭中进行，或由成人陪伴在室外进行。学生在家里开展实验活动，不像在学校的实验室里那么有时间限制，那么有心理压力，可以说实验是自己的实验，自己是实验活动的主人。

用报纸建造单塔斜拉索桥

斜拉索桥是现代大跨度桥梁的重要结构形式。特别是在峡谷、海湾、大江、大河等不易修筑桥墩的地方，想要架设大跨径的特大桥梁，往往都选择悬索桥和斜拉索桥。

斜拉索桥一般由拉索、索塔、主梁和桥面组成，桥面荷载经主梁传给拉索，再由拉索传到索塔。拉索桥有系到桥柱的钢缆，钢缆支撑桥面的重量，并将重量转移到桥柱上，桥柱就承受着巨大的压力。根据其结构，拉索桥有双塔斜拉索桥和单塔斜拉索桥两种。今天，我在爸爸的帮助下，用报纸建造了一座单塔斜拉索桥。

制作材料：报纸、棉线、牙签、瓦楞纸、胶水和纸盒。

制作过程：先用报纸卷出七根大小相等的管子，用报纸把七根管子粘成一块平板，以充当拉索桥的桥面。再卷两根直径很小的管子，并用牙签将其固定在桥面的两侧，充当桥面的栏杆，然后用一根长一点的大管子作为主塔。接着，在纸板的中间钻出一个小洞，刚好大管子能穿过去，这根大管子就是拉索桥的单塔。在大管子上，依次钻出四个等距的小洞，只要棉线刚好可以穿过就行，穿过大管子上小洞的四根线依次连接到报纸板上。最后，在桥面下方粘上两个纸盒子，纸盒子的下面用瓦楞纸固定。这样，一座单塔斜拉索桥基本上大功告成了。

制作体会：单塔斜拉索桥是利用多种科学原理设计出来的一种桥梁，现在已经得到了大面积的推广。我们经常可以在世界各地的大江大河以及海岛之间见到这种可以实现大跨越的桥梁。有的拉索桥建成之后，不但实现了交通上的便利，而且还成为当地著名的景观，供游人参观玩赏。

（金师附小　卢子亦）

自信、独立是人的一种心理品质，属于非智力因素范畴。自信是坚信自己的能力和力量，是勇往直前、深入探讨事物不可缺少的因素，没有自信，就不会有独立的品格。独立，是指拥有独立见解，喜欢标新立异，不循陈规。只有保持独立思考的空间，才会有大的科技发现和创造。可是，我国许多家长对子女的宠爱和教师对学生过度的呵护，使我国的青少年心理变得很脆弱，要改变这种现状需要教育观念上的革命，更需要像小学科学实验总动员这样的活动作支撑！

五、适应性

小学科学实验总动员的活动内容适合小学生的年龄特点和智力水平。实验的仪器、药品一般家庭都可以找到，或容易买到，或大自然中有现成的。小学科学实验总动员的活动内容可以与课堂教学同步，以便学生巩固和发展课堂教学所学的知识；也可以不和课堂教学同步，以培养学生的创新精神和实践能力。小学科学实验总动员操作容易，现象明显，安全系数大，具有较强的适应性。

第二节　小学科学实验总动员的原则

小学科学实验总动员是一项课内外相结合的学科性实践活动，它在培养学生的科学素养方面有着独特的优势。为此，在开展小学科学实验总动员时，应遵循以下原则：

一、全体性原则

小学科学实验总动员活动面向全体孩子，是对“获奖教育”“精英教育”和“尖子教育”的突破，它为每一个孩子提供公平学习科学的机会和有效的指导。我们希望把孩子培养成具有一定科学素养的未来公民，也希望通过提升孩子们的科学素养，进而让具有科学潜质的孩子从更高的浪尖中脱颖而出。实话实说，中国公众科学素养甚差，这已经成为中国和平崛起的软肋。如果这样的颓势不加遏制，我们将会长期处于被动落后的状态。让我们看一篇报道：

中国科协2010年11月25日发布的第八次中国公民科学素质调查结果表明："十一五"期间我国公民的科学素质水平明显提升，2010年具备基本科学素质的公民比例达到3.27%。其中，了解必要科学知识的公民比例为14.67%，掌握基本科学方法的公民比例为9.75%，崇尚科学精神的公民比例为64.94%。

调查虽然显示2010年我国具备基本科学素质公民的比例比2005年的1.60%提高了1.67个百分点，比2007年的2.25%提高了1.02个百分点，但是，和国外一些发达国家相比，还有着很大的差距。如我国公民科学素质水平只相当于日本（1991年3%）、加拿大（1989年4%）和欧盟（1992年5%）等主要发达国家和地区20世纪80年代末、90年代初的水平。

国民科学素养整体水平偏低，将直接影响到国家的科学技术发展。原因是国民科学素养整体水平偏低，就相当于缺少促进拔尖科学人才健康成长的金字塔的塔基，就相当于缺少促进拔尖科学人才健康成长的科学氛围。可见，提高国民科学素养任重而道远，它需要全社会的共同努力，而任教小学科学这门以培养学生科学素养为宗旨的课程的科学教师更是责无旁贷。

但现实的情况是，我国教育界的许多人仍在对应试教育的陶醉中蔑视科学素养的培养，并用基本知识和基本技能的"双基"训练来取代科学素养教育，导致中小学生从小就失去实验探索的机会，不去阅读科普读物，不在自然中冒险，不喜欢问问题，不喜欢质疑自己认为不对的东西，不去野外考察，不去海洋馆、科技馆参观。据科学网报道，教育部前任副部长、著名电子工程专家韦钰院士曾指出："尽管全国上下都在呼吁提高公众素养，促进创新，但是小学科学教育却在后退，有着很严重的问题。"她表示，科学教育被忽视的原因是教育科研工作者和主管部门缺乏科学方面的知识。

2001年，随着新课标的实施，我国的小学一二年级（七八岁）取消了科学课，而反观欧美发达国家，他们正在研究把科学教育扩展到5岁。对比两者，孰输孰赢，不说也明！因此，为了下一代，我国应重新恢复小学一二年级的科学课。不过，让人开心的是，据说一二年级的科学课将从2013年秋季开始实施。

二、差异性原则

在小学科学实验总动员活动走进孩子们的日常生活之时，我们应特别关注孩子们的个体差异，使孩子们在"差异"中实现自主、在"差异"中张扬个性、在"差异"中有所创新、在"差异"中体现多元、在"差异"中求得发展。事实上，这也是小学科学课程改革的重要目标之一。

在一次给金华职业技术学院师范学院大学生开展的讲座中，我就对关注学生的差异之于学生生命成长的重要意义谈了自己的看法：

从生命成长的视角观照科学课，必须关注学生的个体差异。如果科学课无视学生的差异，就不能促进每个学生的发展，就做不到“以人为本”。只要读一读《科学课程标准（3～6年级）》，就可知道课程专家对此的良苦用心。例如，“课标”要求教师在科学课程、科学教材、科学教学、科学评价等方面具有多样性和灵活性。原因何在？只有教师具有多样性和灵活性，才能满足不同学生个体学习科学的需要，才能在科学教学中做到因人而异，才有利于学生个性的成长。又如，“课标”强调科学课程的设置要充分考虑到学生各方面存在的差异，科学课程要具有开放性，在诸如科学学习内容、科学活动组织、科学作业与练习、科学评价等方面给教师、学生提供选择的机会和创新的空间，以便在最大限度上满足不同学生学习科学的需要。此外，在“课标”的实施建议中还指出，科学课要尊重儿童在科学学习中表现出来的个别差异，根据他们的兴趣爱好、情感态度、知识能力等方面特点，因材施教，帮助他们实现个性化发展。关注差异，才有差异性的发展；关注差异，才有学生生命的差异性成长。

“课标”一再强调教材应具有开放性，内容的设置要考虑学生的差异。在实施建议中更进一步建议科学教学要站在学生的角度，从生命差异性成长的角度来指导科学教学。这的确点到了当前科学教育诸多问题的关键所在。相信“点穴”之举必将唤醒科学教育的生命活力，必将对科学教育产生深远的意义。不过，“课标”虽然强调要关注学生的生命差异性，但如果没有一线科学教师的亲身实践，关注学生的生命差异只能变成一个空洞的口号。因此，关注生命差异，喊在嘴上是虚的，只有行动才是实的，它需要在科学教育中真正地得以诠释、得以体现、得以实践。

三、亲历性原则

小学科学实验总动员应遵循科学教育培养学生科学素养的宗旨，积极倡导学生亲身经历以探究为主的学习活动，培养学生的好奇心和探究欲，促进学生对科学本质的理解，使学生学会探究解决问题的策略，为学生一生的学习和生活打好基础，并注重让每个学生参与探究的全过程，而不是只注重活动所取得的成果。

在上述那次讲座中，我就科学探究促进人成长的重要性，向在座的大学生讲了这样三段话：

生命的意义在于亲身经历，一个不去亲身经历的生命只能称为虚拟的生命，一个躲藏在虚幻世界里的生命。美国著名教育家杜威提出“学校即社会，教育即生活”，我国著名教育家陶行知却提出“社会即学校，生活即教育”。这无不说明亲身经历活动过程对促进人成长的重要性。

科学课是一门建立在观察实验等实践性活动基础之上的课程，相对于其他学科来说，它更注重让学生在做中学、玩中学，在亲历中得到成长。例如，观察蚯蚓，只有让学生在课外寻找蚯蚓，学生才知蚯蚓的生活环境。又如，栽种黄豆，只有让学生参与黄豆的管理，坚持每天观察和记录黄豆的生长历程，学生才能体验到“谁知盘中餐，粒粒皆辛苦”。经历活动，不仅使学生丰富了情感体验，更重要的是在活动过程中提升了学生的生命质量。

科学教育实践也证明，只有提供各种探究机会，让学生亲身经历活动过程，学生才能切身感受到什么是科学，才能领悟到科学的真正含义。只有让学生亲身经历以探究为主的学习活动，学生才能体验到科学学习的乐趣，增长科学探究的能力，形成尊重事实、善于质疑的科学品质。“纸上得来终觉浅，绝知此事要躬行”，只有让学生走进大自然、走进生活、走向社会，亲身经历活动的过程，才是最好的科学教育！

四、主体性原则

小学科学实验总动员视学生为活动的主体。实验活动建立在满足学生发展需要和已有经验的基础之上，提供的活动项目是学生能直接参与的，并要求家长积极引导孩子亲身经历探究的全过程，鼓励他们主动创新，提高他们的学习兴趣。只要学生乐在其中，遵循科学研究规律，即使一些十分幼稚甚至可笑的课题，也应予以积极支持。我们要反对教师和家长的包办代替、弄虚作假的行为。强调学生在实验中的主体性，可以极大地激发学生的自主意识，使学生主动“做”实验，而非被动“听”实验；可以极大地激发学生的思维状态，能使学生主动“想”问题，而非被动“记”结果。

仍然是在那次讲座中，就科学教育中关注学生主体性的意义，我向在座的大学生谈了自己的观点：

从生命成长的视角观照科学课，必须凸显学生的主体地位。换言之，学生应是科学课的主人，学生在科学课中的主体地位不能丢失。但在这一点上，科学课容易发生错位，从而导致学生主体地位的缺失。例如，本该让学生准备的材料，却不让学生准备；本该让学生做的实验，教师代替了；科学课上探究的是教师的问题，而非学生的问题；评价时重知识目标，轻情感态度与价值观目标；重终结性评价，轻过程性评价；教学上重“封闭”，怕

"开放"；重教师的教，轻学生的做……

教育家陶行知先生说得好："人人都说小孩小，谁知人小心不小。您若小看小孩小，便比小孩还要小！"要想凸显学生真正意义上的主体地位，需要教师为学生创设一个民主、和谐、可持续发展的学习氛围；需要教师在科学课中对学生的表现给予充分的理解和尊重，让学生在课堂中真正成为自我思维的主人、自我探究的主人、自我成长的主人，让学生在自主中享受生命成长的快乐。还记得，有一次观摩"观察蜗牛"一课，当有学生说："触角最前端的黑点就是蜗牛的眼睛，蜗牛的触角碰到东西能缩回。"另一学生调侃道："要是我的眼睛也能像蜗牛那样探出来就好了。"很风趣的一句话，引得全班学生哈哈大笑。但这样说可能不合教师的意，我是这么猜的，因为教师原本亲切的脸孔不见了，好在瞬间后，笑容又重新回到了教师的脸上。我后来猜测，也许教师突然又意识到教室里还有"外人"，不便发火。事件中，不管该教师最后出于何种心理未去责备该学生，但瞬间的脸部表情让我久久不能忘却。好在学生没有察觉，所以还沉浸于欢乐之中。我想，教师对待科学课如此，对待课外活动——小学科学实验总动员又何尝不是如此呢？

欧美发达国家在青少年教育上一开始就注重创新思维的培养，欧美教育者正在研究把科学教育扩展到5岁年龄段的儿童。而我国基础教育却取消了手工课和劳技课。实际上，我国的基础教育并不存在真正意义上的科学教育，基础教育虽然没有取消科学课，但科学课普遍不被重视却是不争的事实。

第三节　小学科学实验总动员的突破

小学科学实验总动员是科学教育从校内走向校外以及构建"大科学课堂"的重要平台。学生通过自制或模仿教师制作实验器材，根据科学原理设计实验，相互交流实验心得，不仅能帮助他们理解和建构科学概念，培养理论联系实际的能力，而且还能开阔视野、丰富知识，激发他们探索新的科学现象和规律。所有这些都是科学课堂上得不到的，更不是做几道科学习题所能代替的。

小学科学实验总动员——这项以培养学生动手实践能力和创新精神为主的学科活动，具体来说，它的教育价值体现在以下方面：

一、突破课标与教材的限制

在义务教育阶段，学生的主要任务是要继承人类优秀的科学文化遗产，掌握自然科学和社会科学中最基本的知识以及最基本的技能，而这些知识和技能主要是通过学科类课程获得。但对于学生来说，这些知识和技能是一种间接的经验，仅仅获取一些间接的经验是不够的。因此，还需要通过参加各种丰富多彩的活动类课程获得相应的直接经验，然后将直接经验和间接经验结合起来，形成能力，提升素养。活动类课程与学科类课程在教育目标上是一致的，在教育内容上是互相联系、互相渗透的，在教育形式和教育方法上是各具特色的。两类课程不可相互替代，它们在不同阶段和场合发挥着不同的教育功能。小学科学实验总动员作为一种活动类课程，它对学生的教育价值是不可低估的，它可以有力地突破课标和教材在学科类课程方面的限制。

另外，现代教学更加强调学习的建构性、社会性和情境性。这就意味着学习是一种主体性行为，这种学习是社会化的，需要学生之间的合作和交流，需要学生在真实的任务情境中进行，在解决实际问题的过程中提高思维能力和解决问题的能力。

小学科学实验总动员为学生提供了真实的任务和在复杂情境中解决问题的机会，使学生在动手与动脑中学习，在实践操作中学习。过去，像小学科学实验总动员这样的课外活动只是少数学生参与的活动，这除了社会性原因外，其中一个很主要的原因是家长的科学素养问题。于是我们会发现，只有那些有着良好家庭教育背景的孩子，才会更关注像小学科学实验总动员这样的活动形式，而且这样的例子在过去非常多。

1903 年诺贝尔物理学奖得主比埃尔·居里，他父亲以及其他家人在他很小的时候，就十分注重对他的教育。在教育过程中，日渐长大的比埃尔比其他孩子都要内向，而且反应也稍稍迟钝。这让他的父亲有些担忧。但父亲还是注意到，当比埃尔在学习某一门功课时注意力会特别集中，有时候甚至都不会注意到身边发生的一切。除此之外，比埃尔还表现出惊人的记忆力和丰富的想象力。父亲意识到，以比埃尔的性格和能力，并不适合在学校里同其他孩子一起念书。于是父亲决定亲自给比埃尔和他的哥哥授课，让他们都在家里完成早期教育。

父亲针对比埃尔的性情，采取了与学校不同的教育方法。每天除了学习规定的知识外，比埃尔还要在业余时间里阅读大量的课外读物。父亲为了开拓孩子们的视野，陶冶他们的情操，还经常带他们出去郊游，并在这种户外活动中逐渐培养他们对事物的观察能力。从小与众不同的家庭教育培养了比埃尔对自然界的兴趣，也为他开启了一扇通向自然物理的大门。

好在随着现代社会的发展，随着教育的进一步普及，家长的科学素养普遍得到提高，他们对科学课内外活动也有了更为正确的认识，这为像小学科学实验总动员这样的活动进入学生的家庭、让所有的学生都有可能参与其中创造了条件。可见，一本新课标和几套科学教材是不可能包罗万象的，校外、课外，特别是孩子们生活的大自然，应该是学校教育的重要补充和组成部分。

二、突破班级与课时的限制

小学科学实验总动员不受班级一课时的限制，既可以以班为单位搞活动，也可以是跨班进行小组研究，还可以是个体独立行动；既可以利用活动课时间，也可以到家庭、社会、田野中去进行；既可以接受老师的建议搞活动，也可以是学生按照自己的兴趣和特长自由地进行研究活动。也就是说，孩子们对自己学习什么、研究什么、怎样研究、与谁研究都有自己的主动权、选择权。

可以说，这种形式非常有利于孩子们培养兴趣和发挥特长，有利于因材施教，可以取得良好的活动效果。

有一名小朋友在家里帮助妈妈收拾饭桌时，发现爸爸还剩着半杯啤酒没有喝，就顺手倒在阳台上的花盆里。几天后，他发现这一盆花长得特别好。难道是啤酒所起的作用？他越想越觉得有意思，很想探个究竟。于是，在爸爸妈妈的帮助下对此展开了研究。

他准备了4盆同品种而且植株差不多的花。第一盆花每天浇清水；第二盆花每天浇浓度为20%的啤酒液；第三盆花每天浇浓度为30%的啤酒液；第四盆花每天浇浓度为40%的啤酒液。就这样，经过了3周的实验，他发现浇浓度为40%的啤酒液的那盆花长得特别好。这证明他的猜测是对的。

他在研究的基础上写的一篇题为《啤酒浇花》的科学小论文，还被刊登在《少年发明与创造》杂志上。不过，更为重要的是，借助这次研究活动，让他不但尝到了成功的快乐，而且还增强了研究的信心。

虽是偶然之举，但偶然为之的背后，其实是孩子们乐于探索的强烈愿望。毋庸置疑，在周围生活中奇闻趣事数不胜数，关键是我们的孩子要有一颗乐于研究的心。否则，只能是对周围的事物熟视无睹。对于激发孩子们的研究兴趣，小学科学实验总动员是一个非常好的研究平台。再让我们看一个真实的故事：

在英国的亚皮丹博物馆里，有两幅藏画特别引人注目。其中一幅是成人骨骼图，另一幅是人体血液图。说起这两幅画，还有一个动人的故事呢！原来，这两幅图画是麦克劳德小学时画的。

麦克劳德从小充满好奇，凡事总好寻根究底，找不到答案绝不罢休。有一天，他正和伙伴们玩耍，忽然，发现一只小狗正摇着毛茸茸的尾巴从角落里转出来。麦克劳德突发奇想，想看看狗的内脏到底是什么样的，于是便和几个小伙伴偷偷地套住这只狗，将其宰杀后，把内脏一个一个割离，仔细观察。没想到，这只狗不是别人的狗，而是校长韦乐登家的爱犬。

韦乐登校长知道后十分恼火，觉得他太不像话了，如果不严加惩罚，以后还不知他会干出一些什么出格的事。但是，到底该如何处罚呢？经过反复考虑，权衡利弊，身为教育家的韦乐登采取了一个十分巧妙的方法——罚麦克劳德画出一幅人体骨骼图和一幅人体血液循环图。

麦克劳德很聪明，知道自己错了，应该接受处罚，他决心改正错误。于是他认认真真地画好了两幅画，韦乐登和教师看后很满意，认为画得好，杀狗之事就这样了结了。

这样的处罚方法，既使麦克劳德认识到了自己的错误，又保护了他的好奇心，还给了他一次学习生理知识的机会。后来，麦克劳德成了一位著名的解剖学家，与医学家班廷一起，研究发现了医治糖尿病的胰岛素，两人还于1923年荣获诺贝尔奖。

可不可以这样认为，是韦乐登校长的教育智慧让历史上多了一位诺贝尔奖获得者？麦克劳德是幸运的，在成长的过程中遇到了韦乐登校长。韦乐登校长在面对麦克劳德的调皮行为时，没有像普通教师那样责罚他，而是用一种充满教育智慧的宽容“惩罚”他，让他的好奇心和兴趣得到了保护，日后在解剖学上不断努力，取得巨大成功。

毋庸置疑，课堂教学的内容落后于现代科学技术的发展是始终存在的现象，即使在课堂教学中加大进度，也难以消除这个差距。解决这个矛盾的行之有效的办法就是将小学科学实验总动员与课堂教学相结合，适当加进现代科学的新知识，开阔学生的科学视野，从而构建起“大科学课堂”。如现在普遍开展的有关电子模型、机械模型、生物、天文、地学、养殖、种植等方面的活动都与现实生活紧密结合，又都不同程度地渗透着现代科学技术新成果，有力地突破了班级和课时的限制。

另外，在小学科学实验总动员活动中，孩子们可以自愿参加活动小组，自己选择活动项目，在整个活动中可以充分发展自己独立思考、独立活动、独立创造的能力，而这些能力的形成又将促进他们在课堂中的学习。这项看似非常自主的活动，其实更能体现家长和教师的主导作用与学生主体地位的统一。在课内，教师应充分发挥主导作用，把知识系统地传授给学生，让学生打好基础。在课外，教师处于辅导地位，学生处于活动的中心。不过应该明确的是，教师在小学科学实验总动员活动中处于辅导地位，并不是降低了对教师的要求，恰恰相反，学生的主动性和创造性的发挥对教师提出了更高的要求，教师除了需向学生提供必要的辅导外，还要在组织、评价、支持等方面发挥创造性的作用。

三、突破学校与课堂的限制

小学科学是一门实践性很强的学科，而且各地的自然条件又千差万别。因此，学校和课堂的时空对其限制也较强，好在小学科学实验总动员可以突破、弥补这方面的不足。

陶行知先生曾经说过："不运用社会力量，便是无能的教育；不了解社会的需求，便是盲目的教育。"因此，我们的学校要根据当地的自然状况和经济条件、学生的家庭状况和兴趣爱好，因地制宜，开展像小学科学实验总动员这样的活动，还可以与当地的经济、科技人才等直接联系。

山西革命老区有一位教师发现当地的农民很穷，他就组织学生搞科技活动，每人栽种10棵葡萄树。这种行为一开始受到了家长的强烈反对，家长认为送孩子到学校是来学习的，老师让学生种葡萄树真是"乱弹琴"。当看到孩子们把葡萄种活了、葡萄丰收了并且卖了许多钱，特别是孩子们的科学探究兴趣被大大激发，科学探究能力得到了长足的发展，家长再也坐不住了，便敲锣打鼓地到学校去感谢老师，他们感觉到孩子不仅学到了知识，还学会了致富的本领。

可是，这样富有生命活力的教育在我们中国实在太少了。因为太少，我们把它当作珍宝一样宣传。反观国外，特别是一些西方发达国家，会发现这已成为全社会的共识，是一种很正常的教育现象。现撷取其一，期望大家深思：

1954年诺贝尔生理学或医学奖获得者托马斯·哈克尔·韦勒出生于美国密歇根州的小镇安阿伯，他父亲是密执安大学医学院病理学系主任，母亲出生于学者家庭，受过当地的高等教育。

安阿伯是一个景色秀丽的具有浓厚田园气息的小镇，这里由于紧邻着密执安大学，居住着许多从事生物学与医学研究的专家和教授，他们研究的项目五花八门，有研究爬虫类的，有研究鱼类的，有研究昆虫的，等等。生活在这样一个环境中，韦勒从小耳濡目染，自然对充满神秘色彩的生物世界产生了浓厚的兴趣。他常常出神地观察着小河中游来游去的鱼儿、草丛里翩翩起舞的蝴蝶、树林中婉转歌唱的小鸟。

在广阔的大自然中，韦勒尽情地游玩，他常把蝴蝶、乌龟、小鱼等小动物捕回家，欣赏自己制成的美丽的蝴蝶标本，欣赏小鱼、小龟在水缸里自由地游动。一天，韦勒和小伙伴们捉了各种各样的乌龟并带回家，他住的小房间竟爬满了乌龟。当一位做客的动物学家看到了韦勒养的乌龟后，就开玩笑地对他的父亲说："看来你家集中了密执安南部的所有龟类。"韦勒的父亲听到客人的玩笑，只是善意地笑了笑，但没有阻止儿子的行为。

韦勒在饲养小动物的过程中竟对一条死鱼充满了兴趣，他用解剖刀将死鱼开膛破肚，在鱼肚里他吃惊地看到了非常小的乳白色的虫子在蠕动。正在他大惑不解之时，父亲回来了。父亲看到韦勒的手上沾满了血污，一条死鱼被开膛破肚，他似乎明白了儿子的举动，好奇的儿子一定是想知道鱼肚里到底隐藏着什么秘密。

"这些白色的小虫子是什么东西呢?"韦勒满脸疑惑地问父亲。"这是小鱼身体里的寄生虫。"父亲高兴地回答充满了疑问的儿子。

"寄生虫?"韦勒第一次听到这样的名称，他不停地追问父亲："什么是寄生虫？寄生虫为什么会跑到小鱼的肚子里?"

看着好奇的孩子，父亲耐心地解释："寄生虫不仅存在于鱼的身体内，在其他动物的身体内也有，它们对动物的健康造成了极大的危害。你长大了就去研究这些寄生虫的秘密吧!"父亲的话在韦勒幼小的心灵里留下了深刻的印象。他想，长大后一定要像父亲一样做一个知识渊博的科学家，用自己学到的知识去解开一个又一个神秘的疑问。

韦勒的父亲是一名出色的病理学家，他自然理解儿子的兴趣，他对儿子的行为只是进行恰当的引导，而不是粗暴地干涉。对于许多问题，他要求儿子自己去判断、去思索。父亲的言行深深地感染着韦勒，使韦勒从小养成了勤于思索、善于判断的习惯，这为他后来成为一个优秀的科学家奠定了良好的基础。

四、突破专业人员参与的限制

在小学科学教育中，传统的科学课外活动一直局限在科技活动方面，并且都是由学校指派一名具有特长的科技老师具体辅导学生的科技活动，与其他任课老师关系不大。新时代则倡导专职科学家、发明家、科技能手参与到对孩子们的科学教育当中，如担任兼职辅导员等。

国外的先进经验也表明，科学家可以到小学给学生上科技辅导课，公共的科技馆、博物馆等场所都可以成为孩子们进行科技活动的课堂。可以说，科学家和科学技术人员参与小学科技活动与科学教育，是教育面向现代化、面向世界、面向未来的体现，是世界科学教育发展的趋势。让我们看一个“影响一生的夏令营”的真实故事：

一次夏令营能影响一个人的一生，这话听起来也许有些不合乎情理，但对1975年诺贝尔生理学或医学奖获得者霍华德·马丁·特明来说，却是事实。正是由于参加了一次夏令营，他才对科学研究产生了强烈的好奇心。

大约在1885年，美国举办了世界上最早的夏令营。当时的夏季，一些传染病极易在城市里流行，为了免受传染病的侵害，人们就把抵抗力不强的孩子送到海边或山区去生活。父母长时间不在身边，这些孩子怎么生活呢？于是，便有人组织起了夏令营，专门负责这些远离城市的孩子的生活。后来，夏令营逐渐变成了一种集娱乐与教育于一体的、丰富多彩的、回归大自然的活动形式。

在特明上小学时，为了避免他得传染病，父母把他送到一个名为“体验农场”的夏令营。这种新奇的夏令营生活使特明感到非常着迷，他在大自然中自由自在地奔跑着，用心感受着大自然的神秘、美丽、有趣，如草丛中五彩缤纷的野花，花丛中翩翩起舞的蝴蝶，还有许多叫不上名儿的小鸟与昆虫……特明的脑海里对这次夏令营留下了新奇而美好的印象。自此以后，他每年都参加这种夏令营，这使他对大自然有了美好而又深刻的理解。

父母极其支持特明参加夏令营的想法，总是尽最大的努力满足他的愿望。1949年，《纽约时报》刊登了一则重要的消息，说美国当时的生物医学研究中心之一——杰克逊研究所，要为中学生举办为期8周的夏令营，这是著名的生物学家利特尔专为培养有志于进入科学领域的优秀年轻人而设立的夏令营，此次夏令营将会有特别安排的好节目。

父亲看到这则消息后，立即告诉了酷爱大自然的特明，准备让他去参加。特明得到这个好消息，激动得好多天都没有睡好觉。在去缅因州巴港（杰克逊研究室所在地）的前几天，他就猜想着这次有什么样的激动人心之处：他们所说的“特殊安排”到底是什么呢？对这次夏令营充满了无数憧憬的特明，终于在期待中踏上了去缅因州巴港的旅程，参加这个充满神秘色彩的、由杰克逊研究室举办的夏令营。

这是一个以生物学为主题的夏令营，目的是激发参加夏令营的孩子们研究癌症的兴趣，特意聘请了著名的专家与学者来讲课，并回答孩子们提出的许许多多好奇的疑问。这些参加活动的科学家们没有任何的报酬，但都十分认真地从事着这项义务性的工作，因为他们明白“这是为科学研究储备优秀的人才”。在活动中，科学家们用丰富多彩的语言向孩子们讲解生命的奥秘，讲解生命科学和研究癌症的重要意义，从而唤起孩子们的好奇心，激励他们将来投入癌症研究之中。在夏令营中，科学家为孩子们举办了一些他们从未见过的实验活动，并让他们自己动手解剖麻雀和兔子等小动物。这一届夏令营举办得很圆满，给孩子们留下了美好的记忆。这次夏令营激发了特明对生物科学的兴趣，并使他在不大的年龄中就拥有了在研究室做实验的实践经验，为他长期从事癌症研究、一生从事生物学研究奠定了良好的基础。

在杰克逊研究所以后举办的几届夏令营中，参加的人越来越多，特明作为“回头客”，连续3年参加了这样的夏令营。

后来，杰克逊研究室还在坚持不懈地举办着夏令营，对这个研究室有着非常深厚感情的特明，用一颗感恩的心参加了夏令营。但与他第一次参加夏令营不同的是，这次他是以一名科学工作者的身份参加夏令营，他要为孩子们进行细心的辅导与精彩的讲评，他要像当年的科学家辅导自己走上科学道路一样，使更多的孩子从大自然与实验中得到启发，走上学习和研究生物学的道路，为他们提供更多的成功机会。

在特明为夏令营辅导孩子们的过程中，他发现了一个聪敏而好学的孩子，这使他看到了自己小时候的影子，这个孩子就是来自纽约的少年戴维·巴尔的摩。在特明的精心辅导下，巴尔的摩也在杰克逊研究室夏令营的经历中强烈地喜爱上了生物学。巴尔的摩在中学毕业后，竟也像特明走过的道路一样，也进入了斯活斯莫尔学院学习。更为奇妙的是，后来，特明与巴尔的摩都成了著名病毒学家杜尔贝科的学生，他们在共同的研究中为生物学研究领域作出了杰出的贡献。

夏（冬）令营是否可以理解为广义的小学科学实验总动员？是否可以把科学家想象成孩子们的科学爸爸和科学妈妈？让本身就有点神秘色彩的科学家参与到孩子们的科学活动之中，孩子们定会因此而对科学探索更加向往，就如文中提到的特明和巴尔的摩。

五、突破亲历科学探究的限制

小学科学实验总动员计划将改革的焦点直指当前小学科学教育的基本矛盾：一方面科学课程标准要求学生亲身经历典型的科学探究过程，另一方面学生却因为课业、安全等原因，很少甚至从未经历过完整的科学过程。鉴于此，小学科学实验总动员明确地将“人人亲历科学过程”作为指导项目学习的核心理念。

所谓“人人”，即项目面向3～6年级全体学生，每一个家庭都有条件开展起来，每一个学生都有能力动手操作。新课标基本理念的第一条就是："科学课程应致力于实现义务教育阶段的培养目标，体现基础性、普及性和发展性。义务教育阶段的科学课程面向全体学生，适应学生个性发展的需要，使得人人都能获得良好的科学教育。"无论学生在地区、民族、经济条件、文化背景、性别、天资等方面的差异如何，科学课程均为每一位学生提供公平的学习机会。实际上，光靠课堂教学是很难实现科学课程面向全体学生、适应学生个性发展需要的，小学科学实验总动员虽以"替补"的身份出现，却能很好地实现让科学课程面向全体学生，并能促进学生个性的发展。

所谓"亲历"，即为每个家庭、学生创造出他们能亲身感受、参与、体验的项目和机会。在小学科学实验总动员中，学生不再是项目学习的旁观者，而是项目学习的主体。新课标基本理念的第三条是这样写的："以生活中的科学为逻辑起点。"并且进一步表述："科学课程要从学生的认知特点和生活经验出发，让他们在熟悉的生活情景中感受科学的重要性，了解科学与日常生活的密切关系，逐步学会分析和解决与科学有关的一些简单的实际问题。要创造学好科学的良好条件和环境，使学生在学习中体验科学的魅力和乐趣；培养学生终身的探索乐趣、良好的思维习惯和初步的科学实践能力。"

所谓"科学探究过程"，即对科学原理的起源和发展的认识过程，它由两条路径组成，其一是"观察——实验——认识"，其二是"假设——验证"。新课标基本理念的第四条就是"以科学探究为最为重要的学习方式"，并且还这样表述："科学探究是科学研究过程的本质特征，具有重要的教育价值。在小学科学课堂中，教师是儿童学习科学的支持者和引导者。引导儿童主动探究，亲历科学探究的过程，这将有利于保护儿童的好奇心和激发儿童学习科学的主动性。科学探究是学生学习科学的重要方式，但不是唯一的方式。根据教学内容的不同，学生的学习方式可以是多样的。教学中要根据教学目标和内容采用不同的教学方式与策略，让学生将探究式的学习与其他方式的学习充分结合起来，以获得最佳的学习结果。"

玉米生长的观察报告

研究原因：看到田野里大片大片待丰收的玉米，特别是吃了香香甜甜的玉米棒，我也跃跃欲试，很想在阳台上种植玉米，并研究它的生长过程。

研究方法：通过各种途径获取种植玉米的经验；亲手种植玉米，并对其进行观察和记录；最后对资料进行整理和分析，以了解玉米各个阶段的生长情况。

实验器材：三个花盆、一包玉米种子（17 粒）、一些菜园土、洒水器、皮尺、直尺、放大镜等。

研究过程：（部分日记）

2008 年 4 月 24 日　星期四　晴

今天，我问江老师要了一些玉米种子，其中 7 粒黄的、10 粒白的（品种不同）。回家后，我挖来了菜园土，并将它们装在两个花盆里，然后播下玉米种子，并给它们浇了一些水。我心里想：这么小的玉米粒，怎么能长成那么高的玉米植株，居然还能结出又香又甜的玉米棒？我决定认真仔细地研究玉米生长过程。

2008 年 5 月 8 日　星期四　雨

今天，我用皮尺量了量，发现玉米高约 22 厘米，长“胖”了，不再像野草了。我还发现玉米植株上面部分是绿色的，而根部有的却是红色的，有的是绿色的，这是怎么回事呢？

2008 年 5 月 9 日　星期五　阴

玉米植株每一天都在长大，花盆已无法满足它们的生长需要。于是，我和江老师一起将玉米植株进行移栽。移栽后，大盆剩下 3 株，小盆剩下 2 株，其余的 7 株都移栽到一个更大的花盆内。江老师还告诉我，玉米植株根部的颜色可能与玉米的品种有关。

2008 年 6 月 28 日　星期六　雨

最近，一直不停地下着雨。上午，我忽然发现玉米植株的顶部有几根窄窄的圆锥形的东西。啊，是花！一夜之间竟然开了这么大的花！“大花”（先这么叫，呈细圆锥形）上沾满了小黄花，株高达 59 厘米。

2008 年 6 月 29 日　星期日　晴

这几天，我发现阳台上爬着几条毛毛虫。妈妈说，这是玉米植株上爬出来的。妈妈让我把玉米植株移到楼下花坛里。爸爸也这么想，还说这玉米植株肯定养不活，过两天也许就要死了。可我怎么也不答应，心里想：不在乎结果怎样，我一定要坚持到底！

2008 年 8 月 1 日　星期五　晴

今天，我摘了一个小玉米。五六片“外衣”裹着四五排玉米粒和许多细毛。虽然玉米不是非常饱满，但我无比喜悦。一分耕耘，一分收获。我终于有收获啦！不过，其间克服重重困难及我的坚持不懈，也许才是最大的收获。

资料整理（附表）

玉米的生长过程

时间	玉米高	叶长	小玉米长
2008.4.29	5cm		
2008.5.5	20cm	15cm	
2008.5.17	30cm	31cm	
2008.5.23	35cm	38cm	
2008.6.10	55cm	56cm	
2008.7.4	75cm	64cm	3cm
2008.7.22	90cm	70cm	9cm

实验分析：在江老师的帮助下，我分析玉米植株不够高大，玉米不够饱满的原因主要有这样几种。例如，花盆太小，玉米根无处生长；没有施肥，没有喷洒农药；季节不是很适宜，后期气温过高；移栽玉米植株受到一点伤害；缺少种植经验；等等。

研究感言：在体验到种植玉米带来的乐趣时，我也体会到种植玉米并不容易，农民伯伯种植玉米很辛苦！今后我还要做更多这样的实验，在进行科学研究的同时，让自己更有耐心与责任感。

（金师附小　劳越）

说实在的，我非常期待很多孩子能够在家里开展种玉米的活动，但事实上，由于各方面的原因，像这样一些活动，学生虽然喜欢，但亲手实践的却很少。所以，劳越能在家里的阳台上把一粒粒玉米种子育出一个个玉米棒，我这个科学老师能不感动吗？2008 年 4 月 24 日，我以“劳越种玉米”为题写了一篇日记，全文如下：

今天，为了帮助劳越同学种植玉米，我又一次走进她的家里。特别让我感动的是，我还受到了劳越家人的热情迎送。

上个星期天，学校组织课题组成员到江郎山游玩。当我们来到江郎山的一个小镇时，发现街上有一个种子店。我突发奇想，何不让“博科工作室”队员种植玉米呀！走进小店，我询问小店主人：“有没有玉米种子？”“有、有、有，你要买种子？”店家有点疑惑地问道。看着高度近视且戴着眼镜的我，她不疑惑是不可能的。我呢，也不想告诉她，因为这些种子将承载着不同寻常的使命。玉米种子分为黄色和白色两种，我各称了一两。就这样，二两玉米种子在口袋里整整陪伴了我两天。

星期一，当我告诉我的队员给他们购买了玉米种子时，他们很是兴奋。看着他们的兴奋劲儿，我的心里却没有什么好的感受，因为我清楚，要想成功种植玉米可不是一件容易的事，也不是一件什么好玩的事。从播种到成熟，跨度可达三个多月，还有在这期间的照料，对学生会是何等大的挑战！对学生的意志会是怎样的考验！

当然，把玉米种子小包小包分好后，我不免鼓励他们几句，希冀我的鼓励能使种植玉米活动不会中途夭折。

当我第二天问劳越同学她是如何种植时，她告诉我，就种在三楼的平台上。平台上，不是蛮好的吗？可她接下去的一句话，让我希望顿失。她接着说道："三楼平台杂草丛生，不知能否长出来，不知会不会被人拔掉，因为三楼的平台是公开场地。""这怎么行呢？"我对她说："这样好了，江老师给你买两个小花盆，你把玉米种在花盆里，放在自家的阳台上。"因为2007年有过种植黄豆的经历，我知道，只要孩子们用心，是能够长出玉米棒的。她问道："那要等到什么时候呀？"

就这样，我们约定星期四，也就是今天一起去她家种玉米。快放学的时候，我还在想：劳越，你还记得此事吗？不会是心血来潮、一时之举吧？没想到，放学时间一到，她笑着来到我的办公室，还带来了吴佳灵，也是我的小队员。看到劳越和吴佳灵，我很是高兴，这说明兴趣的种子已先植入她的心灵，我对科学的期望已在她的身上起了作用。雅斯贝尔斯说，教育是对人们灵魂的教育，教育意味着一棵树摇动另一棵树，一朵云推动另一朵云，一个灵魂唤醒另一个灵魂。真好，真好，我心里暗想。

我扛着铁锹，劳越和吴佳灵各自捧着一个花盆，很快就找到了想要的泥土，并播下了玉米种子。播种结束后，我还和劳越的妈妈就科学教育作了交流。因为她的妈妈也是科技工作者，所以在聊天中我们很有共同语言。

在回来的路上，我心里还在想：家长如此支持我的科学之举，我该如何坚持下去并把它做得更好？我也在心里默默地祝愿劳越，希望她能吃到自己种植的玉米棒。在我想来，这种经历对她的影响将会是至深至远的。

换言之，小学科学实验总动员就是要为学生创设这样一种平台，使每个学生都能有机会"像科学家一样开展研究"，真正发现和认识科学原理，从而在以传统的传授科学知识为主导的教学模式之外提供一种新的科学教育途径，聚焦学生科学素质的最核心成分——科学方法、科学态度、科学精神，从真正意义上更好地使新课标基本理念得到实现。

六、突破智力因素培养的限制

在应试教育主导下的教育，关注点往往集中在智力因素培养上，而忽视了对非智力因素的培养，结果学生的分数暂时提高了，但兴趣却消失了，情感变得苍白了……

我国现代教育家林汉达说："兴趣不是天生的特质，而是环境的产物。"因此，我们要围绕激发兴趣去开展、组织活动。小学科学教材中设置的前伸后延性活动，既是学生对所学内容进行巩固和提高的凭借，又是激发学生科学探究兴趣的重要载体。

当学生研究了"小苏打和白醋的变化"一课后，可让他们利用食用醋（最好是白醋）或柠檬酸和小苏打反应能产生二氧化碳的性质在家里自制汽水活动。

试想，当他们的整个家庭享用着自己制作的汽水，这会是何等的享受！这会是何等的愉悦！此时的汽水难道仅仅是汽水吗？难道不可以称之为智慧水吗？难道不可以称之为和谐家庭的润滑剂吗？

实际上，对于像自制汽水、养蚕等这样的课外活动，孩子们有着天然的兴趣，而且古今中外无不如此。著名作家周国平先生就曾讲述过这样一段往事：

夏天的夜晚，我常常和伙伴们进到公园里，小心拨开草丛，用手电筒的灯光镇住蟋蟀，然后满载而归。在那个年代，即使像上海这样大城市里的孩子，也能够玩乡下孩子的游戏，比如斗蟋蟀和养蚕。我也是养蚕的爱好者，每年季节一到，小摊上便有幼蚕供应，我就买一些养在纸盒里。侍弄蚕宝宝，给它们换新鲜的桑叶，看着它们一点点长大，身体逐渐透亮，用稻草搭一座小山，看它们爬上去吐丝作茧，在这过程中，真是每天都有惊喜，其乐无穷。

特别是那些教材未曾提及，教师也未曾提及，却会在实验中、生活中出现的现象，我们可以称之为意外的发现，它们可以使学生兴趣大增，陡然生发一解其谜的欲望。有时，这种欲望还会伴其一生，成为其一生的铭记。

1921年诺贝尔奖金得主——阿尔伯特·爱因斯坦，在他5岁时，即在上小学的前一天，他突然感到身体不舒服，就静静地蜷缩在床上一动不动。父亲发现后，以为他不高兴，为了给他解闷，就随手拿起一个指南针给了他。原来感到身体不适的爱因斯坦看到指南针后的第一眼就立刻精神了起来，他开始琢磨着：为什么红色的指南针不用手拨弄，也总是会指向南方呢？他虽然意识到这种现象背后有一种神奇的力量，但是当时他年仅5岁，根本无法理解。也就是从这个时候起，他开始关注自然界中更多的神奇现象。后来，当他谈起这件事情的时候，仍然感叹幼年时指南针对他的无穷吸引力。

周国平先生就爱因斯坦的这个经历专门写有一篇题为"留住那个心智觉醒的时刻"的文章，这是文章中的部分内容：

从这个时刻起，他相信事物中一定藏着某种秘密，等待着他去发现。爱因斯坦之所以能成为伟大的科学家，就是从这个时刻开始的。在所有孩子的成长过程中，都会出现这样的时刻：好奇心觉醒了，面对成年人已经习以为常的世界，他们提出了绝大部分成年人没有想到也回答不了的问题。

假如每个孩子生命中的这个时刻在日后都能延续下去，成为真正的起点，人类会拥有多少个爱因斯坦啊！当然，这是不可能的。由于心智的惰性、教育的愚昧、功利的驱使、生活的磨难等原因，对于大多数人来说，儿童时代的这个时刻仿佛注定只是昙花一现，然后不留痕迹地消失了。

不妨说，诺贝尔奖获得者们正是一些幸运地留住了那个心智觉醒时刻的人，在那个时刻之后，他们没有停止提问和思考，终于找出了隐藏在事物中的某个或某些重大秘密。比如，1986 年物理学奖得主宾尼希，在他小时候，由于父母不让他随便打电话，他就自己想办法，用两个罐头盒和一根紧绷的长绳子制作了一部土电话。当孩子们能够用它在相邻房间清楚地通话时，他品尝到了成功的巨大快乐。后来他因研制出可以拍摄到原子结构的光栅隧道显微镜而得奖，我相信这一成果与那部土电话之间一定存在着某种联系。伟大的创造之路往往始于童年的某个时刻，不但科学家如此，其他领域的精神创造者很可能也是如此。

为什么天空是蓝的？为什么树叶是绿的？为什么我们忘记一些事情而不忘记另一些事情？为什么有男孩和女孩？为什么 1+1=2？为什么有贫穷和富裕？为什么会有战争？……请仔细想一想，不必说孩子，有多少大人能够说清楚这些貌似简单的问题？而诺贝尔奖获得者的特殊贡献往往就是建立在解决某一简单问题的基础之上的，是那个简单问题的延伸和深化。

当然，未必每一个孩子在将来都能获得诺贝尔奖，但它可能会帮助许多孩子获得比诺贝尔奖更加宝贵的东西，那就是对提问权利的坚持、对真理的热爱和永不枯竭的求知欲，有了这些东西，孩子们就能够成长为拥有内在的富有尊严的真正的人。

如果说爱因斯坦对科学的兴趣源于父亲一次无意的举动，那么更多的科学家在儿时之所以喜欢上科学，把科学研究作为一生的事业，可以说是他们的父母亲或其他家人的有意引导和点拨。

1963 年的诺贝尔奖金得主玛丽亚·戈佩特·梅耶的父亲从来就不掩饰自己对玛丽亚的期望。父亲经常带她出去散步，观察各种自然现象，培养她的科学兴趣。有一次遇到了罕见的日食，父亲给她做了一副黑色的镜片，带她观察这难得一见的天象。在父亲的影响下，玛丽亚逐渐对科学产生了兴趣，刚懂事就明白了自己一定要成为戈佩特家族中的第七代教授。

1963 年，因为她和汉斯·延森对核粒子壳层的发现，分享了诺贝尔物理学奖金的一半，另一半被欧根·维格纳拿走。

说实在的，当孩子们自己努力查阅课外书，主动请教老师，不断寻找破解方法的时候，他们就会感到科学并不神秘，就会有一种亲切感。这样有利于调动学生的学习积极性和激发他们自主探究的兴趣。

2011 年 1 月 12 日，《金华晚报》记者任文林以“兴趣比期末考试更重要——一群孩子在气象局做起了‘科考队员’”为标题，报道了我在临近期末的紧张复习阶段带领孩子们考察金华市气象站的事件。

临近期末，大家都在忙着复习迎考。一群小学生却在老师的带领下走进了金华市气象局，做起了“科考队员”。“激发孩子的兴趣比分数重要。”老师的观点：爱迪生是一位大科学家，但小时候，他在学校里只待了 3 个月……

2011 年 1 月 9 日下午，一群小学生在老师的带领下，走进了金华市气象局的大门。这群孩子一共 8 个人，都是金师附小教育集团五年级的学生。

四年级的科学课，有一个单元是关于天气的，他们上了这个内容后，对气象知识很感兴趣，便想了解天气预报是怎么产生的。

家长给“科考队”支援车子

组织他们科考的是科学老师江美华。江美华的“科学实验总动员”，曾让学生对科学探索非常着迷。知道同学们很想到气象局看看的愿望后，江美华老师决定带他们去气象局考察一番。在热心家长的支持下，考察终于成行了。

滕雨是个女孩子，以前从来没有参加过科学考察，这次，她回家跟妈妈说：“江老师要带我们去气象局进行科学考察。”妈妈二话没说就答应了：“下次有这样的活动，你都跟去哦。”滕雨妈妈还为这支小科考队的出行支援了两辆汽车。

很多仪器书上没见过

冰雪灾害，千年极寒……近年来，各种极端天气的名字频频进入我们的视线，影响着我们的生活。变幻莫测的气象，始终像个谜一样，吸引着同学们。

到了气象局，“科考队员”首先来到观测场。工作人员提醒他们：不要动手去碰仪器，否则会影响数据的准确性。这些气象数据的意义非常大，它们不仅能准确预报金华的气象情况，还要定时参与全球交换。

百叶窗、温度计、湿度计、风向风力仪器，这些科考队员们都熟悉。除此之外，观测场上还有很多仪器。

“这个叫大气电场监测仪，它能提前5分钟预报雷电，价值20多万元。”工作人员介绍道。这个弯弯的、像个大烟斗的仪器，同学们从来没有看到过，大家都纷纷蹲下身子。朱学谦马上掏出相机，将它拍了下来。

博科工作室队员考察金华气象站

蒸发皿、日照计、紫外线辐射仪，这些器材，小学科学书本上都没有介绍。有一个仪器，像单杠，又像晒衣服的架子，张长淦觉得很好奇。工作人员说，这个叫“结冰架”，它模拟了高压线架在电线杆上的状态。张长淦马上想到了2008年的冰雪灾害天气：冰雪积在高压线上，居然将高压线都压断。

激发、呵护孩子的科学兴趣

临近期末，复习迎考成了近期同学们的头等大事。科学老师江美华在这个时候，仍然坚持带学生外出考察，这样的举动，并不是每个家长都能接受的。

2007年，江美华开始了“把书本上的实验带回家”的尝试。劳越、金秋语、朱金涛等同学在家里建起了“家庭实验室”。他还带学生去北山生态茶园、金东生态养殖场、东关奶牛养殖场考察。

“大家都知道爱迪生是一位大科学家，小时候，他在学校里只待了3个月，就被学校开除了。可是他有一个好母亲，爱迪生在自己家的地窖里做起了科学实验。”江美华说，我们不鼓励每个人都成为大科学家，但每个孩子对外界事物有着天然的兴趣，这种兴趣如果得到呵护，孩子的探究精神就会茁壮成长。

激发孩子的兴趣比分数重要，习惯的养成比分数重要，方法的习得比分数重要，能力的形成比分数重要，个性的张扬比分数重要。因此，江美华建议家长：给孩子留点空余时间，摆弄摆弄自己喜欢的小实验，别让孩子错过科学教育的“关键期”。

本报记者　任文林　文／摄

和智力相比，能力是可以通过一定的方式进行培养的，比如实践活动（包括学习、劳动、科学实验等）。

科学家费曼1918年5月11日出生在美国纽约的一个犹太人家庭里。他从小就活泼好动，喜欢动手“发明”一些小东西。十一二岁的时候，他就在家里建立了自己的实验室，研究灯泡、开关什么的。那时候听收音机是主要的娱乐方式，就像现在看电视一样。在收听节目的同时，费曼也动手研究起收音机的构造来，不久就能解决一些收音机的小毛病了，竟然有人找他去修收音机，而这时候他还是个小孩。

试想，如果不动手“发明”一些小东西，科学探究能力能得到提升吗？试想，当大人围着他或求助于他修理收音机时，那份自豪感以及由此带来的自信心能不被大大地激发吗？陶行知先生曾经说过：“我们发现了儿童有创造力，认识了儿童有创造力，就须进一步把儿童的创造力解放出来。”因此，陶老几十年前的期望是：“解放孩子的头脑，使他能想；解放孩子的眼睛，使他能看；解放孩子的双手，使他能干；解放孩子的嘴，使他能谈；解放孩子的空间，使他能接触大社会、大自然；解放孩子的时间，使他能学自己想学的东西。”小学科学实验总动员，我为这项亲手创建的学科活动在无意中部分实现了陶老的期待而欣喜。

因此，科学教师和家长应尽可能地引导孩子们多动手、多动脑，开展一些他们力所能及的活动，在活动中提升孩子们的探究能力。

科学教师在学生研究了“测量力的大小”一课后，可以让他们在家里自制“橡皮筋测力计”，因为在实验中孩子们更容易理解刻度对测量准确程度的影响、对估计值的重要性。在研究了凹面镜有会聚光线的特性后，可以组织学生模拟制作“太阳灶”，学生就能更加深刻地理解凹面镜会聚光线的特性。在学生研究了“物体的浮沉规律”后，可以让他们自制一个“浮沉子”，模拟制作一艘“潜艇”。研究过“杠杆的平衡原理”后，可以让他们自制“小杆秤”，等等。

在开展小学科学实验总动员活动的过程中，学生定会碰到许多困难，经历许多失败，只有拥有勇敢、坚强的品质，学生方能克服所遇到的困难或面对失败。另外，在实验过程中需要讨论交流和相互帮助，这样有利于学生建立起相互沟通、信任、合作的精神，培养起尊重客观规律的观念，体会到科学家从事科学研究的艰辛，尝到成功后的喜悦，领略到科学知识的无穷魅力。

七、突破学校实验器材不足的限制

客观地讲，我国仍是一个人口众多、相对贫穷、教学资源匮乏的国家。网名为“难得糊涂”的网友在博客中这样写道：

小学科学课、初中科学课都要用到大量的实验器材。这些课程的重要性不言而喻。我曾做过一次调查，有50%的教师认为学校对实验器材不重视；过半数的教师认为学校现有的实验器材不能支持教学，主要是器材老化、稀缺、规格不统一和管理混乱。令人费解的是，对于实验所需器材，很多老师认为只要少量就足够了。

当实验器材不足时，很多教师采用的方法也值得我们深思。有的采用不合理的替代品，如化学实验中用的蒸馏水用自来水代替，竟然有33%的教师不了解其中的杂质成分，有些教师虽然了解一些，也知道这些杂质会对实验产生不利影响，但由于学校没有足够的蒸馏水，也就只能用自来水。这两部分老师所占比例竟高达65%。

也有部分责任心较强的教师，当学校的实验器材不足时，这些教师会积极自备部分实验材料，有的发动学生回家收集。

但很多教师对学生自带材料不放心，主要原因有：一是怕学生出事；二是学生自带材料种类不多，质量不高。另外，家长支持率也很低，很多家长认为孩子在学校读书，实验器材应该是学校的事；也有一部分家长不懂实验器材的收集，尤其是农村留守儿童的家长。

我们知道，小学科学、中学科学是实验性很强的学科，所以其实验工作量也很大，因为大多数学校没有配备专职实验员，于是教师的课前准备和课后整理工作量都很大，并且这部分工作量往往得不到学校领导的肯定。

受上述因素的影响，在课堂教学中教师“讲实验”便成了自然现象，致使生动活泼的小学科学、中学科学课程变成让人生畏的“背诵课”“计算课”。试想，长此以往，能不严重影响学生科学素养的形成吗？

这不是危言耸听，也不是个别现象。然而，当前还是不大可能完全靠国家给市、县、乡各级学校配备大量的实验室和实验器材，虽然国家已经在这方面做了大量的工作。因此，如果仅靠现有的实验条件来完成新课标中要求的各类实验是不现实的。那只有另辟蹊径，开展诸如小学科学实验总动员这样的活动，这样不但可以弥补学校实验器材的不足，而且可以很好地促进学生科学素养的形成。记得温州实验小学陈耀老师在全国优秀教师代表座谈会上对温总理说的一句话：“总理，这是我们家庭实验室的活动画册，可能对西部地区中小学解决仪器短缺问题有所帮助。”陈耀的这句话不仅引起了温总理的关注，也让来自全国的教师代表把目光投向了温州“一千零一夜”家庭实验室教学模式。

八、开创了一种新的素质教育模式

小学科学实验总动员是一次突围，是对封闭的学校课程、学校教育的突围。学校不应只关注课堂、课程，还应当关注课外活动，设法突破“学校的五天教育抵不了社会的两天影响”的魔咒，让学生过上有意义的双休。好奇是儿童的天性，小学科学实验总动员为儿童创设了一个平台、一种机制，它以一种有意义的活动形式，吸引着孩子们的目光。在这样的一个平台上，亲子交流、家校协作成为必需，也成为可能。在这样的一个平台上，可以实现教师和家长、教师和社会的相互协调与相互配合，继而逐渐形成科学教育的合力，让科学学习真正走出课堂、走出学校、走向家庭、走向社会，从而把孩子们培养成具有责任感和使命感的未来公民。

博科工作室队员测定方便面含油量实验

这是最近媒体报道的一则消息：

北京阜外一小学六年级学生张皓，在农大农学院博士的指导下，在实验室做了一个常规实验——在暗室中通过紫外线照射观察荧光。结果发现一个大秘密，如今市场上的鲜蘑菇九成多都被荧光增白剂污染，长期吃这样的蘑菇将对人体造成多种危害。

试想，如果科学教师、班主任和家长不形成教育合力，一个小学六年级的学生能发现如今市场上的鲜蘑菇九成多都被荧光增白剂污染吗？科学教师和学校管理者必须打破封闭的学科课堂，把学生的全程生活纳入教育的视野，以使课程、课堂、课外在学生的学习和成长的过程中形成一个有机的整体。小学科学实验总动员让学生学会用科学的思维方式解决自身学习、日常生活中遇到的问题，从而形成乐于探究、热爱科学的良好科学品质，并树立社会责任感，逐步领会科学的本质。

此外，在小学科学实验总动员活动中，孩子们可以不拘泥于教科书上规定的教学内容，广泛利用存在于教科书以外的各种科学学习资源开展活动，从而让素质教育在家里得到真正的实现。这是中广网珠海分网 2009 年 8 月 21 日报道的一则消息：

显微镜、天秤、电路板、酒精灯、试管、PH 试纸……20 多种实验室里才有的工具，却在夏湾一个普通家庭里，被整齐地陈列在一个小柜子上，形成了一个小小的家庭“实验基地”。昨日上午，记者来到夏湾居民黎明贤家，一探他与 7 岁儿子子琪一起“玩”出来的小小实验室。

“玩”出来的小小实验室

一张玻璃桌、一只自造陈列柜、两张凳子、20多种实验工具在小子琪60平方米的家中自成一角，外加一张“科学家实验室”的标志，一个简单的家庭实验室便呈现在了记者的面前。

“这个是天秤，可以用来测量重量的。这是显微镜，可以看到小叶子的脉络，还有……”说起这个小实验室，小子琪便滔滔不绝地向记者逐一介绍这里的“宝贝”。子琪爸爸告诉记者，这个小实验室是在跟孩子“玩实验”的过程中慢慢形成的。

子琪爸爸是做打印墨盒生意的，经常与彩色墨水打交道。“在子琪3岁左右，我带了些彩色墨水回家，他看到各种彩色墨水感觉新鲜，就自己在那里玩调色，看他喜欢摆弄这些东西，我就跟他讲了一些简单的色彩原理，让他尝试把彩色墨水调配成‘红酒’。”子琪爸爸介绍说，除了玩调色，他还会参照一些适合儿童做的实验教材来跟儿子一起动手。

“看生熟两个鸡蛋哪个在斜坡上滚落得快，自造‘彩虹’，自制传声筒，等等，材料都是些家里就可以拿到的。”在子琪4岁的时候，子琪爸爸给孩子带回来了一份礼物——小天秤。“这个算是‘实验室’里第一件‘专业’工具吧。”子琪爸爸说，从那次开始，每当碰到需要用专业工具和原料完成的实验时，子琪爸爸就会从网上或到电子城、化工品商店把工具“淘”回来。日积月累，实验做多了，工具也就多了。

孩子成长在家长“放手”处

子琪爸爸虽然不是什么专家，但他却是个玩儿童实验的“老手”。他的外甥女告诉记者，自己15年前念小学时就经常跟着舅舅做实验。“到他自己有了孩子，‘玩’实验的双手又开始痒痒了。”外甥女笑道，“现在还带着孩子制造‘香水’呢。”在实验桌上，一玻璃瓶里，一些“九里香”小花正在酝酿中。子琪兴奋地告诉记者，再等半个月左右，“香水”应该就可以制成了。

小小的孩童玩实验，有时候还会接触到一些化学物质，子琪的妈妈和奶奶总怕会有危险。然而，对于实验的危险性，子琪爸爸则表示完全不担心，他认为，家长能“放手”，孩子才会成长。子琪爸爸告诉记者，现在已经逐步放手让子琪自己玩实验。“孩子是好奇的，他会勇敢地尝试，目前基本都是让他自己‘玩’实验，我们没有限定他要做多少实验，他想‘玩’的时候就‘玩’，遇到困难的时候，他自己会先在网上查找资料、想办法解决，再不成，我才加入其中。在实验中他会体验失败，也会尝试成功。”子琪爸爸说，“当然，做带有化学反应的实验时，我还是会陪同的。”在子琪爸爸看来，“玩”实验只是一种培养孩子动手能力的手段，而并非希望他长大后要成为科学家。

如此动人的情景，不就是当下教育改革者一直期望的吗？不就是当前教育工作者一直期盼的吗？黄全愈博士曾说：“玩，是孩子发现自我的桥梁；玩，是孩子情感发育的实践基地；玩，是孩子走进社会的模拟训练场；玩，是孩子道德养成的摇篮；玩，是孩子必需的生长维生素……”让我们的孩子在问中学、玩中学、做中学、乐中学，在自由、宽松的氛围中不受拘束地学，这不也是我们新课改所要追求的吗？让中国的小学科学教师一起为孩子们编织快乐的童年吧！

其实，像子琪爸爸这样的家长很多，他们口头上称不是把孩子培养成未来的科学家，但实际上从来没有放弃过试图把自己的孩子培养成未来科学家的努力和期望。这是湖南省科协的一组调查数据：湖南省科协在2007年3月至11月期间，对全省18岁至69岁年龄段公众的科学素质状况及影响因素进行了抽样调查。结果显示：“在湖南省公众的心目中，科学家的职业声望最高，比例高达54.1%，其次是教师、军人或警察、医生和政府官员；在期望自己的子女从事的职业中，选择科学家的比例仍然最高，为42.3%，其次是教师、医生、企业家、政府官员和军人、警察。”所以《三湘都市报》在报道时用的标题是“四成家长想让子女当科学家”。

博科工作室全体队员

哲学家康德说：“既然我已经踏上这条道路，那么，任何东西都不应妨碍我沿着这条路走下去。”身处小学科学教育最底层的我，也从来没有放弃过培养出一个或若干个未来科学家的梦想。我坚信，如果一位教师心中拥有美丽的梦想，那么，他一定能够在追梦的路上享受成功的快乐。我就是这个追梦的人，在科学教育的道路上，一路快乐追梦，一路享受成功。还记得2007年12月，在刚刚有了一支属于自己的科学探究小团队（博科工作室）时，我在学校的公寓里胡撰了一首打油诗——《未来的科学家从这里起步》，可表当时欢快的心情和满怀的期待。全诗如下：

孩子们，
科学实验总动员定会让你终身难忘。
在这里，你将被抛向实践的大地，

在大自然的课堂中求知、发展，
真正的才干也将炼就而成。
在这里，你将享受科学观察、实验、调查……
给你带来的欣喜，
让你感受到科学就在身边，科学就在眼前。
在这里，你将插上探究的翅膀，
尽情地享受探索、发现带来的兴奋、愉悦。
在这里，你将有机会迈向科学的真谛，
科学思想、方法、精神……
将悄然地在你心底撒播。
孩子们，
走进科学实验总动员，
也就是跨入了神圣的科学殿堂，
未来的科学家将从这里起步。

至今还记得2008年1月9日，也就是在“博科工作室”成立约一个月后，我以“这一天快快地到来”为题写了一篇日记。日记全文如下：

在这个年代，每当学期结束之际，老师忙，学生更忙。今天上的是这个学期的最后一节新课。我希望学生不但能设计出一辆小赛车，而且还能把设计图变为现实，回家后亲手制作一辆小赛车。我觉得这才是最重要的，是培养学生科学素养的真正举措。

我一直认为学生的科学素养是“做”出来的，而不是“听”来的，实际上也不可能“听”来。昨天，我指导了4个班的学生设计赛车，并要求他们利用双休亲手制作，学生制作得怎么样呢？说实话，我心里没底，因为学生确实存在着一些客观的原因。鉴于此，我特别声明，每个班必须有8辆赛车，方能有机会到操场上进行比赛，而且根据比赛的成绩颁奖，否则让他们留在班里做作业。其实，罚做作业是假，让他们动手动脑倒是真的。

今天早上，学校美术教师洪建军遇到我说：“江老师啊，昨天晚上，我那个洪加奇在家里又是查资料，又是找器具，忙得不亦乐乎!”怎么？我当时还有点弄不明白洪老师的意思。洪老师大概也看出来了，接着对我说：“江老师，你昨天是不是让他们制作赛车呀?”“是的，是的。洪加奇是你的儿子?”洪老师曾经跟我说过，但因为担任6个班的教学工作，而且刚来附小，我的心比较乱，所以很不应该地把他给忘了。我赶紧说：“对不起了，洪加奇确实对科学课蛮感兴趣的，这样好了，让他参加到‘博科工作室’来。”

下午，洪加奇所在的六（2）班有科学课。我把洪加奇叫到一边，问他想不想参加“博科工作室”。他用期待的口气对我说：“江老师，我想参加。”对于想参加“博科工作室”的学生，为什么要求他们真正地喜欢科学？其实我也是有苦难言，学校的科学课不怎么景气，我希望通过“博科工作室”这一组织，在每个班培养出两三个喜爱科学的孩子，进而通过他们去影响更多的孩子。我把“博科工作室”的孩子几乎看成是火种，所以在挑选队员时慎之又慎。但我能感受到洪加奇是发自内心地喜爱科学，所以我让他周四参加“博科工作室”的例行活动。他呢？当然非常高兴！

晚上，没想到又和洪老师遇到一起。洪老师高兴地对我说：“江老师，你让洪加奇参加什么小组呀？他那个高兴！”“真的？”我情不自禁地问道。“江老师，感谢你了。”“哪里，哪里！”我不好意思地说。

没想到，让洪加奇参加这样一个普通的小组也能让他这么高兴，真有点让我不敢相信，这也让我对面临重重困难的科学课产生了莫大的信心，我期待着有更多的洪加奇出现在我的科学课上，出现在学校的科学课上。

让学校的孩子爱上科学课是我最大的期待。为了心中的这份期待，我不辞劳苦、不畏艰险，我从没有停止过憧憬着这样一天的到来。

美国教育家乔纳森·考泽尔在《给青年教师的15封信——教育家对话新任教师》一书中有这样一句话：“我认为教书是一个美好的职业，小学教师做了一件生命里最美好的事情，在孩子们的求知欲和好奇心最为旺盛的季节，把欢乐和美好、神秘和顽皮的愉悦送到他们心中。”

说句心里话，我为能做一名小学科学教师而感到幸福；我把做一名小学科学教师当作生命里最美好的事情，就如央视著名主持人白岩松说的——“累并快乐着”。

今天，这批孩子已经升入高一级学校学习，虽然偶尔还会收到一个短信，或接到一个电话，告诉我他们的科学成绩，但我和他们之间的联系已日渐稀少。可在我心里，对他们的期待是不会随着时间而消失的。这是一段心路历程，更是一份情感历程。虽然我时时告诫自己，作为一个科学老师，爱学生，就是要把他们培养成一个具有科学素养的人。但我仍然憧憬着，憧憬着某一天在媒体上突然出现一个让我欣喜若狂的身影——我的学生已经成为科学家了。

2011年3月，我利用到杭州参加省重点立项课题工作会议的间隙，赴杭州外国语学校看望了我曾经多次提到的劳越同学。因为之前我和她有一个约定，她在杭州外国语学校读书期间，保证至少看望她一次。所以在赴杭州之前，我就电话联系劳越同学，从声音中就能感觉得到劳越同学的兴奋之情。

那天下午，劳越和她的一位同学陪我在校园里走了一圈。闲聊中（其实我是有意的）我问劳越："马上要读初三了，对以后有什么打算呀?"现在的孩子真的和我们小时候不一样，她侃侃而谈，说学校很多同学远赴加拿大多伦多大学深造，毕业后在华尔街拿上百万的年薪。她还特意强调，国外大学一般宽进严出，很多同学待不下去，只好打道回"国"。

说句心里话，劳越的想法和我的期望是背道而驰的。因为，我曾经在多个场合毫不掩饰地说，希望有朝一日看到一位科学家曾经是我的学生，而劳越完全具备了这种可能性。然而，在这样一个时代背景之下，物质的诱惑力被无限地放大，以至于吞噬着许多幼小的心灵。

待劳越说完，我笑着调侃道："华尔街的薪资虽高，但工作压力是很大的噢，所以患上心理疾病的也不是少数哦！倒是那些搞学术研究的，虽说科研创新压力也大，但相对来说工作环境要好多了。你看那些著名的科学家，他们大多都是老寿星呀！其实，如果能成为科学家，他们的年薪并不比华尔街低呀!"劳越听了我的话后，若有所思地说："老师呀，你说得多好，事实的确如此。"

说实在的，想要改变一个人的思想是困难的，更何况劳越同学还是一个远远未定型的孩子，其未来的变数还非常大！所以我故意岔开话题，开始向她介绍在这6年中我和孩子们一起发生过的趣事。

第四节　小学科学实验总动员的现状

新课标指出："科学课程要最大限度上满足不同地区、不同经验背景的学生学习科学的需要，提倡引导学生利用广泛存在于学校、家庭、社会、大自然、网络和各种媒体中的多种资源进行科学学习，加强科学与其他学科之间的渗透与整合。"像小学科学实验总动员这样的将课内外相结合的新型科学活动，它正以其特有的魅力，被小学科学教育专家和广大一线科学教师所重视，而且他们对其进行了卓有成效的实践性探索。

一、浙江温州实验小学的家庭实验室

这是浙江温州实验小学建校5周年庆典的一个镜头——8名荣获温州实验小学第一届"少年诺贝尔奖"的"小科学家"上台接受颁奖。

金色9月，九山湖畔，彩球、条幅飘舞，歌声、笑声流溢，喜庆的气氛

充满菁菁实小的每一个角落。在学校5周年的庆典上，有一群孩子非常引人注目，他们就是获得第一届“少年诺贝尔奖”的8名小科学家。你看，台上的“少年诺贝尔奖”得主们神情凝重，郑重地接过证书，他们知道是家庭实验室，这个曾经不起眼的“角落”，引导他们走上了科学探究的殿堂。他们也知道，对于刚刚从“角落”起步的他们，将来的科学探究之路更加艰难而漫长……台下的孩子们，欢呼着，羡慕着，笑意写在他们的脸上，向往装在他们的心中，他们有了一个重大发现：“原来科学就在自己的身边，原来科学就是这样的简单!”家长们也有了重要发现：“原来家中的一角也应该有这样凌乱的时候，原来科学探究欲望的培养就是这样在不经意间!”

在奶罐中培育毛豆，在阳台上制作鸟儿饮水器，书桌成了水质检测实验室，墙角里种植番薯藤……这些秋天里的童话，每天都在温州实验小学众多学生的家里诞生着、演绎着！可以说，科学老师倡导的“只要你能找到一个属于自己的角落，在角落中摆上你喜欢研究的东西，然后开始研究，那么就组成了最简单的家庭实验室”这一打开科学大门的“咒语”已经产生了无法比拟的魔力。科学组的老师还清晰地记得，2003年9月组建少年科学院课余科技小组时只有9位同学报名，面对这一尴尬的局面，科学组众志成城——要让事实说话，要先带好这批孩子，然后让这些“星星之火”产生燎原的局面。他们着手制订培养计划，同时帮助这些孩子制订课内外结合的科学研究方案。他们追寻孩子的“宝藏”，在罗山发现了水晶；他们追寻桃花水母的踪迹，发现了温州的动物新品种；他们考察老鼠山遗址，追溯了瓯越先民的足迹……短短几年时间，400多人在全国和省市级科学比赛中获奖，学生科研成果获得全国、浙江省青少年科技创新大赛一、二等奖13项，还申请了1项国家专利……

时隔4年，科学组，这个温州市劳模团队又一次重拳出击——以少年科学院为依托，在全校范围内启动了“一千零一夜”家庭实验计划，也就是“角落中的世界”计划。陈耀老师解释“一千零一夜”家庭实验室计划时说，“1000”是孩子们从三年级起在校上科学课的大概天数，“1”是指一个少年科学院，由此，把科学探究活动延伸到三至六年级学生的家里。如果说当初的少年科学院体现的是星星点火式的“精英行动”，那么今天他们倡导的家庭实验室体现的则是燎原之势般的“全民运动”。一时，学生家里的卫生间、阳台、书桌……这些角落变成了孩子们的家庭工坊、家庭物理实验室、家庭化学实验室、家庭模型车修理厂、家庭植物园……庞大的家庭实验室团队犹如朵朵盛开的鲜花，书写着“科学飞入寻常百姓家”的美丽神话，演绎着“学生成为探索者”的动人乐章，一次又一次成为人们瞩目的焦点。南京大学教授、国家自然科学一等奖获得者闵乃本院士深有感触地对陈耀老师说："小学科学是国家基础教育中最需要加强的，你的工作很有意义。"闵院士还特意给温州少年科学院欣然题词："少年科学院家庭实验室的开展是素质教育创新尝试，期待取得更大的成功。"

一分耕耘，一分收获，在2007年8月31日，陈耀老师作为温州唯一的代表，参加了在中南海怀仁堂举行的全国优秀教师代表座谈会，接受了胡锦涛总书记的亲切接见。同年9月10日，家庭实验室再次引起了领导的关注。陈耀老师在浙江省优秀教师代表座谈会上作为唯一的小学教师代表作了7分钟的典型发言后，浙江省省委书记赵洪祝对温州实验小学科学组团队赞誉有加，还作了重要批示："家庭实验室的创办，是加强青少年素质教育的创新尝试，希望不断取得新的成效。"

温州实验小学、温州实验小学科学组、温州实验小学科学教师陈耀所进行的工作无疑是成功的、有意义的。这些具有创新性的工作，不但引领了一大批学生投身科学探究之中，保护了孩子们对未知世界的天然兴趣，而且由此激发起一大批家庭参与其中，从而书写了中国"家校合作"开展科学教育崭新的一页。

如果要评价家庭实验室的教育价值，我认为，除了激发大批孩子的科学探究热情外，还应借由家庭实验室改变家长对小学科学的态度，让更多的家长认识小学科学、了解小学科学，而且自发地参与其中，和孩子们一起学科学、用科学。

二、江苏沧浪区实验小学家庭实验室

这是在江苏省沧浪区实验小学网站上看到的一篇报道。借由这篇报道，我们似乎看到，在江苏的大地上，温州实验小学的家庭实验室正被复制，孩子们在属于自己的小角落里兴趣盎然地开展着各种科学实验。

在刚刚过去的一个月，沧浪区实验小学兴起了创建"家庭实验室"热。全校3000多名小学生人人参与，因地制宜，在家中建起一块属于自己的科学小天地。这3000个"家庭实验室"将成为对孩子们进行科技教育的强有力的支持。上周，学校还进行了评比活动，300多个充满个性和童趣的优秀"实验室"被评为三星级、五星级"家庭实验室"。

"我家的北阳台是我的小乐园，那里住着我的许多好朋友：龙虾、泥鳅、乌龟、小鸟、小狗、蜗牛、螺蛳等。一天，学校组织社会实践活动，我种了一盆草莓并带回来，还带来一条蚯蚓。呵呵，我准备好好研究一下它。听说一条蚯蚓被切成两段后，不但不会死，还会变成两条活生生的蚯蚓呢！我准备试验一下……”

这是沧浪区实验小学三（8）班学生盛浩洋的“家庭实验小随笔”。小盛同学把家里这个朝北的阳台取名为“洋洋的魔法小屋”，这就是他的“家庭实验室”。

“月光科技角”“甜甜实验室”“我的动植物王国”“发现之角”“粉红工场”……光看这些有趣的名称，就能感受到孩子们在这块科学小天地里萌发的快乐。五年级的肖福鹤在他的科学小王国里搞起了玉米无土栽培，借助显微镜，他观察到了植物细胞。三年级的沈子宜在认真观察了观音莲一周后，对这种植物千奇百怪又异常强大的繁殖力非常佩服。二年级的窦平南用一瓶白醋、两个一次性塑料杯和一些石子、铁钉完成了“探究酸雨危害”的小实验。五年级的顾泽宇则更“专业”，因为老爸是化学老师，他的小实验室里量杯、试管、酒精灯一应俱全，神奇的化学小实验常让他对那些瓶瓶罐罐非常着迷……

“以往说到科技教育的成果，大家都习惯于拿个别顶尖学生说事，比如某某学生得了机器人比赛的金牌。我想这是远远不够的，所以我们的科技特色教育特别强调‘生本’，就是以每个学生为本，人人参与，人人动起来，让每个学生在不同的起点上共同发展，重要的是让这些孩子在成长的起步阶段就能培养对科技的情感和感悟。不是每个孩子将来都会成为科学家，但每个孩子都可以感受到科学的力量，并且从小形成爱思考、爱探索的好习惯。”沧浪实小校长李建钧介绍说。为此，学校在去年建起校园“小小科技馆”的基础上，今年又投入50余万元开设机器人普及教室。“通过课外兴趣活动、综合实践课，加大力度营造科技教育环境，我们希望尽可能多的学生参与其中。但这还不够——不管如何，校内条件、时间还是有限的，所以我们尝试号召学生建立‘家庭实验室’。没想到受到了学生和家长的热烈响应，按进度，今年3000个‘家庭实验室’都可以建立起来。”

学校为学生们专门编写了《家庭实验100则》；平时，校园经常举行科普小讲座；综合实践课上，老师会结合《科技校本教材》《沧浪教育读本》《科技制作》等教材进行讲解指导；学生优秀的科学实验报告等也会在校园网上亮相，让同学们共享或参考……这些都是孩子们进行家庭实验的灵感源地。也许是一个房间，也许是一个小阳台，也许只是房间一角，甚至一个写字台……这些“实验室”当然很不专业，但别小看它，科学的种子就是在生活和乐趣里生根发芽的。

正如发帖者在博文中所言：“以往说到科技教育的成果，大家都习惯于拿个别顶尖学生说事，比如某某学生得了机器人比赛的金牌，我想这是远远不够的。”小学科学课程标准提出科学课的宗旨是提高每个学生的科学素养，我想，正是有了像小学科学实验总动员这样一类的活动，以生为本，人人参与，让每个学生在不同的起点上共同发展，学生科学素养的提高才有了可能。

三、江苏盐城第一小学的家庭实验室

江苏省盐城市第一小学教育集团是在盐城市第一小学的基础上发展并组建起来的。盐城市第一小学创建于 1910 年，初名成达高等小学堂。在百年的发展进程中，学校几易校名，几迁校址。1983 年，学校更名为“盐城市第一小学”。著名外交家乔冠华、吉佩定，台湾知名人士郝伯村等均为一小校友。科学教师杨俊是这所学校的老师，关于学校开展的家庭实验室活动，他是这样写的：

学校校长高屋建瓴，提出开展“家庭实验室”活动，并进行了有效、有力的尝试，开创了全市乃至全省家庭实验教育的先河。活动旨在推动学校科学学科品牌的发展，关注每个孩子的发展，提高他们的动手能力、创新能力，从而实现人人参与、人人发展、人人都能享受成功的教育价值。

学校让我全权策划并负责该项目，我感到压力很大。当接到任务时，我的第一个想法就是着手建立一个展示、交流的平台。目前看来，这个决策非常正确，取得了很好的效果。在活动过程中，我只有一个想法：“全力以赴，尽力而为！”在此，我要感谢学校对我的信任，感谢广大家长对孩子的鼎力支持，真正地把孩子的终身发展放在首位。当然，由于缺乏经验，一切还在摸索中前进，工作中难免有很多不足之处，敬请广大朋友理解，并能一如既往地给予支持。

关于家庭实验室，我的观点是：“实验走入家庭，平凡造就精彩！实验再简单，亲身经历就是享受；实验遇失败，勇于探索就是成功！”

这几天，我认真拜读了同学们的申报表，我的感受太深了，可以说，无法用言语表达。孩子对这项活动的喜爱程度以及家长对这项活动的支持度超乎想象，很多家长非常希望此活动永远办下去。我相信，家庭实验室项目一定会开展得轰轰烈烈，成为盐城教育的新亮点。

人人参与、人人发展、人人享受成功！所有的学生在课外寻找固定角落，组建一个个家庭实验室，然后确定专门的研究项目，在成人指导下，在家中完成基于项目的科学研究。这些项目内容不局限于课堂教学，从而弥补了常规科学课堂在时间和空间上的不足，实现了人人参与、人人发展、人人都能享受成功的教育价值。

虽然无法实现人人成为歌唱家，但是每一个人都可以唱卡拉OK，并享受那种成就感。同样，我们不需要人人都成为科学家，却希望人人都能通过小学科学实验总动员的平台获得参加科学研究的机会，因为他们可以从中积累丰富的实践经验、积聚未来发展创新的资本、奠定终身学习的扎实基础，这对其一生的发展将产生深远影响。

也许江苏盐城第一小学、江苏沧浪区实验小学的家庭实验室建设相较于温州实验小学还有点粗糙，但从一些留言中，我们还是能够感受到家长的热烈反应。如盐城第一小学的一位笔名为“忘情水”的学生家长在其校园网站上留言：

一小开展的这个活动确实非常好，通过这一平台，真正将学校、家庭、学生有机地联系在一起，有效提高了学生的思维能力，使“小手拉大手”活动得到升华与创新。

学校胡萍同学的家长更是充满激情地写道：

创新是一个民族进步的灵魂，是国家兴旺发达的不竭动力。创新教育是素质教育改革的主旋律，在全面推进素质教育、大力实施教育教学改革的今天，培养学生的创新意识、创新思维和创新能力成为教育教学的重中之重，盐城市第一小学对此进行了积极而有效的探索。

学校本着以人为本的素质教育观，真正实现孩子全面和谐发展的教育目标，积极引导着家长改变“重知识积累、轻能力培养”的教育理念，从改变教学思想、教学模式入手，通过设立家庭实验室，组织开展学生小发明、小制作活动，同时开通了家庭实验室网站，为教师、学生、家长创建了交流和展示的平台，孩子在玩乐中学习，在接受潜移默化的培养和教育，提高了实践动手能力，增强了深入探索事物奥秘的动力。

作为家长，我们家庭积极响应学校的号召，在家里专门设立一间实验室，为孩子创设学习的情境和条件，激发孩子的创新意识。我的孩子现在上五年级，这在小学已是高段。孩子对事物一直怀有一颗强烈的好奇心，常会提出稀奇古怪的问题，甚至一些荒诞的想法。我们认为，孩子只有在强烈好奇心的推动下，才能把“要我学”变为“我要学”，进而激发自身的创新欲望，孩子的好奇心、自尊心，如果与创造性有机结合起来，就能逐步形成创新意识，发展创新能力。虽说搞实验要花费不少的课余时间，我们也总是从正面加以引导，努力营造促进孩子产生好奇心的氛围，鼓励他勇于发表自己的见解，对孩子不经意的创意更是有意识地加以强化，使他保持探寻思考的热情。我们希望孩子在生活中发现问题，让孩子带着问题学习，凡事多问几个为什么，不墨守成规。例如，我们家楼道处的灯是触摸通电的。冬天，孩子戴着手套无法开启。于是，他想起了外公家的楼梯口是声控灯，白天听到声音也会亮起来，这样会导致不必要的浪费。怎样才能使灯在需要的时候亮起来而不浪费呢？他带着问题走进科学课堂，在了解了电路的原理后，设计了照明灯。这灯通过人的远近位置（或脚步声的大小）以及周围的能见度来控制灯的亮度变化，而不仅仅是亮或不亮。再如，他发现自己用的复读机有问题，便大胆拆修，居然把复读机修好了。

创建了家庭实验室后，我发现我的孩子在探索性学习中创新意识得到了初步的培养。他勇于探索，敢于提出问题，即使问题不恰当甚至是荒唐的或错误的，我们也从不批评和抹杀。学校的杨俊老师，善于发现他的闪光点并加以肯定。杨俊老师特别善于肯定孩子思考问题的主动性、积极性，并在此基础上引导他们分析认识上的不合理，让孩子们有自知之明。这样既保护了孩子创新、质疑的积极性，又培养了孩子良好的科学思维品质。孩子的班主任陈小洋老师也是个教育实践的有心人，他积极鼓励孩子动手创造，还让孩子在班上为同学们讲解怎样实现自己的想法，这给予孩子莫大的信心和勇气。

我衷心地感谢盐城市第一小学能够这样重视学生的素质教育，最大限度地利用各种条件和机会创设情境，发掘学生的智力因素和非智力因素，扩大学生的创新视野，促进学生创新思维、创新意识、创新精神和创新能力的提高。

"我也有实验室啦!"这是浙江温州实验小学、江苏沧浪区实验小学、江苏盐城第一小学等学校学子们最热切的心愿，是他们爱上科学的一个个印记。"让每一个孩子拥有自己的角落"是这些学校领导和教师最朴素的想法，是他们对"教育要创造适合孩子发展的教育，为孩子的全面发展和终身发展奠基"的最好诠释，更是这些学校领导和教师发自内心的责任感和使命感！这个曾经被人忽视的"角落"，如今却发出了令人振奋的希望亮光！也许不能用科学规范去要求孩子们的实验装置，不能用科学标准去评判孩子们的实验过程和作品，但这是一把星星之火，由此点燃的希望之火、科学之火、创造之火照亮了孩子们的家庭和日常生活。我们完全有理由相信，从角落点亮的灯光，可能会照亮孩子们的一生！正是由于有了这样一些前赴后继者，才让中国的小学科学教育事业充满着希望。

第四章
小学科学实验总动员活动分类

小学科学实验总动员是学生在课内外完成的实验活动。为此，实验内容可以由学生独立完成，也可以由学生合作完成，还可以是学生在教师、家长和其他亲人的协助下完成。实验时间可以是短期的，也可以是中长期的。实验形式则更是多种多样，因人而异，因环境而异。

第一节　小学科学实验总动员按研究内容分类

小学科学实验按内容大致可以分为探究实验、观测实验、制作实验、考察实验、游戏实验和魔术实验等。

一、科学探究实验

想必科学教师都不会否认，如果非要用一个词来描述近30年来科学教育工作者所努力追求的目标，那这个词一定是"探究"。"探究"是新课改当中一个时尚的词语。原因何在？当然，这和有效的探究活动有利于培养学生的动手能力和创新精神有关，而动手能力和创新精神恰恰是中国学生最为欠缺的。学生在课内外开展探究活动，简言之就是小学科学实验总动员。它是为解决某一问题或项目而在课内外进行的实验活动，一般包含这样几个环节：提出问题、建立假设、设计方案、进行实验、分析解释、讨论交流、得出结论和成果应用等。当然，在实施中，就如新课标所指出的，科学探究活动可以是全过程的，也可以分阶段地进行。比如，有时侧重于提出问题、进行猜想、假设和预测的训练，有时则侧重于制订计划和收集信息的训练，而不必追求每次活动都必须从头到尾、按部就班地完成一个科学探究的全过程。科学教师应根据教学内容灵活掌握。

科学探究实验可以从探究时间、探究特点和探究对象三个维度作进一步的分类。

1. 根据探究时间分类

美国基础教育领域广泛采用“网络探究学习”，即把探究划分为“短期”和“中长期”两类。这种划分，主要依据教学目标的定位和学习时间的长短，与我们对义务教育阶段“探究性学习”两类学习方式的划分十分相近。其中，短期探究学习指的是对1～3个课题单元的学习，其主要目标是对知识的获取和整合，某一次学习结束后，学生能够获得大量有用的新信息，并获得探究体验和感受。中长期探究学习的学习目标是扩展和提炼知识，时间在一周到一个月之间。一次探究学习结束后，学生应该学会分析某一主题，学会将知识进行转换和迁移。

（1）短期探究

在短期探究学习过程中，家长和教师可以通过现场观察学生完成科学探究的速度、质量与效果，评价其某些方面的水平和能力。

汽水瓶怎么变形了

暑假里的一天，我把喝了半瓶汽水的瓶子放入冰箱。约3个小时后，我把瓶子拿出来，惊讶地发现：瓶盖变得很紧，瓶子的上半部分竟然凹进去。因为好奇，我问爸爸：“这是怎么回事呀？”爸爸没有直接回答我的问题，而是让我自己寻找问题的答案。

对呀，我可以上网查询。查阅相关资料后我才明白，喝了半瓶汽水的瓶子放入冰箱后，滞留在瓶内的气体受冷，体积会缩小，于是瓶子上半部分因凹进去而变形；又由于受到瓶外气体的挤压，瓶盖也变得很紧了。也就是说，汽水瓶的怪现象是由于气体的“热胀冷缩”引起的。

最近天气逐渐转凉。有一天，我那装有温水的矿泉水瓶喝了大半瓶后，矿泉水瓶也凹进去。我想，这也应该是瓶内的空气受冷后体积变小形成的！查阅资料后发现，确实如此。

其实，世界上大多数的物体都有“热胀冷缩”的性质。同学们有没有留心过水泥路面呢？水泥路面一般都会被切割成一块一块的，每块水泥面之间都留有缝隙。这是为什么呢？原因是夏天温度高，水泥面会膨胀，如果水泥面之间没有缝隙，那会因膨胀而变形。水泥路面的缝隙就是为了防止夏天受热膨胀损坏路面而切割出来的。这是不是说明固体也有“热胀冷缩”性质呢？

今天早上，我买了一盒牛奶。当我把吸管插入后，将牛奶连盒放入热水中加热，没想到牛奶慢慢地从吸管里冒出来。这说明牛奶受热后体积会增大，所以液体也有“热胀冷缩”的性质。

我突然领悟到为什么买来的矿泉水、饮料瓶内的液体都不装满，原来是怕瓶里的液体受热胀破“瓶子”！

（金师附小　劳越）

“一个变了形的汽水瓶”实验属于短期科学探究行为，其源于劳越同学喝汽水时发现汽水瓶变形而产生的探究行为。劳越同学调查发现，原来是瓶内的气体受冷收缩形成的。从问题的提出，到实验的开展，再到问题的解决，时间只不过几个小时罢了！由此可以发现，短期科学探究活动一般局限于那些问题切口较小、所需材料较简单的活动。

（2）中长期探究

小学科学教材中，有些内容除了在课堂教学中完成部分外，还有一部分需要学生在课外完成。其中，中长期探究活动就是这样一类活动，它大多是需要学生在家里进行的探究行为。现以教科版小学科学为例，像这样的课外探究活动就有“记录天气”“饲养小动物”“制作肥料袋”“培植种子”“种植油菜”“制作太阳钟”“观察月相”等。

但一直以来，科学教师都把研究的着力点放在课内的探究指导上，像这些课后的探究活动往往由于时间跨度大、操作难度高且难以监控，通常都不了了之。新课程强调对情感态度和价值观的培养，像这些中长期探究活动，正是培养学生坚持性、意志力、执着追求、热爱生命等良好品质的凭借和载体，是让学生真正在体验中获得全方位发展的最佳机会。因此，如何切实有效地开展好课后中长期探究活动值得科学教师思考。

①要选用适当的方式获得家长的支持

很多中长期探究活动在课外没能完成，主要原因是由于家长不重视和不了解活动的意义，从而导致许多孩子放弃探究。比如，学生在家里饲养、观察蜗牛活动，由于认识的不同，家长往往会出现三种不同的类型，也即三种反应：第一类家长认为蜗牛是一种常见的动物，坚决不支持孩子将蜗牛养在家里；第二类家长同意孩子养蜗牛，但是，当有关此内容的科学课结束后，他们会毫不留情地把孩子养的蜗牛给扔掉；第三类家长会和孩子一起养蜗牛，在饲养和观察中，跟蜗牛建立起感情，还会和孩子一起将蜗牛养下去。

由此可见，想要中长期观察活动有效开展，科学教师应想方设法获得家长对活动的支持和帮助。

孩子们探究精神的培养，跟家长的意识有着非常大的关系。家长是家庭课程资源的重要组成部分，正是因为很多家长乐于了解、参与孩子的学习活动，不但确保了活动本身的顺利进行，而且使科学探究活动具有更广阔的背景，也使孩子们有机会获得更多的支持。同时，这样的活动还可以使家长们走近我们的科学课堂，走近我们的科学老师，从而加强了家校之间的联系，大大地增强了教育的合力。

②要灵活采用多种方式保持学生的探究热情

在科学探究活动有了良好的开端之后，让学生继续保持对探究活动的热情，则是摆在科学教师面前的重要课题，是科学教师需要一直思索的问题，科学教师需要根据探究活动进展情况积极采取相应的有效策略。

什么是有效策略？其实说出来非常简单，比如，适时地将活动的温情提示张贴在各班的教室里，利用无意注意创设“看”的提示情境；每天及时地展示学生的探究记录，开展中期交流会等，不断地搭建各式交流平台；通过提交新任务，以增强学生持续探究的动力……

可以想象得到，当学生看到自己的探究记录被张贴上墙，他们定会产生极大的成就感。每星期孩子们都要到实验室上课，他们可以经常地和同学、老师交流，比较探究记录的结果，这也便于最后对规律进行总结归纳。同时，和老师做同一件事，讨论共同的话题，这也能让许多孩子觉得新鲜有趣。另外，制作“科学纪念卡”也是重要的策略之一。当小小的、精致的小卡片别在学生的胸前，一定能让孩子们小小的心灵激动着，学生一定是满心欢喜，不知该怎样表达才好，这一切可能化为一句：“谢谢老师!”那一刻，一种暖暖的感动定会在科学教师的心中静静地荡漾开来……

③学校、教师和家长要珍视学生的探究成果

课内外探究活动成果都是学生经历了一番努力而获得的，学生有了成果自然期待着展示和肯定。说实在的，有哪个人不喜欢掌声和鲜花？因此，科学教师除了让学生进行知识性的总结外，即写成观察报告或科学小论文等，更要根据实际情况选用合适的方式保护这些珍贵的成果。

当中长期观察活动结束后，科学教师可以组织一次资料展，展出内容可以包括孩子们的各种记录单、家长的评价和探究趣事等，以及由此产生的各种感受、体验，乃至细心的学生留下的观测照片等。一个完美的谢幕活动，定会让所有参与活动的孩子快乐、回味并铭记。而这也很有可能成为学生投入下一次探究活动的动力源泉！

总之，课外中长期探究活动相对于课内探究活动来说，有更多的问题需要孩子们去思索、去探究。付出辛劳，加上智慧，可能会觉得有些累，但收获可能更为丰硕，说不定还会有惊人的发现。如《挑战权威论断，发现蜜蜂有发音器官》讲的是湖北省监利县黄歇口镇中心小学六年级学生聂利的故事。

蜜蜂靠什么发出“嗡嗡”声？权威专家都认为“是靠翅膀振动发声”。12 岁的小学生聂利大胆挑战这一说法。她说：“蜜蜂有自己的发音器官，不是靠翅膀振动发声。”

那是 2001 年秋，聂利从《小学自然学习辅导》一书中得知，蜜蜂、苍蝇、蚊子等昆虫都没有发音器官，但它们在飞行时不断高速扇动翅膀，使空气振动，会产生“嗡嗡”的声音。后来，聂利在《十万个为什么》一书中也看到这种说法。

春天，她到一个养蜂场去玩，发现许多蜜蜂聚集在蜂箱上，翅膀没动，仍然嗡嗡地叫个不停，她因此对教材、科普读物的说法产生怀疑，并开始试验和研究。她把蜜蜂的双翅用胶水粘在木板上，或者剪去蜜蜂的双翅，都能听到蜜蜂的叫声。两种方法交替进行了 42 次，结果表明：蜜蜂不振动翅膀也能发声。

为了探究蜜蜂的发音器官，她把蜜蜂粘在木板上，用放大镜仔细查找，观察了一个多月，终于在蜜蜂的双翅根部发现两粒比油菜子还小的黑点，蜜蜂叫时，黑点上下鼓动。她用大头针捅破小黑点，蜜蜂就不发声了。她又找来一些蜜蜂，不损伤双翅，只刺破小黑点，放在蚊帐里。蜜蜂飞来飞去，再也没有声音。她将这一发现写成论文，认为蜜蜂的发音器官就是这两个小黑点。

后来，中国教育协会、小学自然教学专业委员会会刊全文发表了聂利的论文。

新闻链接：昆虫专家称可能是个了不起的发现。

昨日省内多位从事昆虫研究的专家在接受记者采访时均称，蜜蜂是靠翅膀振动发声的。华中师范大学生命科学院副教授陈国生说，膜翅目昆虫一般没有发声器官，而蜜蜂属于膜翅目昆虫。省昆虫学会理事长、华中农业大学教授徐冠军说，还未发现有资料报道蜜蜂有发声器官。

听说聂利的发现后，徐冠军教授说，由于他没有见证聂利小朋友的实验，也从未做过这样的实验，所以尚不敢对她的发现下结论。如果这位小朋友的发现是真实的话，肯定是个了不起的发现。

在甘肃省兰州市8月举行的第18届全国青少年科技创新大赛上，聂利撰写的论文《蜜蜂并不是靠翅膀振动发声》，荣获优秀科技项目银奖和高士其科普专项奖。

真是做梦也没有想到，我竟然无意中认识了聂利同学的老师——湖北省监利县黄歇口镇中心小学科学特级教师邓从新老师。

事情是这样的，中国教育学会科学教育分会会刊《科学课》杂志2011年第三期发表了邓老师的一篇文章——《农村天地大有可为》。在拜读邓老师文章的过程中，我好几次为他充溢着自信与豪气的话语而感动，如“我的教学经历让我深信：在小学科学教育领域，农村天地大有作为”。试想，如果没有深深爱着农村这片贫瘠的土地，没有深深爱着农村这些纯朴的少年，没有深深爱着自己所从事的小学科学教育事业，能说出如此让人动容的话语吗？著名诗人艾青说：“为什么我的眼里常含泪水，因为我对这片土地爱得深沉。”我说，邓老师是新时期少有的深爱着农村小学科学教育事业的好老师。

当时，我刚刚出版一部《和科学课一起走过的日子》的新书。突发奇想地想寄一本给邓老师，于是就真的给他寄了一本。没想到，2011年3月28日早上8点43分，我竟然收到了邓老师的短信：“迎着新的一周的第一缕阳光，收到您散发春的气息的大作，不胜感激！我将认真拜读，从中汲取精神！祝工作愉快！”邓老师的短信让我好难为情！虽然邓老师在文章末尾有单位署名，据此让我判断他可能就是聂利同学的老师，但我还是有点不敢相信自己居然真的和10多年前那个著名聂利实验的直接当事人在发短信。于是，在回短信表示感谢的同时，还很冒昧地问了两句：“您真的就是聂利同学的老师？聂利同学做的实验真的是您指导的？”

邓老师很快地回了短信，告诉我他刚在上海参加“国培”，并说给我寄《聂利实验》专辑。就这样我认识了邓老师，10多年前就听说过的聂利同学的老师，这个让中国小学科学教育教师感到骄傲的老师。

2011年4月15日，邓老师发短信告诉我，第二天去县城给我寄《聂利实验》专辑。一个星期后，我收到了专辑。看着专辑，想起新华网记者黄堃在伦敦发表的关于这方面的一篇报道：

英国一群小学生创造了一项科研“传奇”。他们对大黄蜂的觅食行为进行实验观察，并在英国皇家学会主办的《生物学通讯》上发表了研究论文。据称，这是国际学术刊物第一次正式发表主要由小学生完成的研究论文。

这篇论文由来自英国德文郡布莱克沃顿小学的25名8岁至10岁的小学生完成，伦敦大学学院的博·洛托博士为他们提供了科学指导。

“据我们所知，这是高质量学术刊物首次发表小学生的论文。”英国皇家学会的发言人告诉新华社记者。皇家学会是具有数百年历史的久负盛名的科学组织，其主办的《生物学通讯》属于影响力较大的国际学术刊物，而这篇小学生论文通过了该刊正常的同行评议审稿程序。

小学生们观察了大黄蜂在实验装置中觅食的行为。在他们看来，科学实验充满了乐趣，就像是和大黄蜂之间玩的一场游戏。他们为“游戏”设置了规则，只有在具备某些颜色组合模式的“花朵”上才有糖水，然后观察大黄蜂能否识破这一点。

洛托说，他只是帮助培育大黄蜂和提供实验器材，整个实验都是属于孩子们的，他们提出了大黄蜂能否判断颜色模式的问题，并自己记录数据和寻找答案。

孩子们最终发现，大黄蜂的确具有观察和学习颜色组合模式的能力。这听起来很简单，但却为昆虫视觉辨识领域的相关研究提供了重要的科学证据。美国纽约大学和英国埃克塞特大学的两位专家在同期杂志上撰写评论文章说，这些小学生的确发现了大人们以前也不知道的事情。

布莱克沃顿小学的校长戴夫·斯特拉德威克接受新华社记者采访时说，与论文相比，更让他感到自豪的是，学校能让孩子们在玩耍的同时真正参与科学探索的过程，而不像传统教学那样只是被动地接受知识。他说，有的孩子已经觉得科学是件“很不错的事”，希望能够继续干下去。

对此，有人用这样一个标题——《把孩子从“圈养”中解放出来》发表了如下评论：

对孩子进行“放养”教育，绝不仅仅是为了放逐天性，也是为了开发智力和智慧。孩子的早期发展好比一盘棋，通过对某一领域的强化，或许能够占据大脑的一席之地。然而，“圈地”的同时，却可能迷失了天下大势——大脑在定向教育中沦为复读机，不知道自己为什么这么想，不知道接下来该想什么。正确的做法应该是激活神经元细胞体的各个区域和联结通路，让大脑一开始就锻炼出高度的主动学习的能力和适应能力，就像作城市规划那样，先来一个全盘的高瞻远瞩的合理布局，日后再去对局部进行精细化。与之相应的教育方法应该是：“提供一个宽松的环境和丰富的材料，鼓励孩子自主地去探索和发现事物之间的联系，并帮助孩子有意识地强化感受到的经验，从那些看似非常简单的经验中产生丰富的认识。”从这个意义上说，英国小学生玩出大论文，是得其神韵的。

如今，无论是家长还是学校，都怕孩子输在起跑线上，于是孩子们只能被“圈养”而失去应有的天性。给孩子“松绑”，让孩子享受“放养”之趣，不该成为我们家庭、学校和社会的责任吗？

看完这段话，我突然醒悟，为什么央视会不断地重复播放这样一句公益广告词："关注孩子，但不要'关住'孩子。"意味深长的一句话，想必一定让很多国人深思：今天，我们如此对待天真无邪的孩子到底为哪般？

当然，中长期探究活动倒不是一定得让学生有什么伟大的发现，但就像上面所评述的，孩子们以自己的努力，有了了不起的发现，这都是值得庆贺的。中长期探究活动给孩子们带来了快乐和幸福，在他们的眼里，科学实验充满了乐趣，就是玩一场游戏，这才是最最重要的。就如文中布莱克沃顿小学的校长戴夫·斯特拉德威克接受新华社记者采访时说，与论文相比，更让他感到自豪的是，学校能让孩子们在玩耍的同时真正参与科学探索的过程，而不像传统教学那样只是被动地接受知识。央视著名主持人白岩松也曾说过类似的话："累并快乐着!"中长期探究活动对孩子们科学素养的提升，相对来说也更为明显。想象一下，一年半载的活动，除了兴趣、习惯、方法、能力的培养，难道没有意志力的考验吗？说实在的，没有一点吃苦耐劳的精神是很难坚持下来的，而吃苦耐劳的精神却是当下孩子最为欠缺的品质。

2. 根据探究特点分类

湖北省教育科学研究所叶平先生把"探究性学习"的突出特点归纳为"探究性、实践性、开放性和综合性"，并把科学探究分为"部分探究性学习"和"完全探究性学习"两种类型，而这一分类主要基于是否能够充分体现"探究性学习"的特点。其中，"部分探究性学习"要求在学科（语文、数学、社会、科学等）课程学习和课堂教学中体现"探究性"和"实践性"特征。在完成课程教学目标和要求的前提下，在课堂教学中采取探究性学习的方法，改革传统课堂教学模式，引导学生通过探究来获取信息、培养能力。"完全探究性学习"在体现探究性和实践性的同时，全面体现了"开放性"和"综合性"特点。这种学习，需要突破时间和空间限制，即学习过程不拘泥于课堂，不拘泥于课时，不拘泥于某一学科，也不拘泥于教材和知识点。这种学习方式通常围绕一个来源于社会、科学和生活中需要探究的特定问题展开，类似于普通高中的"专题研究学习"。由于每一课的周期较长，在现行教学制度下，可在活动课程、地方课程或校本课程教学中实施。

（1）部分探究性学习

当教师或教材没有让学生投入到对问题的思考中去，而是从布置一个实验开始，那么探究性学习的第一个基本特征就缺失了，这种探究就是部分探究。同样地，如果教师选择演示某些东西是怎样起作用的，而不是让学生探索它的作用以及形成他们自己的问题或解释，那么就缺少了探究的第三个基本特征，也是部分探究。基于课堂教学 40 分钟的时间限制，部分探究性学习在科学课上是允许的，新课标中就有这样一段话："在教学实施中，科学探究活动可以是全过程的，也可以是部分地进行，如某些课侧重在提出问题，进行猜想、假设和预测的训练，某些课则侧重在制订计划和搜集信息的训练……不必拘泥于每次活动必须从头到尾、按部就班地完成一个科学探究的全过程，要根据教学内容灵活掌握。"

因此，科学教师自己应当清晰地知道，该完整地开展科学探究活动，还是部分地开展科学探究活动，要视探究活动的复杂程度，视科学教师和学生的实际情况而定。

（2）完全探究性学习

只有具备探究性学习五个基本特征的学习方式，即提出问题、收集数据、形成解释、评价结果、检验结果，才能称为完全的探究性学习。

在小学科学课程标准中有这样一段话："在小学科学课程的教学中，必须创造多种机会让学生进行科学探究，在亲身参与科学活动的过程中，发现问题，感受科学过程，获取事实证据，检验自己的想法，逐步形成科学态度和情感。"从这段话中可以发现，科学课应该尽可能创设各种条件，引领孩子们进行完全探究性学习。

因为完整的探究活动基本上包含了科学探究的各个要素和基本特征，它对提升孩子们的科学素养的作用是显而易见的。因此，为了有效地提高学生的探究能力，特别是高年段学生的能力，就更加需要组织学生参与完整的探究活动。

3. 根据探究对象分类

根据研究对象不同，科学探究又可以分成个体性探究和群体性探究两类。

（1）个体性探究

从目的上看，我国的个体性探究主要强调学生个体通过自己独立的探究而获得知识、掌握方法、形成对探究的兴趣。从内容上看，"个体性探究"的内容只是依靠学生个人独立思考和独立行动便可以解决的问题。从过程上看，个体性探究基本上只是一个学生进行自我对话和独立行动的过程。从作用上看，个体性探究可以促进学生的知性发展，包括探究的精神、态度、方法以及能力等的发展。

（2）群体性探究

从目的上看，群体性探究旨在使作为经验主体的学生通过群体调查研究，在获得知识、方法的同时，还获得有关个体性的学习体验，获得有关群体决定与民主过程的体验，并借助于"镜中我"而认识自己。从内容上看，

“群体性探究”的内容则是那些借助于集思广益来获得更多选择答案的问题。从过程上看，群体性探究包括一系列的群体对话与群体行动。从作用上看，“群体性探究”可以促进学生的社会性发展，包括表达与控制自我、竞争与合作、领导与服从、自尊与尊重他人等方面的意识及能力的发展。

可见，科学探究的方式是多种多样的，我赞同把科学探究的方式划分为“部分探究性学习”和“完全探究性学习”两种类型，这样对其进行评价时，可根据科学探究涉及的要素或特点进行，以提高评价的针对性和可操作性。

总之，在开展科学探究实验时，一般要经历由简单到复杂、由扶着走到逐步放开、由模仿到半独立再到独立的过程。在开展科学探究实验的过程中，允许孩子有一个由生疏到熟悉的过程，不应要求一步到位。

二、科学观测实验

观测实验包括观察实验与测量实验。观察实验是指观察自然、生活与生产中的现象或实验现象，从而得出观察结果的实验。测量实验是通过测量工具或仪器获得实验数据，再进行分析处理得出结论的实验，如气温的测量、降水量的测量等。

1. 观察

（1）观察及其特点

观察是科学探究的开始，是外界信息输入的窗口，它的重要性是不言而喻的。我国伟大地质学家李四光说：“观察是得到知识的一个首要步骤。”巴甫洛夫把“观察，观察，再观察”当作座右铭。通过观察，科学家可以获得大量感性材料，为下一步科学探究打下基础，进而掌握规律性的知识。为此，科学教师应该发展和培养孩子们良好的观察习惯和能力。

人们通过观察了解丰富多彩的世界，这种借助于人的各种感觉器官对周围环境进行有意识的感知的方式，我们称之为“观察”。观察的一个很重要的特征是观察者必须依赖于自身的某一感官，譬如，我们说这花是红的（视觉），这水是冷的（触觉），这瓜是甜的（味觉）……一般来讲，观察要借助于五种感觉——视觉、触觉、味觉、听觉、嗅觉。当然，严格讲，人的感觉可能不止这五种，如人的平衡感、肌肉抽拉感、方向感……但视、听、味、嗅、触，对小学阶段的儿童来说毫无疑问是最基本的。观察不仅是推断与预测的依据，更是整个科学过程的基础。观察的另一重要特征便是它的“客观性”，任何观察结果都应直接来源于人的感觉，不能渗入任何个人主观的判断。

花生的叶子为什么晚上会合起来

我只知道人和动物要睡觉，因为通过睡眠可以消除一天的疲劳，从而调节生理机能。但在一次偶然的机会中，我发现植物也需要“睡觉”。

我家楼下的草地上长有两株花生。瞧，它的叶子嫩绿嫩绿的，非常好看！一天晚上，我和爸爸从超市里回来，小车就停在那两株花生的边上。当我走下小车，突然发现花生的叶子往下垂着，好像是枯死了；再看另一株花生，也同样低垂着叶子。我判断可能是由于天气的变化，最近这几天天气比较热，从而导致花生枯死了。第二天，我早早起床，跑到楼下，想一看究竟。没想到昨晚像是枯死的花生，它的叶子又展开了，还是嫩绿嫩绿的。这到底是怎么回事呢？我下决心一定要解开谜底。

在接下来的几个晚上，一般是在晚上 7 点多钟，我都会来到楼下观察这两株花生，发现花生的叶子都是低垂着，而且叶子“抱住”叶柄，像是一把合拢的小伞。

难道花生到了晚上也需要像人一样睡觉？那为什么呢？我上网查询有关资料后发现，原来，在白天，花生的叶子会进行光合作用，所以需要把叶子展开，这样有利于增加受光的面积；而到了晚上，因为呼吸的作用，叶子合起来可以减少与空气的接触面积，从而减少水分的散失。

花生叶子昼夜变化的秘密终于被我揭开了。

（金师附小　盛宇航）

（2）人的观察能力的局限性

很多孩子对观察有一个很大的误区，即认为观察是一件非常简单、人生来就会的不用学习的事情。其实不然，敏锐的观察能力是科学家必备的品质。就拿视觉而言，俗话说：“耳听为虚，眼见为实”“百闻不如一见”。但眼睛真的那么可靠吗？在日常生活中，大家都有这样的经验，很多时候，“看”一样东西不等于“看见了”，“看见了”不等于“观察到”这件事物的全部特征。科学史上许多重大的发明往往归功于科学家细致的观察结果，而这些现象往往是大多数人熟视无睹的。如秋天苹果从树上掉下，这个自然现象几千年如此，很多人都看见了，每个人都知道，可只有牛顿把这个简单现象与当时科学家们一直在探索的地心引力联系起来，这就是一个大家都熟知的例子。心理学还表明，人们即使在注意观察周围世界时，由于受“视错觉”“经验”“情绪”等影响，仍然会有很大的局限性。

我们可以做一个有趣的科学实验来帮助孩子理解人观察的局限性，这就是——“钟的读秒”：

此实验只需借助一个挂钟，教师双手把挂钟放在胸前面对着孩子们，钟的背面朝孩子们。要求孩子们在教师把钟面反过来的瞬间开始全神贯注地观察秒针的读数，当教师将挂钟重新转过来时（一般为15～20秒），要求孩子们讲出秒针的读数，孩子们会对正确的读数争论不休。但当教师问孩子们挂钟的时间时（几时几分），基本上没有人能正确地报出。这个小实验很清楚地表明，尽管孩子们花15～20秒“全神贯注”地观察钟，如果不注意，很多细节会遗漏。

（3）培养孩子良好的观察习惯

有意识地培养孩子良好的观察习惯是十分重要的。良好的观察习惯包括以下几点：

①观察的客观性

客观性在观察中的重要性是不言而喻的。科学必须以客观事实为基础来探索事物的客观规律。“求实、客观”是培养科学过程技能的基础，更是科学精神的精髓。对青少年来说，求实就是观察时说真话，严禁伪造结果和数据。著名科学家钱学森说得很形象：“在美国，一个科学家如果违背了求实这点，就没有人请他参加学术活动，也没有刊物发表他的文章，他在科技界就没有立足之地，只能去卖冰棍。”观察结果必须具有客观性与准确性，尤其是定量观察，不仅直接关系到科学实验的方向，在很大程度上还决定着实验成功与否。我们在科学教育教学活动中培养学生的观察、实验、动手能力，必须以客观事实及其规律来检验我们的思想，这是个大前提。

②观察的选择性

人们无时不生活在“信息的海洋”中，我们每一秒钟都通过嗅觉、听觉、视觉、触觉、味觉感受到各种刺激。如果我们对每个刺激都给予同样的注意，我们就无法生存。观察的选择性就是引导学生学会把注意力放在那些有意义、有价值的信息上，筛选掉那些无用及无关的信息。孩子们由于受年龄特征的影响，这方面的能力比较差，他们常常会注意那些不该注意的东西。这是科学教育工作者要特别注意的。我们可以用一些启发性的问题，规定观察的要求和方向，训练孩子们如何进行有意识、有目的的观察。

③观察的全面性

观察事物不能只注重个别的“点”，要学会以点带面，把零碎的、看上去并不关联的孤立事情放在整体中去感知。要做到这点，一个很有效的方法就是鼓励孩子同时使用不同的感觉器官从不同角度来观察同一事物。这会大大提高对某一特定事物的观察效果。众人熟悉的“盲人摸象”的故事形象地表述了这个道理。即使是对一个苹果的观察，如果学生可以同时使用味觉、嗅觉、视觉、听觉、触觉，其观察效果显然比只使用一种感觉器官要强很多倍。更主要的，孩子能比较全面地、深刻地把握苹果的特性。

④观察的持久性

著名教育家苏霍姆林斯基说过：“观察对于儿童之必不可少，正如阳光、空气、水分对于植物之必不可少一样。”在这里，观察是智慧的最重要的能源，能够有耐心地、长期地观察事物的发展与变化而不是“走马观花”，有价值的科学发现绝不可能只是一两次简单的观察结果。如著名的科学家竺可桢，几十年如一日地观察物候，记录各种植物花开花落的日期，他在 24 年（1950～1973）的物候记录中发现了太阳黑子活动周期和植物花开花落等物候之间的关系。说实在的，竺老对实验观察的那种一丝不苟和持之以恒的科学精神是多么的令人敬佩！

⑤观察的敏锐性

对事物的发展要随时保持敏感心态，科学上的成功往往在于能否把握住“稍纵即逝”的机遇。而且在观察时不要被一些表面现象所迷惑，要学会从最细小的地方去仔细观察，这往往是成功观察的关键所在。大多数孩子可能对牛顿从苹果下落的现象中领悟出地球引力的故事十分熟悉，而单摆定律的发现也是类似的故事：“有一天，伽利略坐在教堂里，看到从教堂屋顶悬下的吊灯随风左右摇摆。他发现吊灯的大小虽不同，但只要它们从屋顶悬下的长度相同，它们摆动的速度是一样的，这就是摆的等时性。在这个基础上，他总结出了‘单摆定理’。”这个小故事同牛顿与苹果的故事一样，揭示了敏锐的观察能力在科学实验中的重大意义。

⑥观察的艰苦性

观察绝不是一件轻松的事，要获得有价值的信息，科学家有时必须进行艰苦的、单调的、重复的工作。孩子对在科学实验中观察的艰苦性必须有足够的心理准备。伟大的科学家居里夫人为了发现放射性元素“镭”，亲自从 10 吨沥青废渣中提纯出 10 毫克这种新物质。她的这种刻苦顽强、矢志不渝的科学精神为我们每一个人树立了光辉的榜样。生物学家达尔文花了 5 年时间，历经千难万阻，登荒岛，翻野岭，观察了世界各地的奇花异草、千差万别的飞禽走兽，并在这个基础上又建立养殖园，经过近 20 年的科学实验写出了《物种起源》，对生物的进化提出了自己独特的见解。

当然，这些优良的观察习惯也不是孤立的，它们往往是相互联系、互为因果的。譬如，观察的客观性是一切观察习惯的基础，没有客观的观察，空谈观察的持久性、艰苦性或全面性是毫无意义的。又如，只有对事物进行细致的观察，才能敏锐地抓住“稍纵即逝”的机会。同样，观察的持久性及艰苦性是一对孪生姐妹。所以，我们在培养孩子优良的观察习惯时，要注意各种心理品质的相互联系和孩子的全面发展。

2. 测量

测量实际上就是借助于各种不同类型的工具对周围世界进行的一种定量观察，也是一种通过数学语言与别人进行交流的工具。对孩子们而言，多长（长度）、多大（体积）、多重（重量）、多热（温度）、多久（时间）不仅是日常生活中常常要遇到的问题，也是他们发展过程技能——测量中最主要的五个方面。良好的测量能力与习惯是儿童进行定量观察、比较、分析数据时的重要保证。

测量可分为两大类：精确测量和粗略估计。

（1）精确测量

在科学领域中，长度的国际基本单位是米，常用派生单位有千米、分米、厘米、毫米等。在我国，要求孩子们学会使用国际单位制长度单位来测量长度并不难，但要注意两点：一是不确定数值的确定；二是测量工具的选择。选择合适的测量工具不仅直接关系到测量结果的准确性与精确度，而且也关系到测量的效率。例如，有一种测量轮，在测量比较长的距离时又方便又准确。这种测量轮的周长是 1 米，每转一周都会发出响声，在孩子们测量操场的周长时十分有用，而且用它测量很有趣。另外，软尺在测量弯曲及不规则物体时也很方便。

在科学领域中质量的国际单位制基本单位是千克（公斤），常用派生单位是克、毫克。等臂天平可能是孩子们使用最多的一种称量工具。为保证测量结果的准确性，对一些使用方法必须加以规范化。

在科学领域中体积测量的国际单位制单位是立方米，常用派生单位是立方厘米。孩子们对规则物体体积的测量一般只限于长方体或立方体（长×宽×高），这对他们来讲，不是一件特别困难的事。但对一些不规则物体体积的测量，他们往往无从下手。这里介绍一种简便易行且很适合孩子们掌握的“水置换法”。

用水置换法来测定小石块的体积：

第一步：在量筒里放入大约 1/3 的水，记下读数。

第二步：小心将量筒倾斜，将小石子慢慢地滑入量筒。切记不能把石块直接投入，这不仅会造成水外溅影响读数的准确性，更容易砸坏量筒。

第三步：记下读数，两次测量的差值就是小石块的体积。

在测量液体体积时，由于液体表面张力的作用，液面呈弧形，我们称之为“弯月亮”。正确的读数应以“弯月亮”底部为依据，而且眼睛必须与“弯月亮”的底部呈水平。这是正确测量液体体积的关键。顺便说一句，在测量液体体积时，虽然有的烧杯壁边上也有刻度，但我们应当用量筒来测量液体体积而不能用烧杯。

必须让孩子们认识到，即使借助于精确的科学仪器，测量中人为的误差也是在所难免的，所以对同一事物要反复测量多次，然后取其平均值，这是一种十分有效的提高测量效果的方法。

在科学领域中测量的精确度是很重要的，它不仅直接关系到科学结果的精确性与准确度，也关系到科学成果交流的科学性与规范性。在小学阶段，我们也应培养孩子们对精确度的概念。

科学教师和家长经常发现，孩子们往往会急于求得实验结果，对正确的测量方法不加重视，以至于在实验中马马虎虎、粗心大意、缺乏耐心，像这些不良的倾向，科学教师要注意防止。虽然求得正确的实验结果并不是小学科学教育的唯一目标，但我们仍要注意培养孩子们仔细、谨慎、一丝不苟的工作作风和科学态度。

(2) 粗略估计

在科学研究中，有些情况并不需要精确测量，而且也不可能对每一件物体都作出精确的测量。例如，对红血球与白血球的读数多是估算的结果。估算也是科学研究中常用的一种测量方法，但估算并不等于毫无根据地乱猜，我们在让孩子们掌握正确精确测量技能的同时，也有必要让孩子们从小掌握一些简单的科学估算方法。最常用的估算方法是样本法，也就是先在一个整体中取一个小的样本，然后从这个样本出发来推算出整体的读数，如解决“1斤米有几粒”的方法。

方法一（质量法）：先称出1两米，然后数出1两米有几粒，把这个数字乘以10，就可以推算出1斤米有几粒。

方法二（体积法）：准备不同容量的大、中、小杯子3个，从大杯子开始，量出1斤米有几大杯，然后量出一大杯有几中杯，再量出一中杯有几小杯，最后数出一小杯有几粒米，从而推算出1斤米有几粒。

方法三：发动全家数1斤米的准确粒数。

比较三种方法的结果，讨论各种方法的优缺点以及不精确测量在科学研究中的用处。

三、科学制作实验

广义上，科学制作还包括科学小发明，它是指孩子们在日常学习、生活、劳动中，对那些感觉到用起来不称心、不方便的东西或方法，通过运用自己学过的科学知识，设计、制造出目前还没有的更称心、更方便的新物品或新方法。孩子们利用课内学到的知识在课外进行一些小制作，不仅可以加深他们对科学知识的理解与认识，而且可以使他们的创新意识及创新能力得到加强。同“大发明”比较起来，“小发明、小制作”选择的范围比较窄，解决的问题比较单一，但优点是材料比较好找，所花的经费也不多。

1. 科学制作实验的特点

(1) 新颖性

新颖性是指在完成小发明、小制作之前，还没有出现过同样内容或技术的产品。也就是说，在商店里买不到同样的产品，也没有在书刊、广播或电视中看或听到过介绍；同样的制作，既没有他人向专利局提出过申请并记载于专利申请文件中，也没有人申报参加各级发明创造比赛。但是，如果在别的发明上增加了新的功能、新的方法、新的用途，或是将原有的几件物品巧妙地组合在一起，构成一个新个体，增加了新的功能，那也算具有新颖性。如“好客鞋”的发明。

有一个学生和爸爸到一个朋友家做客，一进门就把他给难住了：主人家铺着地毯，不换鞋显得不礼貌；换鞋吧，脚又有臭味。回家后，他想：如果有一种拖鞋，不用脱下脚上的鞋就能穿，那该多好！后来，他从旅游鞋上的尼龙搭扣得到启发：将拖鞋上的鞋袢装上尼龙搭扣，一按就搭上，一掀就拉开，这样要松要紧不就可以调节了吗？于是，他找来一双旧拖鞋，剪开鞋袢，缝上尼龙搭扣，做成了“好客鞋”。

这个孩子只不过是将尼龙搭扣这项别人的发明移植到拖鞋上，从而使拖鞋有了新的功能，尼龙搭扣也有了新的用途罢了。是不是很简单？其实发明创造并不是一件很难的事，关键要做生活的有心人，要做有想法的人。

(2) 创造性

创造性是指小制作同原来的同类产品相比，有显著的进步。如“方便肥皂盒”的发明。

一般的肥皂盒如有点水，肥皂就会发粘，不容易取出来，肥皂的寿命也会变短。一个六年级的学生利用杠杆原理发明了方便肥皂盒。所谓方便肥皂盒，就是只要打开肥皂盒，肥皂就会立起来，这样不但使用方便，而且增加了肥皂的寿命。

这是学生利用学过的知识解决生活中难题的一个很经典的例子。在这样一类发明创造中，关键是要引导孩子做生活中的有心人，培养学生乐于解决问题的优良品质。

(3) 实用性

实用性是指该制作能够制造或使用，并且能产生积极的效果。为此，教师或父母要指导孩子设法做出实实在在的物品，不能只是一种想法或设计图纸，而且还要能够解决生产生活中的实际问题，就像爱迪生发明电灯那样。

爱迪生在发明电灯的过程中，详细分析了各类灯的全部资料。他根据“不管哪种发明，必须首先考虑实用价值，既要适合大众需要，又要经济实惠”的原则，认为：“白热电灯光度虽弱，但比较经济，只在玻璃泡里装上一小段耐热材料，电流把它烧到白热化时便会发光，是一种理想的灯泡。”但是，关键是必须为白热灯找到一种理想的耐热材料。为此，他研究了煤气灯的全部历史，分门别类试验了 1600 种耐热材料、6000 余种植物纤维。试验了一次又一次，但他不气馁，最后终于发明了经济实用的电灯。

爱迪生发明经济实用的电灯固然值得庆贺，但更为重要的是爱迪生在其间所表现出来的良好品质，即毫不气馁、坚持不懈和不达目的不罢休。如果反思现在的孩子，那我们会发现他们在这方面的品质太欠缺了。

2. 科学制作实验的方法

（1）扩大增加法

在生活中，很多人喜欢看围棋比赛，但由于棋盘太小，不可能像看篮球赛一样，怎么办？于是人们想到把棋盘和棋子“扩一扩”，做一个特大的棋盘挂在墙上演示比赛，从而让棋迷们一饱眼福。伞是人们常用的挡雨避阳工具，可有人将它的面积扩大、再扩大，这样就出现了街头巷尾设摊者使用的晴雨大伞、露天海滨浴场游客享受的太阳伞。为此，科学教师可以引导孩子们试着把一样物品进行扩大面积、扩大声音、扩大距离、延长时间、延伸长度、加高高度、增加数目、增添配料等扩增处理。说不定，物品的功能和用途就会发生本质的变化。如“多功能喷杆”的发明。

某同学在原有喷洒农药的单喷杆基础上加了一个喷杆，同时将喷杆的张角和喷头的方向变成可调节的，这样就变成了“多功能喷杆”。使用这种双喷杆喷洒农药，可以同时喷两垄，既可以向一个方向喷，也可以在叶片上下对喷，由此提高了喷药效率，也节省了劳力。这个小创新在第三届全国青少年创造发明比赛中获得了一等奖。

当孩子们的思维处于困境的时候，科学教师不妨有意识地把发明目标“扩一扩”或“加一加”，也许由此会拓宽孩子们的发明思路。

（2）缩小省略法

世界上第一台电脑有一间房子那么大，重量达到 30 吨。后来，科学家使用集成元件，使电脑的体积不断缩小，缩到电视机大小，而且功能增强了，从而使电脑迅速普及到千家万户。现在，又相继发明出笔记本电脑、掌上电脑、可穿戴式电脑。电脑的发展变化过程，就是逐步缩小体积、省略部分元器件的结果。

生活中经常使用的袖珍物品，像随身听、袖珍电筒、折叠雨伞、液晶小彩电等，它们都是通过“缩一缩”技法研制出来的。为此，科学教师或家长可引导孩子们运用缩小、缩短、减少、减轻、分解、折叠、卷曲、删减等方法进行发明创造。如“三角形日历”的发明。

现在，市面上能够购得的日历普遍呈长方形。但一名学生认为，这种日历样子不新颖，又浪费了纸张。在外公的指导下，他从众多图形中选择了三角形，因为三角形不仅显得大，又能节约纸张，而且易于加工。于是，他将日历芯和日历挂牌均设计成三角形，从而发明出“三角形日历”。

试想，如果全国有1/10的日历按三角形设计生产，那么每天就可节约百万元！这可是一个非常可观的数字呀！三角形日历的发明就是利用“减少面积”的思路，敢于突破人们习惯的旧有模式，从而取得事半功倍的效果。

当然，不是任何物品都可以缩小、省略的，这就要求孩子们在发明过程中，既要考虑节省、方便，又要注意某部件在整体中的特殊功能和实用价值，有时也可以用更轻便、方便、耐用的材料或部件来取代物品的某一部分。

3. 科学制作实验的选题

（1）希望点列举法

每个人都会有这样或那样的美好愿望，比如，上课时，希望用的粉笔没有灰尘；练字的时候，希望毛笔能自动出水；上学途中下雨，希望书包能当伞用……让孩子们仔细观察、充分调查，从生活、学习、工作的需要出发，根据自己或别人的某种希望，运用自己学过的知识和别人的经验，从而提出切实可行的办法，这种发明思路称为“希望点列举法”。如“自来水防冻阀门”的发明。

有一个学生的家里装上自来水管后，她发现冬季院内地上的自来水管很容易因受冻不出水，甚至冻裂。她还了解到，村里的大人们希望有一种防止冬天水管受冻的阀门。她就将这一希望作为发明目标，和几个同学深入钻研后提出了这样一个构思：“如能制造出一个阀门，一旦不用时，它可以去掉自来水管内的存水，使水管变成无水的空管，这样不就没有受冻问题了吗?”在大人们的帮助下，她们动手绘图，设计阀体、阀芯、阀盖、弹簧垫等零件，用粉笔作模型，经过反复修改，一种具有通水、断水、回水功能的自来水防冻阀门诞生了。

希望列举法和缺点列举法一样，也是一种行之有效的重要选题方法。但它同缺点列举法相比，能使发明者更具灵性、更为主动。因为缺点发明法是围绕现有物品的缺点提出各种改进设想，一般不会离开物品的原型，而希望列举法则是按发明者的意愿提出各种新的设想，它可以不受现有物品的限制。因此，它是一种积极的、主动型的选题思路。如“全保护荷花餐巾台布”的发明。

吃饭时漏掉的饭菜很容易将衣服弄脏，也给扫地的人带来不便，而西方人吃饭时在胸前围上餐巾布，在腿上铺一块盖布，也很不方便。山西的李珍同学想，如果有一个不使衣服弄脏又方便实用的餐桌布就好了。她将这一希望作为发明目标，设计了“全保护荷花餐巾台布”。她将台布的周围做成尖形的花瓣垂在桌的四周，吃饭时，只要把花瓣尖端的扣眼扣在胸前的纽扣上，花瓣就可以代替餐巾和盖腿布，吃饭人的衣服和地板就不会被食物弄脏了。

现代人多种多样的需要和无限美好的愿望，为创造发明提供了无限广阔的天地，科学教师只要指导孩子们经常了解人们的需要，把握人们的希望之点，则发明的课题将取之不尽。

(2) 感官补偿法

人体是一部相当灵巧而且完美的活的机器，眼、耳、鼻、舌、手等是摄取、存储和处理信息的重要工具，它们既有各自的独特功能，又配合得相当协调、默契。然而，感官的功能并非无限，有时需要补偿。如口传音不够洪亮，不够遥远，而且转瞬即逝，于是人们发明了喇叭、麦克风、电话和录音机以补偿其功能。为了弥补肉眼视野的局限，人们不但发明了望远镜、电视、雷达，还发明了放大镜、显微镜帮助人眼“明察秋毫”。

对感官功能的补偿或对伤残的代偿，往往是小发明的“导火线”，根据这种思路选题的方法称为感官补偿法。如“盲人用自控饮水桶”的发明。

一名学生在一次喝水时，由于水冲得急，差一点被烫伤了。他想，如果盲人倒水喝，那怎么办呢？盲人由于眼睛的缺陷，从开水桶中放开水就很不方便。于是，他设计了一种盲人冲开水的自控饮水桶。这种饮水桶由盛水桶、水龙头、导气管组成，导气管通入桶内直达顶部，在桶外比水龙头略长。将桶灌好开水后，用橡皮塞塞紧灌水口。使用时，杯口顶住龙头和气管弯曲处，当放水达到离杯口 2～3 厘米时，水堵住导气管，由于桶内气压小于桶外气压，所以桶内的水就无法流出来，达到了安全目的。

这名学生是一个四肢健全的人，但他时时处处都想着残疾人，即使在倒水喝的时候，也不忘替残疾人着想，正是他的一颗爱心触发了发明创造的灵感。为此，在孩子们做某件事情时，不妨让他们假定自己是某类伤残人，或许一不小心就能想出一个绝妙的发明题材。

当然，很多时候学生会感觉到自己的感官“不够用”，因为某一种感官正在从事某项工作，无法“离开岗位”去做其他的事。这时，似乎就成了暂时的假伤残人，只好求助于其他感官帮忙或想办法找某件物品来代替。正是在“不够用”的驱使下，孩子们可能会迸发出创造的火花。如“瓜果采摘器”的发明。

有个学生家里种了一些丝瓜，而且长势很好，只是丝瓜藤爬得高高的，不容易采摘。怎样让采摘丝瓜的手“变”长呢？他找来一根长竹竿、一只网兜和一把大剪刀，再加上螺栓、绳子、弹簧等东西，制成了“瓜果采摘器”。瞧，这么长的“手”还愁摘不到丝瓜么？

有时候，某一种感官并没有做事情，但它想“偷懒”而不爱“上班”，也许这样会更方便一些。行，那就让孩子们设计一个代它“上班”的“替身”吧！感官补偿法是一种很有用的选题方法。据此，科学教师指导孩子们开展家庭小发明、小制作是一项很有意义的事情。

4. 科学制作实验的实施

科学制作实验没有“眉头一皱，计上心来”那么简单，它要经过选题、构思、设计、制作、实践检验与改进、直至成功等步骤。对于孩子们来说，教师应指导他们从自己所熟悉的生活实际出发，在学校、家庭及周围的生活圈中寻找发明题材。比如，当在学习、生活中遇到一些困难时，学生肯定会说：“要是有某某东西就好了！”这个学生想要发明的东西就可作为发明对象。不过，指导孩子们选题时，一定要结合他们的知识水平和设计制作能力，不要空想办不到的发明。

发明题材选好后，接着是构思设计。也就是根据基本的科学原理和经验，设计出选题对象的形态、结构、方法与实施方案。科学教师指导孩子们构思时，要尽可能想出多套设计方案，再根据可行性与实用性原则精选出最佳结构方案。方案以取材简单、巧妙易行、缺点少为好。构思成熟后，可以开始指导孩子们制作。制作时应尽可能利用现有条件，在少花钱甚至不花钱的前提下制作出精巧的作品。某些技术上的问题，科学教师和家长要亲自指导，有时还可以找一些有关厂家帮助制作部分部件。

科学小发明、小制作样品完成后，还要进行实践检验与改进。即让孩子们将作品使用一段时间，在使用中发现问题，并向家长、老师和同学广泛征求意见，看还有没有可以改进或不合理的地方，然后综合各方面的意见，对小发明加以改进。人们说，文章是改出来的，发明创造无不如此！几乎每件优秀的小发明都是反复“改”出来的。

接下来，可以指导孩子们申报参加各级青少年发明创造比赛、申请专利或向报刊投稿。参赛的申报文件主要包括组委会提供的申报表、项目说明和证明材料。其中，项目说明内容为："发明的选题是怎样发现的？发明方案是怎样设计的？发明作品是怎样制作的？这项发明如何体现出新颖性、创造性和实用性？创造性贡献是什么？进一步完善该发明的建议和设想。附上外观图（最好还有照片）、结构图、原理图和其他必要的图表资料。"凡涉及医疗保健用品、动植物新品种和受国家保护的动植物的小发明项目，还必须提供有关部门的证明材料。

科学制作实验是一项人人都能开展的活动，也是一项趣味无穷的实践活动。只要大家用心观察周围的事物，善于发现问题、提出问题、大胆探索、动手实践，勇于突破条条框框的束缚，就会有所创新，就如"节省木材的火柴"的发明。

"嚓——"我们常常划了根火柴，火柴梗燃不到1/2就扔了，这多可惜！广西的一名学生就提出了这样的建议："把火柴梗的长度缩短1/3至1/2，再配一支能插进火柴梗的套管。"用的时候，把火柴梗插进套管。这样，既节约了木材，又增大了火柴盒的容量。实际上，这位学生的着眼点就在于"缩短长度"。

四、科学考察实验

科学考察是指把孩子们带到某现场，让他们从参观者的角度考察现场的情景，给孩子们提供亲身体验的机会。科学考察是有目的、有计划地组织孩子们到社会、郊外进行实地观察研究的一种活动。著名教育家陈鹤琴在《家庭教育》中列举了儿童心理的七个特点，其中第五点特意谈到了小孩是如何如何喜欢野外生活的。其实，不光陈鹤琴，很多教育家、科学家都曾回忆过儿时野外考察对其成长的特殊意义。

试想，火红的太阳、弯弯的月亮、闪亮的星星、蓝蓝的天空、广阔的大地、无边的海洋、万紫千红的花草树木、千姿百态的鱼虫鸟兽，这一切构成的大自然，能不吸引孩子们吗？大自然中的各种现象都包含有科学的道理，大自然中的山山水水都充满了生机与活力，大自然吸引着每一位少年儿童，大自然养育了每一个人。试想，如果科学教师或家长在适当的时候带孩子回到大自然的怀抱中去，面对高山和流水拓展他们的思维，那么孩子就能逐渐学会领悟其中的真谛，就可以熏陶出热爱大自然和生活的情感，培养思维能力。

18世纪法国启蒙思想家卢梭提出了一个十分响亮的口号："回归自然！"俄国著名教育家乌申斯基也说："自由，自然，美丽的城郊，馥郁的山谷，起伏的原野，金黄的秋天，难道不是我们的教师吗?”但是，今天的孩子，特别是城市的孩子，被关在水泥和钢筋筑成的房间里，尽管手边有着高级玩具，可以看电视和操控电脑，有着各种各样的复合食品，但实质和关在笼子里的鸟儿又有什么区别呢?

其实，今天孩子们渴望得到的，只不过是家长们曾经所拥有过的。为什么不能让孩子们自由地分享家长们在青少年时期曾体验过的快乐呢？换句话说，现实中许多家长为什么不愿意让孩子到外面去呢？究其原因，不是怕孩子太累，就是怕孩子把衣服弄脏，或者怕孩子生病出事，所以将孩子一天到晚关在屋里，孩子好像囚犯一样。至于教师，又因为害怕麻烦，不愿多事，也使学生失去与自然界接触的机会。

如果科学教师和家长回忆起自己青少年时期步行二三十里去捉蛐蛐儿、摘山杏儿、打酸枣儿；回忆起青少年时期在树林里捉迷藏，在松软的草地上摔跤、踢球，由着性子在地上滚来滚去，甚至掏鸟窝、逮兔子……面对孩子，又会怎么想呢？著名教育家陈鹤琴认为，在远离大自然的环境下成长起来的孩子，往往身体孱弱、知识贫乏、格调单一。因为学问不仅需要从书本中获得，更应该在大自然中获得；因为书本中获得的知识是死知识，大自然中得到的却是真本事。如果想到了这些，也许家长再不会把孩子们像“囚徒”一样对待了，还会大声地朗诵起美国诗人罗宾生·杰弗斯的名言：“是时候了，让我们重新亲吻大地，让丰富的生命重归自然的怀抱吧!”

其实，不但一些教育界的有识之士，就是上级教育主管部门也认识到这方面的问题。如浙江省小学科学教学建议（征求意见稿）第46条是这样写的：“提倡组织和指导学生的课后实践活动，积极开展科学考察、动手制作、饲养栽培、搜集和处理信息、撰写考察报告和小论文等课外科技活动，丰富学生课余生活，注重发挥学生的个性特长，促进其全面的发展。”

由此可见，开展科学考察活动是构建“大科学课堂”的需要，是孩子们科学学习的需要，是孩子们健康成长的需要，是人与自然和谐相处的需要。

1. 科学考察类型

依据科学教师参与的程度、科学教师在考察活动中的身份等，可以分为以下几种类型：

（1）结合科学教材开展的校内实地考察活动

最简单的科学考察活动是组织学生在校园里进行参观考察。在这一类考察活动中，科学教师参与的程度高。学生在学校操场上，可以收集树叶和种子标本，寻找动植物和观察土壤腐蚀情况，等等。对于其他学科，也可以组织校园实地考察来扩展学生所学知识。虽然校内考察活动相对来说容易组织一些，但教师还是应该预先制订好教学目标、主题及注意的事项，并尽可能地让孩子们知道。

教科版科学六年级下册“放大镜下的昆虫世界”一课，科学教师可以让学生带着放大镜在校园里寻找、观察草蛉和蚜虫。当然，学生也可能在这样的过程中发现许多肉眼无法看到的昆虫世界的秘密。

不过，孩子们一到野外，注意力就很容易分散。鉴于此，假如设计一份科学考察指导方案，活动就能开展得更为有序和有效。也就是说，当充分设计和周密安排后，野外考察对于孩子们来说是非常宝贵的人生经历。另外，经常组织野外考察总结讨论会，能使孩子们对所学知识有更深刻的理解。

博科工作室队员在观察碧桃树

（2）家长鼎力相助开展的校外实地考察活动

校外实地考察活动，相对来说，更有利于孩子们积累知识、提高技能，拓宽孩子们的科学视野；对孩子们来说也更有吸引力，往往会给孩子们留下深刻的回忆，有时还会影响孩子们的一生。例如，学生考察供热厂和空调厂，寻找节省能源的方法，或者检测建筑物对健康和安全问题的影响。又如，参观动物园、博物馆、小河、湖或池塘、自然保护区、牧场、水处理厂、火电站或其他与科学有关的地区，需要充分的计划和商量，需要做比校内的考察活动更多的工作。交通、午餐、陪伴者、旅程所需的经费、与父母的交流、同校长和其他教师合作、出发前后的学习活动等，这些都是必须考虑到的细节。当不止一个班级加入这项活动时，其所需要的合作内容还会进一步增加。虽然准备半天或全天的校外考察活动比较耗时耗力，但是这一经历对教师和学生来说都是十分宝贵的。年复一年之后，考察活动还会更加有效。科学教师对考察活动的熟悉和充分准备会使第二年、第三年的考察活动更加易于进行，也就是说，对于科学考察活动，科学教师应该长期坚持。

自 2007 年创建小学科学实验总动员活动项目以来，在家长的配合和支持下，我们带领孩子外出科学考察 10 多次，其间共有 200 多人次的学生参与了系列活动。如 2008 年 1 月 5 日考察了金华北山生态茶园；2008 年 11 月 30 日考察了金东生态养殖场；2008 年 12 月 28 日考察了东关生态奶牛养殖场；2009 年 5 月 24 日对婺江水质进行了考察；2009 年 7 月 22 日在浙江师范大学观察百年一遇的日全食；2011 年 1 月 9 日带领学生考察了金华市气象站；等等。

还记得，在考察金华市气象站时，是学生研究了“气象”单元内容。孩子们通过考察和亲自操作，真正认识并体会到风向标、雨量器、百叶箱等气象观察工具的作用，以及金华市的天气变化特点。

像这样一些科学考察活动，可以让学生接触大自然、接触社会，进行相关的社会实践活动。这既使孩子们积累了知识、提高了技能，又拓宽了孩子们的科学视野。不过，我认为其最大的教育价值就是极大地激发了学生的科学学习兴趣。当然，在科学考察中，如果家长能够亲自陪同，而且能得到车辆、费用等方面的大力支持，将使得考察活动更顺利、更成功。

下面是孩子们考察了金华北山生态茶园后写的一篇考察记，此文曾发表在《科学课》杂志2008年第10期。

金华北山生态茶园考察记

2008年1月5日，我们金师附小“博科工作室”全体队员，在江老师的带领下，经过近一个小时的行程，来到此次考察目的地——北山高山生态茶园。茶园位于北山800米高处，占地有100多亩，茶园下面是一个大水库。

下车后，我们步行10来分钟来到了茶园，里面有几个茶农正忙活着。我们说明来意后，其中一位茶农热情地接待了我们。他就是茶园的主人，已有着20多年种植茶叶的经验，对茶叶颇有研究，是地方上的茶叶种植名人。

茶叶是如何栽培的？我们就此问题向主人请教。主人告诉我们，茶叶利用种子进行繁殖，而繁殖用的种子须等到每年立冬过后方可采摘，如果提早采摘，会因种子不成熟而难以播种成功。主人继续说道，茶叶果实很是好看，每个果实一般长有三粒种子，但也有二粒、四粒的，甚至还会出现一粒和五粒的情况。茶叶果实晒干后会裂开，种子就从里面掉出来……在主人的描述中，我们想象着茶叶果实可爱的样子，只可惜此时未能一见“庐山真面目”。

茶叶种子要妥善保管，等来年春季就可播种，待茶苗长到一定高度时，就把它移栽到茶园里。如果茶苗管理得好，一年就可以采摘茶叶，给茶农带来经济效益。茶叶也可以扦插，但成活率不高。茶叶种子还可以榨油，但不是我们平常所说的茶油，它榨出来的油有点苦味，但也可以食用。

茶叶是不是就是茶树的叶子？一般怎么划分茶叶的种类？主人一听我们的问题笑了起来。“这样吧，我带你们进入茶园，边参观边给你们介绍。”能进入茶园，零距离接触茶叶，我们求之不得呢！来到一棵茶树前，主人指着顶端的嫩芽告诉我们：“这些嫩芽采摘下来，经过一定的工序，就可制成茶叶。”我们仔细观察茶树，发现已长有几个嫩绿的小芽，甚是可爱。主人摘下一个嫩芽，空气中马上飘有淡淡的清香。我们指着齐腰高的茶树问主人：

"它大概有几年了?"主人告诉我们,茶园是他从村里承包过来的,这些茶树应该有三四十年的历史了。三四十年才长这么高?可能跟采摘嫩芽有关吧!我们猜测道。主人回答道:"确实与此有关,但茶树生长确实较慢。至于茶叶分类嘛,如根据采摘季节,可分为春茶、夏茶、秋茶和冬茶。""这么说来,茶叶一年四季都可以采摘?"我们情不自禁又问道。主人说:"那要看管理水平了,如果管理得好,确实能四季采摘茶叶。不过相对来说,春茶要好一点,可制作出名贵的茶叶。也有根据出产地命名的,如著名的西湖龙井、庐山云雾等。还可分为平地茶和高山茶,我们就属高山茶,这里出产的茶叶每斤最高能卖到1000多块钱!""1000多块?"我们有点怀疑地问。主人说:"那当然,高山茶芽叶肥硕,颜色绿,茸毛多。加工后的茶叶,条索紧结,肥硕,白毫显露,香气浓郁且耐冲泡。不过,高山茶主要得益于高山无污染环境,这也就是它如此价高的缘由所在。"保护好生态环境,也能让农民增收,真有意思!我们心里想。

"那茶园如何管理呢?""茶叶又是如何制作的?""它要经过哪些工序?""名贵的茶叶有没有什么特殊的工序?"……队员们你一句我一句地问道。主人又笑了,连声夸奖我们问题提得好。

关于茶园的管理,主要是做好除草、施肥和防晒等几个环节。茶园一般面积都较大,过去除草很不容易,现在茶农使用除草剂就省力多了。除草剂是一种专门除草的药剂,它可以把草杀死,却不伤害茶叶。除草剂有这么神奇的功效?我们心里虽这么想,但嘴里没这么问。过去茶农施肥一般用尿素,但控制不好,茶叶容易烧伤。现在,茶农一般使用复合肥,它的好处是不会把茶叶烧伤。

"关于茶叶的制作,那可有点讲究,当然说来话也长。不过一般要经过采摘、晒茶、筛选、揉制、分装和冷储等环节。这样吧,等到茶叶采摘时,你们再来茶园,到时你们可以亲手采摘,亲手参与茶叶的制作,还可泡上一杯亲自尝尝。""真的?""当然是真的!"我们要了主人的手机号码,并和主人约定再次相会在此茶园。

我们边参观边采访,不知不觉已把茶园转了一圈。由于时间的关系,我们必须离开茶园了。在回家的路上,我们都说考察茶园活动很有意思,不但懂得了茶叶的很多知识,而且还生发出更多的问题。说实在的,我们博科工作室队员期待着再次来到这个茶园,再次就茶叶的相关问题开展活动。

(金师附小　劳越、方磊)

(3)有着特定主题的科学考察活动

科学教师可以结合特定的时机,组织学生开展相关科学考察活动。这样的科学考察活动，往往因为其时间、空间上的特殊性，所产生的效果和意义也有其特殊性。实际上，这类考察活动也属于校外实地考察活动。不过，在这一类考察活动中，往往有着一定的不可预见性，家长也起着很关键的作用，如是否让孩子参与这样的活动等。如北京四中师生在汶川大地震发生近一年后，赴地震灾区进行地质地貌的科学考察活动。

2009年4月13日，在中国科学院地质地球物理研究所付碧宏教授和学校李京燕老师的带领下，我们学校4名高一年级的学生远赴汶川、北川等地震灾区进行了为期三天的地质地貌科学考察活动。同时，我们还为映秀小学、北川中学送去上百册“科学名家讲座、科学家讲科学”书籍，以及文具和校刊《流石》等礼物，并向两校校长转达了北京四中对灾区师生的深切慰问。

在三天的考察活动中，我们在导师的带领下跋山涉水，实地考察了地震留给自然界的“足迹”——断层、滑坡体、泥石流堆积物等，其间，还实地参观了3000年前的古蜀文明——金沙遗址。

在三天的考察活动中，我们被大自然的“神力”震撼了，也为逝去的生命心痛。考察活动，让我们更清晰地了解自己身上的使命，更坚定了探索未知世界的信念。可以说，此行开阔了我们的自然视野，增加了我们面对自然的谦和。

当然，科学考察活动还可以根据考察的对象、主题、内容、时间等进行划分，如植物类的考察活动和动物类的考察活动；草原上的考察活动、森林里的考察活动；春季野外考察活动、夏季野外考察活动、秋季野外考察活动、冬季野外考察活动；国内考察活动和国外考察活动；等等。

2. 开展科学考察的注意事项

（1）科学考察前应注意的事项

①选择好科学考察课题

在科学考察前，首先要考虑考察什么，也就是课题的选择，这是组织好科学考察的关键所在。一般来说，所选择的科学考察课题应具有以下特点。

一是选择的课题应具有价值。科学教师在指导学生选择课题时，要和他们的生活、学习结合起来，所选课题或者能解决生活中的问题，或者能解决学习中的问题，给某一方面的研究提供重要参考。只有这样的课题才有用，才有它的考察价值。例如，在学生学习“考察家乡的自然水域”前，可以组织学生开展对家乡主要河流的考察活动；在学生学习“生物的多样性意义”后，可以组织学生对家乡的动植物分布情况进行考察；等等。

二是选择的课题应能够完成。科学教师在指导学生选择课题时，一定要选择能够完成、能弄懂的课题。这样的课题一般来说内容不太深，学生能够亲自考察，明白其中的道理，能够发表自己的看法，能够写成科考小论文。例如，为了让学生了解什么是生态种植，我组织学生到离学校不远的金华北山，考察那里的高山生态茶的种植。科学考察结束后，考察队员劳越和方磊同学写的《金华北山生态茶园考察记》还发表在《科学课》杂志上！

三是选择的课题应具有新意。从严格意义上来说，学生考察的课题应该是别人没有研究或研究过但没有解决或没有完全解决的问题。但考虑到小学生的实际，要让他们像科学家一样开展科学考察活动是不可能、也是不现实的。为此，虽然有些现象和问题已经被研究过，但仍然可以确定为考察课题。例如，我发现学校学生由于大多数生活在城里、对农村相对陌生的现实，组织了“建设新农村‘生态家园’”系列考察活动。这一方面有利于学生认识农村、了解农村，在亲身考察中感受到新农村建设的动人场面以及取得的成效；另一方面可以说是这一种形式活泼、内容新颖的环保教育，很好地培养了孩子们的环保意识，使孩子们学会关爱生命、爱护环境。

②确定好科学考察地点

科学教师要把科学考察归为校本课程的一部分，与学生所学的知识相结合。否则，这项活动的效果会大打折扣。当指导学生确定好考察课题时，接下去就要确定好科学考察地点。非常重要的是，科学考察地点对学生和成人都应该是安全的，每个目的地都应该对孩子们有吸引力并适于他们的年龄特点。在有机械、动物或其他潜在危险的地方应该多加防范，以确保绝对安全。现在，许多学校或学校组织均有鉴定过的可考察的指定地点，只要检索一下学校管理部门的记录，就可以看到要实地考察的地方是否经过校方的认可。反过来说，学校也应建立起经过鉴定的可供学生考察的又安全可靠的地点。

③寻找科学考察合作者

在科学考察前，还必须明确考察目的，这次考察主要完成什么任务要做到心中有数，为了达到目的，大约需要多长时间，是否需要别人帮助，如果需要，可以找哪些人帮忙，他们是否会答应帮助的请求，这些都应考虑清楚。因为一个科学教师的力量是有限的，需要其他人的帮助，不同的考察内容需要不同的合作者，可以是家长、老师、社区人员等。究竟请求哪一方更合适，这要看实际情况，因为每次考察活动都有其特点。

有些家长生活经验非常丰富，特别是部分家长文化层次较高、知识结构丰富、工作性质也有其独特之处，利用好家长资源是科学考察能否成功进行的一个关键因素。可以说，家长是一种无形的科学课程资源，如果我们充分利用，就能帮助我们搞好科学考察活动。我在组织学生考察诸如金东生态养猪场、东关生态奶牛场和北山高山生态茶园等活动时，均得到了家长的支持和帮助。

④制订好科学考察方案

科学考察前，还有一个很重要的工作，那就是在确定了课题、地点和合作者等基础上制订好科学考察计划书。如考察分几步，准备什么，注意什么，每一步干什么，要注意什么问题，都要做到心中有数，还要认真地写下来；考察的路线是怎样的，要精心设计，甚至坐什么车都要考虑清楚。有时还可以准备专门的易辨认的T恤衫，供学生在校外实地考察使用。为了使考察活动安全可行，还可以写一封信告知考察花费、考察地点、学生行为保证等。只有考虑周到了，考察活动才有可能顺利地完成。下面是致家长信和家长是否同意的回单：

致家长的野外考察信

尊敬的家长：

我们在科学课上已经研究了“岩石和矿物”单元。为了让孩子们对岩石有更为深刻的体验，巩固孩子们所学的科学知识，学校决定组织孩子们外出考察岩石活动。

当然，这样一次外出考察活动特别需要得到你们的帮助，以及你们对如何组织好这次活动的宝贵建议！比如，你们可以给我们提供更有考察意义的地点、更可行的考察方式及考察活动中应该注意的事项等。

当然，没有得到您的签字，孩子是不被允许参加考察活动的。请将您的签字许可寄给我们，因为我们必须有足够的时间准备这次考察活动。如果您还有什么问题，也可以打电话和我们联系。还有，如果你们愿意，我们热诚欢迎你们一起参与这次活动。

附：回单

我同意(　　)参加你们四年级科学组组织的外出考察岩石活动。

家长/监护人签名：

⑤准备好科学考察工具

科学教师、学生家长，包括学生自己，应认真思考科学考察时要准备哪些必需的工具、仪器、药品、生活用具。比如，进行地质方面的考察，铲子、小锤等是必不可少的；进行动植物方面的考察，捕捉网、昆虫盒等是必不可少的；进行自然水域方面的考察，采水器、装水容器等是必不可少的。还有，不论进行什么样的科学考察，教师和学生都要带上记录、拍摄方面的器材，如数码相机、摄像机，这些是科学考察必不可少的工具。此外，还需要带上相应的生活用品和常用药品。

（2）科学考察中应注意的事项

①按要求收集资料

在科学考察的过程中，首先要按考察方案开展活动，如果是以小组为单位的考察活动，每一个队员负责什么，事先要做好分工。一定要把时间、地点、过程及考察的结果详细地记录清楚，有时还要采回必要的标本、样品，并对比较重要的现象进行拍摄，这些都是非常有用的一手材料。还有一点必须明确，那就是考察中材料收集是活动成功与否的关键所在，如果考察活动结束后学生两手空空，显然考察是失败的，这样的活动最多只能算作游玩。

②注意考察安全

如果是校外考察，特别是湖边或其他有危险的地方，特别需要注意安全，包括交通安全、人身安全等。在做好安全预案的同时，还要有家长或老师共同参与，不管考察什么，到哪里考察，不但要事先告诉学校，而且还要告诉家长，取得学校和家长的共同支持或帮助。假使万一遇到危险或意想不到的情况，一方面要灵活处理，另一方面要及时寻求帮助，甚至可以打 110，并要详尽记录下来。

（3）科学考察后应注意的事项

在考察结束后，要为学生提供一定的时间整理所获得的信息和所学概念。至于怎么整理，不同的学生整理的方法也许不一样，但不论怎么整理，都要注意以下两点：

①及时整理资料

科学考察结束后，应及时组织学生静心整理资料，不要因为劳累了半天而出现先休息后整理的想法。这样往往容易将很重要的细节遗忘，因为刚考察完，记忆最深刻，整理的资料最完整，只有这时才是最佳时机。比如，可以在课堂上专门留出时间让学生进行讨论，把收集到的资料撰写成科学小论文，描述他们的科考经历和感受。

②分类整理资料

科学考察结束后，要整理的资料很多，不能一会儿弄这，一会儿弄那，应该分门别类地整理。例如，先将自己的感性体验写下来，否则很容易遗忘；再把观察记录整理好，尽可能做到完整；接着将录音资料整理好，录音资料应尽可能详细、准确；最后还要将科学考察的照片洗出来；等等。

还是要重复央视那句意味深长的公益广告词：“关注孩子，但不要‘关住’孩子。”科学考察是一项孩子们非常喜爱的野外活动，对于激发孩子们的科学探究兴趣有着非常重要的意义。但由于涉足野外，会出现许多不确定性因素，所以组织考察工作非常重要。

这是学校“博科工作室”队员考察金华市金东生态养殖场后，队员们写的一篇考察记。

金东生态养殖场考察记

2008年11月30日，我们金师附小“博科工作室”12名队员在江老师的带领下，考察了金华金东生态养殖场。金东生态养殖场依水而建，生态环境良好，占地约30多亩，包括种猪繁殖场、仔猪保育场、育肥养猪场、办公生活区、沼气及粪便处理设施和运动保健场等。

博科工作室队员考察金华金东生态养殖场

我们坐车来到养殖场后，首先进入一间挂有三根灯管的小屋。养殖场老板告诉我们，这不是普通的日光灯，它发出的是紫外线，可以用来消毒，这样可以防止把细菌带入养殖场。等待了15分钟后，我们走出了消毒室。没想到，老板又用药水对我们的鞋底进行了消毒。

“快来看，快来看，小猪在争抢食物呢！”随着一名队员的喊叫，大家迅速地聚了上去。只见小猪们互相争抢着一个圆铁桶里落下的食物。我们发现，只有待铁桶转起来，桶里的食物才会掉落下来，小猪争抢的就是掉落下来的食物。原来，这是一种既能减少浪费，又能保证食物新鲜的喂食装置。

让我们感到惊奇的还有那个喝水装置，如果没有小猪们的“演示”，还真难以发现呢！这是一个只有待小猪把嘴咬上去才能喷水的装置。我们的队员金秋语用手上的笔试了一下，水马上喷了出来。其他队员很想看到小猪再次喝水，可等了好长时间，都未能如愿。说实在的，有点遗憾。这种喝水装置的好处是既能减少浪费，又能保证水质清洁。

我们还采访了养殖场大爷，大爷是养殖场公认的“土专家”。在采访中，我们的队员获知，养猪场每天所产生的大量粪便，除一部分投放鱼塘或当作植物的肥料外，绝大部分投入沼气池，待发酵后产生沼气供养殖场使用。在采访中，我们的队员还知道了所谓无公害猪就是没有生过病的猪。队员方豪问：“那养殖场对病死的猪是怎么处理的？”大爷告诉我们，假如有猪因生病而死亡，就把它运到郊外，挖一个土坑，把死猪扔进去，再撒上一层石灰，最后用泥土予以填埋，即进行无公害处理。队员刘可意开玩笑地问道：“那‘猪猪’要不要运动呢？”没想到大爷认真地回答道：“猪当然要运动了，我们这里还建有猪的运动场呢！”养殖场还有猪锻炼身体的地方，真有意思！

科学考察不但培养了我们的实践创新能力和社会交往能力，还加深了我们对生态养殖场的认识，特别是增强了我们的环保意识。我们期待着更多这样的考察活动。

科学考察是孩子们非常喜爱的一项野外活动。孩子们会因参与其中，在诸如兴趣、习惯、意志等非智力因素方面得到良好的培养。为了安全有序地开展好这项活动，以下三点建议可供科学教师和家长们参考。

一是科学教师和家长在考察前要进行周密的计划。有条件的话，最好先到活动的地方考察一下，这样很多事情可以早做安排。例如，活动的地方是否有小河或小湖泊？假如有游泳计划的，可以事先探测出水的深度以及水流情况，同时还必须带上一些救生圈等救护装置。科学教师和家长最好会游泳，如果不会，一定要有会水性的成人陪同。

二是如果参加考察活动的人数较多，一个科学教师或家长很难照顾周全，那一定要多组织几个家庭共同出行。俗话说：“多个人手，多个照应。”

三是在科学考察中，必须带好相应的急救药品和器材，特别是要带手机及联系电话号码等。

还记得，2008 年 1 月 25 日，我以“行走在科考的路上”为题记下了当天的所思所感，可表当时既为了满足学生的兴趣又承受着安全重压的复杂心情。

有时静下心来想想，我时常感叹：为什么要这么做？为什么一次又一次把自己置于悬崖的边缘？难道是为了寻找一种苦尽甘来的感受？或者说得严重一点，为了体验死里逃生的感觉？上次刻骨铭心的考察活动，至今还历历在目。我带着有点幼稚的“理想”，一个人带着 17 个孩子远赴金华北山进行考察，好在没有出事，好在学生兴味盎然，效果超出我的期待，这让我感到稍许的安慰。更为可喜的是，这样一次科考活动，不但激发了学生对科学的兴趣，还借助这些学生的口，着实地影响了一大批学生。

著名科学家卡皮察说：“优秀的科学家必定是某种程度的狂人。”我想，优秀的科学教师也许也是某种程度的狂人。不然，我怎么可能玩出如此的狂事呢？

还记得，科考活动后的一个多星期里，学生每每见到我时，都会围着我，表示希望参加“博科工作室”。我当然求之不得，满口答应。其实我心里明白，他们希望参加“博科工作室”，多是冲着能够外出科考而来的。

外出考察为什么对学生有着如此的吸引力？我想，一个很重要的原因，就是他们是城里的孩子，他们是长期被“圈养”的孩子，他们和所有孩子一样，希望接触大自然，感受大自然的神奇、趣味。而我，恰好以科考的方式满足了他们的这种渴求。你说，这会对他们产生怎样的震动？不言而喻，科考从心灵上征服了他们。

可静下心来想想，我又不得不反问：人啊，总是这么奇怪，为什么要自找苦吃？我突发奇想，“自找苦吃”和“苦尽甘来”这两个词是否有联系？也许先人在造此词时，实是有感而发的吧？就像我，放下安稳的家、可爱的女儿、贤惠的妻子，一个人孤零零地来到金华，为了什么？一个人冒着天大的风险，带领孩子们外出考察，为了什么？当然，我还没有到苦尽甘来的地步，我还在吃着自找的苦。

写到这里，我用眼睛扫视了一下手提电脑右下角的屏幕，时间显示23点56分，劳累一天的我，也该回宿舍休息了，因为明天还有很多事情要做呢！

“行走在科学考察的路上！”是我有感而发的，就粘贴在对面墙上，只要一抬头就能看见它。说实在的，无论是生活上，还是工作上，我差不多就处于这么一种境地。

在中国，既苦苦挣扎于应试教育环境之中，又为了心中的那份理想的教师其实不是少数，如武昌小学的徐莉老师。这是2008年12月21日我写的一篇日记，题目是“徐老师，好样的”。

今天，我在阅读华南师范大学教科院博士、教授刘良华著的《教师专业成长——教育讲演录》一书中所推荐的一个案例，甚是感同身受。

案例的题目是“带学生到社区考察”，文章是徐莉老师所写的。上网搜索后发现，徐老师任教于武汉武昌小学，是一位既聪慧又美丽的小学语文优秀教师。

原文中有这样三段话：

“想想真有些后怕，但我和孩子们总算离预想近了点儿。真不知道我是错了还是对了，值得还是不值得。

“上学期在校园内做了一个学期的实践活动，深感到了一个平台期。外出实践一直是丢给家长的，原因很简单，出于安全的考虑——宁可让孩子们收获少一点，也不能令学生在课堂上出状况。有种迫切的需要，要么做家长的培训，要么亲自带学生外出一次。在内心权衡了一下，决定选择后者。

“外出活动，安全是大问题，我一直在问自己：一定要出去吗？”

因为有过相同的内心体验，所以我心里暗暗地说：“徐老师，你不害怕才怪呢！害怕，才是正常的！”徐老师一方面害怕带学生外出考察，另一方面又向往着带孩子们外出考察。理智告诉她，带孩子出去是冒风险的；感性告诉她，外出考察将会是孩子们快乐的源泉。

我不得不赞扬徐老师，她并没有因为害怕而止步，而是勇敢地迈出去，享受着外出考察带来的愉悦。徐老师组织的实践活动的的确确让孩子们享受到了快乐和幸福。

如今的孩子似乎都被关在笼子里，其主要原因就出在安全因素上。完全可以想象得到，在笼子里长大的孩子，他的人生是不完整的，是有缺憾的。想想看，一个不接触社会的人，他能对社会产生感情吗？一个不接触大自然的人，他能和大自然产生和谐吗？

徐老师，你是勇敢的好老师，有过相同经历的我，佩服你。我相信你一定能成为中国最优秀的教师之一。

我和徐莉老师一样，明明知道科考的危险性，但仍然结合科学教材内容坚持开展科考活动。因为，我们感觉自己所从事的科考活动是有意义的，是有价值的。有人说，你既然期望辉煌伟大的一生，那么就应该从今天起，以毫不动摇的决心和坚定不移的信念，凭自己的智慧和毅力，去创造你和人类的快乐。这是2009年5月24日，在组织学生考察了金华婺江后以“让我欢喜让我忧”为题写的一篇日记。

我明明知道这样做有着一定的危险性，但不知出于何缘故，还是带学生开展了这样一次活动——考察金华婺江的水质状况！

每当想到孩子们在参与活动时脸上露出的笑容，以及由此产生的对科学探究的兴趣，我就会在内心暗暗发誓，一定要把科学考察这样一种可以让学生了解生活、关爱自然的活动坚持下去。因为我一直认为像这样的活动才是鲜活的教材，它对孩子们的影响也将会是深远的。

其实，我们可以从很多教育家和科学家的回忆录中，发现他们或者肯定这种活动的教育价值，或者回忆当年参与活动时的甜蜜感觉。

选择考察金华婺江水质状况，是源于教科版教材内容。《科学》六年级下册第四单元第七课是“考察家乡的自然水域”。不瞒你说，初看到这个课题后，我就想着如何开展这一课的教学，算是伤透了心。其实原因只有一个，那就是这个活动的安全系数不高。然而，如果不让学生亲身经历这样一次活动，那只能是纸上谈兵，教学并没有多大的价值。要让学生完成这样的活动又怕出事情，说实在的，真的让我左右为难，去也不是，不去也不是。

最后，我还是决心组织这次考察活动。只不过，我所挑选的队员必须是会游泳的，而且队员的人数不能太多，要求必须遵守活动纪律。精挑细选后，相中了金秋语、周昀、刘可意等10名学生。

下午1点钟，我们开始了婺江水质的考察活动。沿着婺江岸一路东去，队员们边走边记录，边走边拍照，甚是快乐！突然，在一个浮在水面上的泡沫塑料块上，刘可意同学发现了一只小乌龟。小乌龟发现我们后，似乎想爬回水里，动了一下，但随后却蹲着不动。这只小乌龟的出现，给我们的考察活动带来了第一个高潮。我们过足了乌龟瘾后，继续向前行。

博科工作室队员考察金华婺江水域

说实的，婺江的水质确实不怎么样，岸边漂浮着很多塑料垃圾，想必是人们扔下去的。队员金秋语用手中的棒子捞了很多上岸，但实在太多了。于是我们只好放弃这种徒劳的行动。

婺江考察中的第二个高潮来自于一个小男孩。就在我们沿着对岸往回走时，突然周何鑫同学叫了起来："我们多了一个队员！"大家这才发现，原来队伍里多了一个小男孩。这个小男孩是什么地方来的？是什么时候出现的？询问后，才知道他就住在婺江岸上，时常在婺江边玩。看到我们后，他就跟了上来。看着这个可爱的小男孩，大家提议来张合影。于是一张以这个小男孩为中心的合影就这样出现了。小男孩和我们走了很长的一段路，才恋恋不舍地离开。

科考过程中的第三个高潮，源于一条小黄鳝。是这样的：走着走着，我们发现江里长有一小片水葫芦，刘可意同学随手捞上来一个扔在岸边。大家发现一条"蚯蚓"蹦了出来，我也是这么认为的。就在大家喊着"一条蚯蚓"时，刘可意凑近一看，他叫了起来："这是条小黄鳝，这是条小黄鳝。"是条黄鳝？大家凑近一看，真的是条小黄鳝，5 厘米左右。于是，很多队员笑了起来："这么小的黄鳝，还是第一次看到。"好个刘可意，脑子一动，把它装到了一个矿泉水瓶里，还准备带回家养着呢！

在婺江岸边边走边看、边走边议，竟然走了 3 个多小时，实在有点累，脚也发酸了。因为反着方向走，回学校的路不是近了，而是远了。怎么办？没想到在一个公交车站发现 33 路公交车直达学校。哈哈，真开心！刚好一辆 33 路公交车驶了过来。爱说爱笑的队员们，上车后居然个个沉默不语，我想他们确实累了。

回到学校，来到科学实验室，我们借助显微镜，还观察了水葫芦等多种植物的细胞。虽然几次科考活动都平安无事，但我时常会有惊悸的感觉。请允许我篡改一下周华健的歌词："你这样一项活动，让我欢喜让我忧，让我甘心为了你，付出我所有。”

有人说，人的生命似海水奔流，不遇岛屿和暗礁，难以激起美丽的浪花。但是，这样的美丽似乎也太惊险了！有谁经受得起这样的惊险？科考活动要不要继续？

五、科学游戏实验

游戏符合儿童的身心特点，是小学生非常喜爱的一种活动方式。19 世纪德国著名教育家弗里克·福禄培尔曾说过：“小孩子的工作就是游戏。”伟大的文学家鲁迅也说过：“游戏是儿童最正当的行为，玩具是儿童的天使。”著名教育家陈鹤琴先生曾深有感触地说过这样一句话：“游戏是人生不可缺少的活动，不管年龄、性别，人们总是喜欢游戏的。假如在读书时代，孩子们能化读书的活动为游戏，那么，读书不是会变得更有趣、更快乐、更能有进步了吗？”

还记得那所叫夏山的学校吗？还记得那个叫尼尔的老师吗？尼尔认为，儿童期就是游戏期。游戏是一种教育的手段。成长中的儿童依靠这种手段发展起平稳而又健康的心理，使他们能够承担实际生活中的各种任务。人们经常认为，游戏远离了生活中更为严肃的被我们称之为“工作”的方面。让儿童过早地坚持以工作为中心，阻碍了他们处理生活问题所需要的内在安全感的发展。一般说来，成年人把游戏看作是浪费时间，就算游戏不是浪费时间，其价值也远远少于工作的价值。根据这种理解，尼尔把我们的视线引到城市当中的大学校。这里有为学习活动准备的各种教室，有足够多的用来教学和学习的昂贵的设备。“通常情况下，我们为孩子们的游戏本能提供的所有资源仅仅是狭小的具体空间。”尼尔抱怨说，“可以说，现代文明的罪恶是不给孩子足够的游戏时间。换句话说，在未变成大人之前，每个小孩都已被训练成大人了。”

我们不需要“小大人”，孩子就是孩子，童心、童真、童趣是他们的天性，游戏是孩子们的最爱，把最爱还给孩子，是我们这些教育工作者神圣的职责，否则，我们就会成为阻碍现代文明发展的罪恶的推手。

为此，科学教师要为孩子们设计一些可供他们在课内外开展的科学游戏活动。当然，我更期待家长除了和孩子开展好科学教师设计的游戏活动外，还能设计一些科学游戏活动供自己的孩子游玩。比如，“倒液体比赛”就是一个非常适合家庭成员共同参与的科学游戏。

游戏活动的材料：一个细口矿泉水瓶，一小壶水或油。游戏的方法是让家庭成员在规定的时间里，将勺中的水（或者油）倒进细口矿泉水瓶中，不能借用漏斗，但又不能倒到瓶外，看谁用水最少为胜利。有过这样的科学游戏，孩子们不但可以享受到其所带来的欢乐，而且可以更好地理解和感悟寓言故事——《卖油翁》的深刻寓意。

科学游戏可以帮助儿童在智力因素和非智力因素方面得到良好的发展。科学游戏凸现了孩子们的天性，可以让孩子们由被动地看看听听，变为主动地说说做做。

六、科学魔术实验

魔术是一种受大众欢迎的文艺活动形式。在观看魔术节目时，人们都会睁大眼睛一探究竟，总想弄清楚魔术的秘密。中央电视台两届春晚的魔术表演，不就给人留下了深刻的印象吗？那个刘谦不就很快成为孩子们的偶像吗？将科学实验以魔术的形式呈现给学生时，不但能激起学生极大的兴趣，而且特别适宜于在课内外进行。

还记得英国高级讲师简·约翰斯顿在《儿童早期的科学探究》一书中描述了这样一个片段：

有时候，我会带上一顶尖顶帽，挥动魔术棒，告诉儿童说我要给他们表演一个魔术。然后我表演一系列“小魔术”，所有这些魔术都围绕一个科学主题。有一次是围绕力的主题，我把一张卡片放在一只盛满水的玻璃杯上面，然后借助魔术棒把玻璃杯倒置过来，而水却一滴也没有漏出来；我还让一只煮熟的鸡蛋钻进玻璃瓶而既不碰鸡蛋也不把鸡蛋弄破；我让一个玩具潜水员潜到一瓶水的底部；我让一个小人顺着绳子往上爬。为什么我不是世界上最伟大的魔术师，而我做的“小魔术”却会那么灵验呢？儿童兴致勃勃地作出了各种解释。有一名儿童甚至说：“这不是魔术，这是科学。”让儿童作出解释是这项活动最重要的部分，它给儿童提供了表达自己观点的机会，这对他们中的一些人确实是一种挑战。探究每项活动背后的科学是极为重要的。

在做卡片和杯子的“魔术”时，要把杯子尽可能装满水，用一张小卡片盖在杯口。当小心地把杯子倒置过来时，卡片仍然在杯口上而水却不会流出来。这是因为作用于杯子和卡片上的力是平衡的。假如杯子内向下的力较大的话，水就会从杯子里洒出来。因此，这个游戏最好在水池或盆子上方进行。有的儿童推测说“杯口是有黏性的”，认为我在“骗”他们。也有的儿童能够指出是力在起作用：“是空气在托着它。”他们并没有考虑到这个游戏涉及的力，但作为一项介绍力的活动，它是有激励性和挑战性的。我确实告诉过他们，如果他们想在家里“来一手”的话，最好在洗手池上尝试，我猜想虽然有些桌子会被弄湿，但总的来说，家长对儿童所表现出来的兴趣还是很高兴的。我想，用这种方法学科学，对儿童肯定起到了激励的作用，因为数年以后我偶然碰到的一些年轻人对我说："你还记得我当年……吗?"活动的趣味性固然非常重要，而且具有激励性，但这种活动最重要的地方还是在于对这些现象的解释。要让儿童有时间讨论他们的想法，从活动中总结出其中的科学道理，对他们的发现作出解释，进而促进在概念上的发展。

1959 年的诺贝尔物理学奖获得者欧文·张伯伦在讲述自己如何迷上物理实验时，特别提到他父亲的一个朋友：

我父亲有一个朋友叫夏里·奎比，是一位物理学家，经常到我家里来做客。奎比教授对于聪明可爱的我也是非常喜欢，经常给我讲一些有趣的故事，帮我解决实验中的困难。而且奎比常常自己动手，给我表演一些科学小魔术，向我展示一些新奇的物理现象。这些东西深深地吸引了儿时的我，每次奎比教授来的时候，我都要他再介绍一些新东西。奎比教授也不厌烦，有求必应，但每次都要留几个问题让我解决，如果解决不了，下次就不表演了。为了那些动听的故事和新奇的表演，我努力去学习更多的知识，以便解决那些问题，渐渐地对物理着了迷。

科学魔术不但让张伯伦爱上了科学，而且还吸引他走上科学研究之路，最后成为伟大的科学家。其实，很多科学家在儿童时期或多或少也受此影响。这不，著名科学家爱献森就曾说到："魔术，以及人们传说的它的一切神奇之点，其实就是对于科学的能力的一种深沉的预感。"

第二节　小学科学实验总动员按研究方式分类

科学实验按照研究的方式又可分为两大类。一类是假设性的项目研究，它的特点是孩子们以研究问题为基础，提出假设，然后通过科学研究方法去论证这个假设，最后得出结论。这是一种科学工作者常用的、比较"正规"的研究方法。对于孩子们而言，这类研究又有两种形式：关系性研究和因果性研究。另一类是非假设性的项目研究，它的特点是研究者在研究时并不严格遵循科学研究的方法和模式，实验方法多样、灵活、简单，虽然其"科研性"不及假设性项目研究，但由于孩子们年龄、科学知识及其他因素的限制，他们所进行的往往是非假设性项目研究。非假设性项目研究也主要有两个类型："演示性"项目研究和"调查考察性"项目研究。

下面分别就这两类项目研究的特点作一个简单介绍：

一、假设性项目研究

1. 关系性项目研究

关系性项目研究的重点在于揭示自变量与应变量之间的变化趋向。例如，阳光对植物生长高度的影响、温度对食盐在100克水中溶解量的影响，以及小球自由下落对小球回弹高度的影响等，都属于这一类。这些研究的重点在于探讨随着自变量的改变应变量是如何跟着改变的。譬如，在小球回弹的实验中，我们的结论是“小球下落高度（自变量）越高，小球反弹的高度（应变量）也随之越高”。

附：关系性项目研究目录

温度改变对金鱼生活习性的影响

平衡点对杠杆的影响

衣服织料对保温的影响

风对人的温度感觉的影响

体育运动对人肺活量的影响

种子在泥土里的深度对发芽的影响

温度对种子发芽的影响

人的高矮对弹跳力的影响

空气相对湿度对植物生长的影响

水的深度对水压的影响

肥料对植物生长的影响

空气相对湿度对水蒸发的影响

霉菌在不同物品上繁殖情况的比较

温度对油状物黏滞度的影响

不同土质的水分保持能力的比较

给予相同的热量，不同物体温度上升度数的比较

季节对阳光照射进房间距离的影响

月相和潮水大小之间的关系

罐头饮料对人牙健康的影响

在自由下落时物体重量对速度的影响

2. 因果性项目研究

因果性项目研究的重点在于探讨某一变量改变的原因，或者说试着揭示自变量与应变量之间的因果关系。例如，小鸡为什么会生病？听音乐会不会

提高学习效率？用阿司匹林片溶液能否促进植物的生长？……这些都是适宜在孩子们中开展的“因果性项目研究”的课题。因果性项目研究与关系性项目研究一样都包括自变量与应变量，但在因果性项目研究中，研究者的兴趣主要在于“应变量的改变是否由自变量的改变而引起”，或者说是寻求应变量改变的原因，而不在于二者的关系。与关系性项目研究不同，因果性项目研究通常还有一个“对照组”来论证实验结果。其基本原理是，取两个样本，一组为实验组，一组为对照组，在其他情况完全一样的情况下（控制变量一样），对实验组进行处理，而对照组不进行处理。如果实验组随之发生变化而对照组没有变化，那我们可以有理由说实验组的变化是这个处理引起的。

附：因果性项目研究目录

树皮在植物传送水分中的作用

盐在水结冰中的作用

种籽发芽需要阳光吗

糖水能促进植物生长吗

为什么说肥料对植物生长不是越多越好

为什么汽车的废气对环境会造成污染

为什么吸烟对人体有害

牙膏能不能杀菌

什么因素可以延缓植物生长

电能帮助植物生长吗

为什么能人工降雨

植物叶子能吸收养分吗

为什么光合作用能生成氧气

植物在黑暗中能生存吗

为什么热水瓶会保暖

加热能使磁石失去磁性吗

音乐会帮助人的记忆吗

鸡蛋为什么不能生吃

酸雨对环境的危害

铁为什么会生锈

二、非假设性项目研究

1. 演示性项目研究

演示性项目研究就是孩子们在学了一个或几个科学概念后，以他们自己的理解和思路，结合他们的生活实践，自己设计一套实验装置和过程去印证这个特定的科学原理和概念。虽然这类研究的结果是已知的，但仍然要求学生发挥自己的创造力，以自己的智慧与生活经验设计整个实验过程，仍然有许多探索性与创造性思维活动存在。这类项目研究过程简单，时间适中，又比较贴近孩子的生活，往往很受孩子的欢迎，在小学科学项目研究中占有一定的比例。这类项目研究包括学生根据一定科学原理自制一些科学装置和玩具，进行一些科学小发明、小创造，如显微镜、遥控汽车、小机器人……

附：演示性项目研究目录

海洋洋底模型

河水冲刷对水土保持影响的模型

串联、并联电路模型

日常生活中哪些是导体，哪些是绝缘体

沉积是怎样形成的

飞机上升的原理

雾、霜的形成原理

无土栽培蔬菜

分子模型

月食及日食模型

空气压力在我们日常生活中的现象

空气有重量吗

彩虹是如何形成的

自制指南针

自己动手造纸

电话是如何工作的

声音在不同媒体中的传播速度（固、液、气）

火山爆发模型（小苏打十醋）

船为什么不会下沉

水的表面张力与雨伞

2. 调查考察性项目研究

调查考察性项目研究也是一种十分适宜在小学阶段开展的科学研究活

动。它主要针对在学生身边发生的一些和科学教育相关的社会和环境问题，让学生自选项目，自行组织或在学校和教师的帮助下到现场调查考察，收集数据及事实，最后写出调查报告。

由于这类项目的课题往往是学生及整个社会比较关注的，有些甚至是有争议性的，因此它们常常受到学生的青睐。例如，当地河流污染问题、学校中午餐的营养成分、小学生牙齿保健现状……

调查考察性项目研究不仅能磨炼学生科学探究的精神与意志，更在一定程度上培养了他们对社会的责任感。收集事实与信息并加以整理是这类项目研究的最大特点，这些信息可以是量化信息，也可以是非量化信息。例如，文字汇报、谈话录音、实验标本等。对于量化数据，由于小学生缺乏系统的统计知识，一般只限于用平均数来表示。有可能的话可引入一些简单的描述性统计概念，如众数、中位数及平均差等。但其中有一个概念是要学生特别引起注意的，就是“样本”及其抽样的过程。因为这直接关系到整个实验结论的可靠性和准确性。

附：调查考察性研究目录

蚂蚁（蚯蚓、蜜蜂……）的生活习性

学校附近河流水质的调查

当地雨水酸碱度的测定

当地植被的生长调查

当地天气的模式（降雨量、湿度、气压……）

孩子们对科学教育课程的态度

学校开展“科学实验总动员”家长支持吗

学校男女生色盲者的比例

学生每天进食中的营养成分分析

著名科学家的生平

孩子们家中自来水水质的调查

家乡土壤成分比较

学校学生每天体育锻炼时间的分析

火山及地震带在世界上的分布及对当地的影响

厨房中调味品，哪些是“酸”，哪些是“碱”

我们每天扔掉的垃圾到哪里去了

自来水是从哪里来的

学校中学生刷牙保健情况的调查

动物和植物是如何互相依存的

家长中吸烟情况的调查

科学教师首先应指导学生根据生活经验提出一些研究项目，接着在此基础上归纳总结可供操作的有价值的研究项目，最后指导孩子们开展研究、记录研究过程等。不过，特别需要注意的是，在研究前对孩子们进行相关培训也是非常必要的，培训内容包括实验的特点、实验的器材、实验的注意点等。

第三节　小学科学实验总动员按活动小组分类

科学实验还可以以项目小组为单位进行分类，如科技制作小组、气象观测小组、物候观测小组、地质考察小组、动物饲养小组和植物栽培小组等。

一、气象观测小组

气象观测是小学生非常喜欢也是能够做到的课内外活动。这种活动不仅可以让学生学到许多有关气象科学的知识和各种气象测量仪器的使用方法，而且能培养小学生的观察与思考能力，培养学生持之以恒的精神。

北京一所实验小学从 1952 年开始就成立了气象观测小组，60 多年来观测活动一直没有间断，积累了大量的观测资料，这些资料甚至为北京气象台所重视。虽然小学生所做的工作比较简单，但却是真实的科学记录，这种经验对小学生来说本身就是十分宝贵的。

在这里，特向大家介绍一位倾力于我国校园气象站的“老气象”——任咏夏老师。他是温州人，任教于温州一所中学。在 20 世纪 50 年代，他在部队里当海军，从事气象工作，退伍后，在学校里任教，但他还是忘不了他的气象事业。现在已过退休的年龄，他还在为学校的气象事业到处奔走。

据说，任老师几乎跑遍了我国各所学校的校园气象站，还经常到香港去了解香港校园里的气象活动开展情况。他有一本专著《中小学校园气象站》已经公开发行。前年，他还自费参加了由中国气象学会在兰州举办的全国气象夏令营。

任老师有一篇专门介绍我国红领巾气象站的发展与现状的文章，现把这篇文章转载如下（节选，稍有改动）：

红领巾气象站是中国少年先锋队组织对队员进行科学知识教育和科学推广普及的一项建设。它诞生于 20 世纪 50 年代初期，缘起于《中小学地理教学大纲（草案）》规定的地理课外活动与地理园。

1952年，教育部拟定了《中小学地理教学大纲（草案）》，大纲规定了中小学生在学习课本知识的基础上要积极开展地理课外活动。课外活动的内容应有乡土地理研究、地理模型制作、地图绘制、气象观测、地理读物等。对于气象观测，大纲要求学生用温度表、风向标来观测气温、测定风向，记录每天出现的天气现象。还要求组织气象小组进行长期气象观测，并能进行天气预报；同时把观测到的记录每月整理一次，年终将全年12个月记录进行统一整理并形成资料，找出当地气候变化的规律。

根据大纲的要求，全国各地的中小学也配备了一些气象观测用的仪器，诸如温度计、气压计、风向风速计、湿度计、雨量计、蒸发皿、日照计等。但这些仪器与现代配备的气象仪器不是一个概念，如温度计实质上是一支简单的玻璃温度表，而不是现代能自动记录温度的温度计。不过，有了这些尽管十分简陋的仪器，还是可以进行简单的气象观测。因此，全国许多城市或乡村的中小学纷纷建立起气象站（哨）。

从青少年在科学活动中综合素质提高的角度来考究，“红领巾气象站”确实是多方面素质培养的温床。这可以从马汉彦老师主编的由广西人民出版社出版的《竹叶上的珍珠》一书得到验证。该书是一部反映少年儿童生活的散文诗选集。该诗集收集了雪屏创作的散文诗组诗——“红领巾气象站”。组诗由风、雨、雪、雹、霜和我们的气象站等六组散文诗组成，现将其中的“风”摘录如下，供大家欣赏：

风

风呵，风呵。

沿着尖峭峭的崖壁，向小气象员侵袭。

小气象员们站在山峰上，高擎测风仪，摸索着山风的规律：二级、三级、四级……

风呵，风呵。

抖尽淫威，向小气象员扑来，掀开他们细细的柔发；但是他们傲然屹立，歌声嘹亮：

小气象员英雄汉，狂风面前不畏惧……

这是一篇描写“红领巾气象站”小气象员观测风向风速的写真，抒发了小气象员学科学、斗狂风的壮志豪情。诗篇文字简练、寓意深刻，具有极强的感染力。从这篇散文诗中，我们可以形象地看到青少年学生的创造意识、情感素质和熟练运用文字技巧的能力。

正是“红领巾气象站”这种特殊的功能和巨大的作用，它不但被共青团、少先队组织所重视，而且还引起教育专家的高度重视。20世纪60年代，人民教育出版社曾以“红领巾气象站”为题目撰写的课文编入小学《常识》课本第四册第五课；以“我们的红领巾气象站”为题目撰写的课文编入小学《自然》第二册第三课。

“红领巾气象站”自诞生至今已经走过了半个世纪的光辉路程，从简单的地理课外活动场所走进简陋的地理园，进入教科书；从肩负课外活动的单一职责，到担负科学学习和科学普及的任务，进而挑起科学探究和青少年学生综合素质培养的重任。几十年来，“红领巾气象站”始终以自己顽强而旺盛的生命力，既披荆斩棘又沐风节雨，从50年前的教育革命初始走到教育改革的今天；从发达的中心城市走向偏僻的农村山区，走向边远的疆寨，不断进步完善、发展壮大。目前，“红领巾气象站”在全国中小学的校园中正发挥着无可替代的作用。可以想象，“红领巾气象站”将以现代化的装备、超时代的崭新姿态，作为学校现代化教育技术装备的水准，作为现代校园文化的重要内容，作为现代教育办学档次的标志，在神州大地上的中小学校园中茁壮成长、遍地开花。

二、物候观测小组

我国著名科学家竺可桢在《大自然的语言》一文中这样写道：

每年春节过后，大地就渐渐从沉睡中苏醒过来，冰雪融化，草木萌芽，各种花木次第开花。再过两月，燕子翩然归来，大自然呈现一片欣欣向荣的景象。不久，布谷鸟也来了，于是渐次转入炎热的夏季，植物忙着孕育果实。等秋天到来的时候，果实成熟，植物的叶子慢慢变黄，经不住阵阵秋风的吹袭，就簌簌地落了下来。这时北雁南飞，其他各种候鸟也相继离去，大地又呈现一片万木落叶、衰草连天的萧飒景象。从此，活跃在田间草际的各种昆虫也都销声匿迹。大地又沉沉睡去，准备迎接风雪载途的寒冬。岁岁如是，周而复始……

这些自然现象不知陶碎了多少诗人，因而一草一木、一鸟一虫也都成了他们讴歌大自然的素材，成了他们抒发感情的凭借。不过农民们对这些自然现象的感受和诗人们又不同。几千年来，他们注意了草木荣枯、候鸟去来等自然现象与气候之间的联系，并据以安排自己的农事活动。在农民看来，鸟语花香、秋山红叶都是大自然的语言。杏花开了，就好像大自然在传语他们赶快耕地；桃花开了，又好像在暗示他们赶快种谷子。春末夏初，布谷鸟开始唱歌，可是我们的农民却懂得她在唱什么：她在声声地啼叫着“阿公阿婆，割麦插禾”。

这一类的自然现象，我国古代的劳动人民称之为物候。“物”主要是指生物（动物和植物），"候"就是我国古代人民所称的气和候。在两千多年以前，我国古代人民就把一年四季的变换分为所谓24节气，把在寒暑的影响下所出现的自然现象分为72候。物候知识的起源，我国在世界上是最早的。古代流传下来的许多关于物候方面的农谚，如："麦要浇芽，菜要浇花。""六月不热，五谷不结。""稻田水多是糖浆，麦田水多是砒霜。"……都是古代劳动人民对大量实践经验的总结。

学校成立物候观测小组可以和学生记载自然历的活动结合起来。不过，物候观测要求学生经常观测天气、动物、植物的变化。学生在观测过程中获得大量的感性知识，在这些感性知识的基础上，进一步认识这些现象和规律，对他们思维的发展有重要意义。物候观测小组还可以积累大量有用的资料，对开展群众性科研活动也会有一定的意义。我国小学数量多，如果能把全国小学生物候观测资料收集起来，进行网上交流，这将是不可忽视的教学资源和科学研究资料。

三、地质勘探小组

地质泛指地球的性质和特征。它包括地球的圈层分异、物理性质、化学性质、岩石性质、矿物成分、岩层和岩体的产出状态、接触关系、地球的构造发育史、生物进化史、气候变迁史以及矿产资源的贮存状况和分布规律等。在中国，"地质"一词最早见于三国时期王弼（226～249）的《周易注》，但当时属于哲学概念。1853年（清咸丰三年）出版的《地理全书》中的"地质"一词是中国目前所能见到的最早具有科学意义的概念。关于"地质"，一般有着以下几种解释。

1. 地壳的成分和结构

著名诗人艾青在《鱼化石》一诗中这样写道："过了多少亿年，地质勘察队员，在岩层里发现你，依然栩栩如生。"著名报告文学作家徐迟在《地质之光》一文中这样写道："它在地质上也是相当破碎的，半岛、岛屿、岬角、港湾相间。"这里的"地质"均指地壳的成分和结构。

2. 土地的形质和土壤的质地

《易·坤》写有："六二，直方大。"三国时王弼注："居中得正，极於地质，任其自然而物自生。"孔颖达疏："质谓形质。地之形质，直方又大，此六二居中得正是尽极地之体质也。"著名革命家梁启超在《论中国之将强》一文中这样写道："地质肥沃，物产繁衍。"这里的"地质"均指土地的形质和土壤的质地。

综合而言，地质是表示地球质地状况的一个综合性概念。学校成立地质兴趣小组，让队员们在科学教师和学校聘请的地质专家的指导下，去野外考察地形、地貌，认识各种岩石和矿物，是非常有意义的课内外科学活动。请看某校组织的地质勘探活动——“到史前地层去探险”。

某校有几名孩子通过阅读知道，古生物学家从地层中发现了许多古代动物的化石，如恐龙、鱼龙、翼龙等。书籍上还绘制了许多古怪的史前动物，并说可以根据这些化石推测出地球的年龄！孩子们被深深地吸引住了，他们产生了探索自然秘密的兴趣。于是，他们带着许多问题求助于学校中队辅导员：“化石是怎样形成的？”“我们这里有化石吗？”……

有一个孩子还向同学们介绍了在家里听到的故事：“很早以前，我们这里是大海，因为山上石头里可以找到海螺呢！”这更加激发了孩子们的兴趣。中队辅导员决定举行一次野外实地考察活动——到史前地层去探险！多么富有吸引力又带有幻想色彩的活动主题啊！孩子们纷纷报名参加这次科考活动。

星期天，全中队来到高高的蜂山上。队员们在生物老师的指导下，经过仔细地寻找和辨认，找到了许多三叶虫化石，还有几块像蜗牛似的软体动物化石。生物老师告诉队员们，三叶虫是大海里的一种古老生物，大约生活在5亿年前。由此可见，老人们说古时候这里曾经是海洋，这是对的哩！而生物老师的话更加激发了孩子们探索自然的强烈愿望。

这样的活动对激发孩子们学习生物、地理和历史等课的兴趣难道没有帮助吗？我说，不但有帮助，而且会深深地影响着孩子们，也许还会使孩子们一生铭记。

四、天文观测小组

天文是一门以实际观测为基础的学科。学校成立天文观测小组，通过天文观测活动，可以增加学生对星空的感性认识，从而使学生能够更好地消化所学到的知识，如认识夏季星座与亮星、地月系、太阳系、恒星、深空天体、流星雨等。同时，还可以安排手工制作内容，如活动星图、日影钟、寻月仪、行星仪等，从而在各种仪器的制作和

在安吉和国家天文台
首席科学家胡景耀教授合影

使用过程中更深入地学习、理解天文学。

2011年9月14日，记者任文林在《金华晚报》第15版以《观察星空，也可以不太专业》为题，报道了我带领孩子们在中秋节观察月球环形山的相关情况，全文如下：

中秋节，通常是家人聚餐、吃月饼，然后到室外赏月。不过，这次晚报实验总动员的粉丝，特地从浙师大天文协会借来了高倍天文望远镜，用天文望远镜赏月过中秋节，这对于现场很多人来说，都是平生第一次。

9月12日是中秋节。傍晚，当一轮皎洁的月亮挂在天空时，江美华老师兴奋地打来电话："快看，今晚月亮很好！晚上用天文望远镜赏月活动不会泡汤了。"

惊喜！

第一次亲密接触月亮

陈文豪和父亲陈卫华吃完晚饭，6点30分就赶到了婺城小学。当天晚上，晚报实验总动员的活动就安排在这里。

博科工作室队员观察环形山

一下车，浙师大的学生就忙着架设天文望远镜。很快，两台望远镜调试好了，大家排起队伍依次观看。这些毛手毛脚的孩子，在观看时经常碰到望远镜，于是，浙师大同学一遍又一遍地帮助修正角度。

"这样的活动能够开阔视野，增强孩子探索科学的兴趣，我们家长很支持。"陈卫华说。陈卫华是一名建筑工程师，在工作中，他经常接触带有望远镜的测量仪器。以前，他用那种40～100倍的小镜筒观察过月亮，因为倍数低，只能看到大概。

这次，借助专业的高倍天文望远镜，不仅看到了环形山，还看到了月海，他和孩子都很开心。

朱健翔是三年级的学生，他是晚报实验总动员的忠实粉丝。在第一期的看吹乒乓球实验时，他的嘴巴张得最大。朱健翔兴奋地说："我看到了环形山和阴影了。"

江美华是婺城小学的科学老师，他说："别说这些孩子和家长，我也是第一次通过天文望远镜赏中秋的月亮。"

月亮，大家都司空见惯，但是，在这样一个传统的节日里，用科学探索的方式亲密接触月亮，这样的经历意义非凡。江美华认为，在小学阶段，科学课和其他学科一样，也担负着培养学生这个生命个体成长之重任。科学课要促进学生成长，必须强化“生命的亲历性”。

这名大男生发现过小行星

在活动现场，浙师大天文协会的同学一直默默地为大家提供服务。他们当中有一名个子很高、皮肤黝黑的男生，他的经历让人刮目相看。这位名字含义是“面朝大海，春暖花开”的周朝海同学，曾获得“美国宇航局小行星发现奖”。

2009 年 12 月 11 日，在马远军博士的指导下，浙师大天文协会的 5 名学生前往北京国家天文台参与第四期国际小行星搜寻活动（简称 IASC）。

经过认真细致地分析、处理，杨智钥、方慧青、周朝海 3 名学生共发现了两颗小行星，并认证了一颗近地天体（NEO）。这一成果很快获得了国际天文学联合会小行星中心的认证。

2009 年 12 月 15 日晚，国际小行星搜寻活动国际主办方特地向中国活动方发来贺信，对杨智钥、方慧青、周朝海 3 名学生的发现成果表示祝贺，并将发现的两颗小行星分别编号为“2009XP6”和“2009XQ6”，认证的近地天体编号为“2009XA2”。这也是我省学生首次参加 IASC 活动并发现小行星。

国际小行星搜寻活动（简称 IASC）是一项由美国宇航局天文研究所、美国哈丁-西蒙斯大学和国际动手天文教学组织（HOU）联合发起，并提供望远镜和专家队伍，组织国际学生基于国际互联网对实时天文观测图像、数据进行分析处理，可获得原始发现的国际天文联合行动。参加该活动的有美国、德国、中国等 20 多个国家的上百所学校。

观察星空，不需要太专业

在野外搭一个帐篷，架起天文望远镜观测星空或者流星雨，那定是一件很浪漫的事情。

浙师大天文协会的同学说，他们协会有一对学长和学姐，因为酷爱天文观测，最后成为终身伴侣，拍婚纱照的时候，还特地回学校借了几台天文望远镜做道具，以此铭记那段仰望星空的日子。

周朝海是地理科学 2009 级学生，但是，他却把大量时间用在“天上”。他说：“星空在我们的印象中总是很神秘，其实，喜欢观测星空，不需要很专业的知识。浙师大本身就没有天文专业，大家都是出于业余爱好。”周朝海的老家在云南楚雄，那里海拔高，天空能见度非常好。大一那年暑假，他在老家，半夜不经意间仰望星空，被满天的星星震撼了。于是，他掏出手机，用谷歌星空地图对着天空观察起来，一看就是一个多小时。

“假如你是新手，只要你有兴趣，都可以成为观测者。”周朝海说。在淘宝上，天文望远镜的价格也不算贵。一般家庭观测用的天文望远镜，比如天狼 TP2—08JDS 折射式天文望远镜，淘宝上的报价是 1200 元。而 1000 元以下的天文望远镜，也有很多款。

本报记者　任文林　文／摄

五、科技制作小组

科技制作小组一般有教具制作小组、舰模制作小组、无线电制造小组、机器制造小组等。科技制造小组应使组员通过自己的制造活动，学会有关的科学知识和技能、技巧。不过，活动应循序渐进，由简单逐步深入，要注意激发学生的求知欲。如航模四驱车制作小组，可以让学生拼装四驱车，然后提高拼装的速度，并在拼装的基础上了解四驱车的构造，再对四驱车进行改造，以提高它的制动性，即提高四驱车的速度。又如，无线电制造小组可以先从最简单的单管机做起，先熟悉天线、二极管、三极管、单机的作用和最简单的原理，然后学习看电路图，学会使用电烙铁焊接元件，并按电路图装置单管机。当队员们掌握了基本的操作技能与科学知识以后，再逐步深入，从单管机到多管机，甚至比较复杂的外差式收音机。有条件的学校，特别是有高水平辅导员的学校，还可以根据学生实际情况制作简单的电视机。

六、动物饲养和植物栽培小组

这种小组对学生学习动物或植物知识与提高实际操作能力具有重要意义。但是，与课堂教学不同，课外动物饲养和植物栽培小组应该将重点放在开阔学生眼界与培养学生兴趣、能力上，应有利于培养儿童的修养和个性。因此，它不能只限于养蚕、养鸡、养兔等饲养活动。有条件的学校可以和当地有关单位挂钩，在他们的指导帮助下，进行一些孩子们力所能及的实验探究活动。如有的地区引进一些新品种家禽，就可以让小学生也试养几只，进行观察、实验。实验小组按照科学实验的要求进行管理、记录，并定期进行总结。植物栽培小组可以和当地农业研究单位联系，在他们的指导帮助下，进行一些简单的杂交育种实验，也可以培育一些菌类植物。通过这些活动，让孩子们初步体验科学家是怎样工作和学习的。

朱学谦同学在浙江师范大学化学与生命科学学院张志祥老师和金华市青少年宫科技部王金生老师的指导下，在家里开展了“投喂色素法养殖彩色蚕茧的实践与观察”实验。下文是朱学谦的实验报告：

普通的蚕宝宝吐出雪白的蚕丝，然后经过纺织和染色，成为漂亮的丝绸产品。我自己就很喜欢穿丝绸衣服，很舒服，也很好看。但是，有一个问题，即丝绸衣服似乎很容易褪色，而且听大人说，丝绸的印染技术很高，印染的材料多数也会对环境造成一定的污染。我听说现在已经有彩色的棉花了，可以直接纺织成衣服，不需要染色。所以，我想，如果能让蚕宝宝也直接吐出彩色的蚕丝来，省去印染的工序，那一定很好！

我读了《天然彩色蚕茧增殖关键技术》一书。这是农民增收百项关键技术丛书中的一本，丛书的主编是袁隆平院士和官春云院士。书中介绍了养殖彩色蚕茧的三种方法：一是将色素添加到饲料中；二是利用生物工程技术中的转基因手段；三是利用有色蚕茧资源培育天然彩色品种。转基因手段是我作为一名小学生目前无法做到的，我国目前也尚未找到天然彩色蚕茧的种蚕，所以，我能够实践和观察的，就只有第一种方法，即将色素添加到蚕宝宝的食物中，让它们变成彩色的蚕并结出彩色的茧。可作为添加物的色素有许多种，我选择了食用色素，因为食用色素比较容易买到，而且对蚕宝宝身体的影响应该会比化学颜料要小得多。

我和爸爸、妈妈查阅了一些资料，了解到家蚕在动物分布学上属动物界、节足动物门、昆虫纲、翅目、蚕蛾科、蚕蛾属、家蚕种。蚕属于完全变态动物，经过幼虫、蛹、成虫（蛾）三种变态和四个时期。蚕的一生由孵化到幼虫，再化成蛹，最后羽化成蛾，经过雌雄交尾，繁衍下一代。一个生命周期大概经历 55～60 天。

我们还了解到，每一个成熟的蚕都有一对由 900 多个腺细胞组成的娟丝腺，由娟丝腺分泌出的娟丝蛋白呈液态，由吐丝管吐出后才变成固态。一个蚕茧由一根 800 米～1500 米长的娟丝纤维构成，长的甚至可达 3000 米。

一、材料与方法

1. 实验材料

(1) 孵化的蚕宝宝 500 条；(2) 桑叶（采自路边的野桑树，部分是从农村采来专用于喂养蚕宝宝的桑叶）；(3) 空鞋盒若干个；(4) 从农贸市场买来的食用色素，分红色、绿色、黄色，各 10 克，分装在不同的塑料小袋中，并做好标记；(5) 棉签若干条，用于在桑叶表面涂抹色素；(6) 适量的水，用于蘸湿棉签，以便涂抹色素；(7) 热水，蚕茧抽丝时使用；(8) 显微镜，观察彩色蚕茧的微观状态。

2. 方法

(1) 蚕宝宝的饲养

先将上年的蚕卵从冰箱里取出，孵化，正常地喂养到三龄至四龄大小，然后将蚕宝宝分盒，共分为 5 盒，每盒大约有 100 条左右，每种颜色一盒，再加两盒作为对照组。分盒过后，分别在桑叶上涂抹不同的色素，用于饲喂蚕宝宝。蚕宝宝身体变色后，继续给它们吃涂过色素的桑叶，直到它们身体全部变色。结茧后，结出的彩色蚕茧分别放置、对比。

（2）蚕丝颜色观察

分别取不同颜色的蚕茧若干个，放在热开水中抽丝，并观察水的颜色和蚕丝的颜色。另取各种颜色的蚕丝，做成玻片，放在显微镜下观察，了解不同颜色蚕丝蛋白的色彩变化。

二、实验过程

2008年5月15日，当蚕宝宝长到差不多2厘米时，估计已经有三龄或四龄的样子。我就到农贸市场买来红色、绿色、黄色食用色素，并将蚕宝宝分成5盒，每盒蚕宝宝的数量均等，大约100条左右。每盒蚕宝宝饲喂一种色素，其中两盒作为对照组。

先将棉签用水浸湿，再蘸些色素，棉签上就形成了一些浓稠的色素泥，然后将这些色素泥抹在桑叶正面，再将桑叶正面朝上铺在蚕宝宝身上。这样做的目的是不让蚕宝宝身体沾上食用色素，而是吃进嘴里。起先我也尝试过用色素调出浓浓的彩色液体来浸泡桑叶的办法，但发现那种方法不好，颜色过淡，水分过多，蚕宝宝容易拉肚子。

奇妙的是，蚕宝宝吃了涂过色素的桑叶后，很快就开始变色了。在第一次吃过色素后的两三个小时，发现有的蚕宝宝的嘴开始变色了，之后是脚，再是身体的关节处，最后是腹部。开始的时候颜色不是很均匀，但多吃几次色素后，颜色就变得均匀许多，着色也较深。变色最明显的是绿色蚕，其次是红色、黄色。不断地饲喂涂过色素的桑叶，蚕宝宝的身体颜色就会不断加深，如果间隔好几顿都不喂色素，那么它们的身体颜色就会越来越淡，最后褪成原色——白色。本实验发现，彩色蚕宝宝粪便的颜色也与普通蚕宝宝的粪便不同，虽然都是深绿色，但是却能看出它们泛出红色、绿色、黄色等不同光泽，尤其是蚕宝宝吐丝前拉的一次稀软的粪便以及它在茧内拉的一次粪便，颜色非常鲜明，而未吃色素的白色蚕拉的这两次粪便都是深棕色的，这说明，色素没有完全被蚕宝宝吸收，有一部分会随着粪便排出体外。

5月23日，一些蚕宝宝开始吐丝结茧，起初看不出丝有什么颜色，但是结茧完成后，发现很多茧都呈现出明显的色彩，淡红、淡绿和淡黄，尤其是把它们与对照组的蚕茧放在一起进行比较的时候，色彩十分鲜明。把彩色蚕茧打开后可以发现，其蚕蛹看不出有颜色沉积，但蚕宝宝化蛹时蜕下的皮却呈现出了彩色。

6月2日，蚕蛾破茧而出。可以看出，红色蚕茧里钻出的蛾，腹部有明显的红色条纹。其他彩色蚕茧里钻出的蛾也呈现出了不同的颜色，但是颜色深浅存在很大差异，有的颜色深，有的颜色淡。与对照组的白色蚕茧里钻出的蛾进行对比，发现颜色具有很大差异，基本上能用肉眼辨认出来。

2009 年春天，我继续养殖彩色蚕，蚕卵是上一年彩色蚕生产的，我想用去年的方法再进行一次，以便对两年的养殖情况进行比较。但没想到的是，这年的蚕宝宝身体状况大不如前一年，正常孵化后，生长较缓慢，尤其是喂过食用色素后，表现出胃口不太好、精神不太好的样子，等到要结茧的时候，身体的长度远不如前一年的蚕宝宝。用手指去捏和摸一下，可以发现它们的身体明显没有前一年的蚕宝宝那样结实，而是比较软。一些蚕宝宝还在吐丝过程中自然死去了。

将彩色蚕茧放入开水中抽丝，结果发现丝的颜色变淡了一些，而开水的颜色却逐渐加深。这说明蚕茧的一部分颜色褪掉了。

2009 年 7 月，为了了解彩色蚕茧丝的变色情况，本实验将各种颜色的蚕茧做成玻片，放在显微镜下观察。显示的是不同彩色蚕茧蚕丝的颜色，在放大 200 倍的情况下，发现蚕丝蛋白呈现出明显的色彩，内部具有色素沉积，这更证明了蚕宝宝在食用了色素之后，确实吐出了彩色的丝，而并不是像我以前所担心的仅仅是沾了些色素。

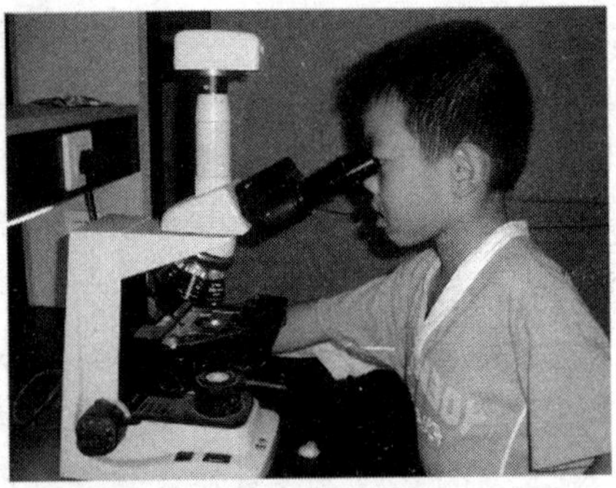

朱学谦在用显微镜观察彩色的蚕丝蛋白

三、结果与分析

1. 观察结论

通过两年多的养殖和观察，得出了如下的初步结论：

蚕丝的颜色是由遗传和吃的食物共同决定的，蚕宝宝吃了涂抹过食用色素的桑叶后，色素从肠内透过皮膜进到娟丝腺，吐出彩色的蚕丝。

第二代（2009 年）彩色蚕宝宝的体质明显比第一代（2008 年）弱，估计食用色素对蚕宝宝有一定的毒副作用，侵害了蚕宝宝的身体。这也证明了《天然彩色蚕茧增值关键技术》中的一句话：随着饲养代数增加，彩色蚕出现了蚕体严重衰退，这制约了它的推广。

用食用色素饲喂的蚕吐出的彩色蚕丝，色彩不够稳定，容易褪色。

通过对彩色蚕茧的养殖和观察，我对科学研究的方法、过程有了初步的体验和了解。我明白了一些道理，科学研究一要结合生产，要对社会有用。在这之后，我也开始关注前沿科学，了解到家蚕的基因图框架已由西南农大和中科院北京基因组研究所联合绘制。2007 年 11 月，西南大学与日本的科学家首次共同用改变基因的方法培育出了彩色蚕茧，颜色多样，理论上永不褪色。

通过这三年养蚕的实践，我还加深了对生命的理解。蚕的一生不到 60 天，三次变态，到生命的最后阶段——蛾的时候，它没有口器，根本不吃东西，只有一个目标："寻找配偶和产下卵，留下后代。"我想，所有的生物都是这样繁衍不息的。

在养殖蚕茧的过程中，我一开始没有经验，遇到问题就查资料，问老师和家长，还到处寻找蚕宝宝的食物桑叶，亲手采摘桑叶，现在远远地看到桑树，一眼就能辨认出来。我每天观察蚕宝宝，经常写观察记录，看它们吃桑叶的样子，听那"沙沙"的声音，还经常为它们清理粪便。我喜欢蚕宝宝在手上爬，软软的，凉凉的。我还用放大镜看过蚕的嘴巴——口器，它们睡觉了、蜕皮了、拉便便了、长大了，我都很开心。

我还拿了一盒蚕放在教室里，请同学们一起观察蚕宝宝的生长，观察它们结茧的过程。同学们都很感兴趣，向我讨了一些带回家去养。2008 年，我家的蚕产的卵太多，孵化了上千条小蚕。没那么多桑叶，我又不忍心丢弃，就拿到青少年宫去卖，连卖带送，挣了 20 多元钱。我一边卖一边向顾客介绍养蚕的关键技术，展示了蚁蚕吃剩桑叶的漂亮图案，向他们介绍金华哪里有桑叶可采，生意可好了。蚕不能吃水分多的叶子，雨天采来的桑叶，都要用卫生纸一片片地擦干。在养蚕过程中，我也变得更细心和有爱心了。

2. 进一步完善的设想

尽管我们的实验结果表明，食用色素的确能使蚕宝宝吐出彩色丝，但我认为那还只是初步的实验成果，如果找到一种更适合作为添加色素的颜料，那么养殖出来的彩色蚕茧质量会更好。因为蚕宝宝的身体结构较为简单，色素容易从消化道进入血液，再进入绢丝腺。这次实验所用的食用色素是普通的食用色素，不是特别理想，养殖的蚕表现出食欲不是很高、生长也较为缓慢的特征。所以，考虑下次养殖彩色蚕茧时，要选用更好的食用色素，或者寻找其他可以代替食用色素的彩色原料。

2007 年 11 月，西南大学用 DNA 技术让蚕宝宝吐出了彩色蚕丝，这一技术目前在世界领先。下一步，我将学习这一方面的内容，至少要把理论知识全部掌握。我本来以为浙师大的生化学院应该有 DNA 方面的实验和设备，那里的实验室我也去过多次，但可惜的是，那里也不具备用 DNA 方法做实验的硬件条件。我想，我要先把 DNA 的知识学到手，因为以后会有越来越多的科学实验需要在 DNA 的基础上进行，不单单是养殖彩色蚕茧，还有制造新的药物等。我做好了这方面的准备，一旦有条件了，就能实施了。

（金师附小　朱学谦）

朱学谦妈妈是金华日报社记者，一直以来都非常关注孩子们的科学教育问题。她以一个记者的眼光，敏锐地看到当今一些学校科学教育存在的严重问题，如只注重课堂上的科学课，不问不管学生的课外科学学习情况；每每面对学生因好奇心而产生的问题，教师不但不加以引导，而且似有扼杀学生善问责疑的嫌疑；为了应付期末检测，科学教师让学生背提纲；等等。

当小学科学教育走上这样一条道路时，学生天生的科学探究兴趣不但没有得到很好的呵护，反而被无情地扼杀；科学课不但没有被学生喜欢，反而在学生的心目中被排在语、数、英之后，成为最不受学生欢迎的学科之一。

浙江省教科院于2010年对其附属实验学校小学段（3～6年级）的553名小学生展开的一项调查显示，小学生最喜欢的科目为“体育”，比例（25.2%）超过二成半。按喜欢的程度，接下来依次是语文16.7%、美术16.5%、数学15.6%、英语10.1%、科学9.2%、音乐6.7%。

虽然这只是一所学校的调查数据，并不具有很强的代表性，但多少也能说明一个问题，科学课在中国孩子心目中的地位并不怎么样。我想，这样的结果是让大家失望的，是有悖于国人对这门学科的期待的。也许我们真的到了该好好地反思“我们的科学课到底怎么了？孩子们为什么不欢迎科学课”等问题的时候了。

第五章 小学科学实验总动员项目设计

小学科学实验总动员项目设计是指根据小学科学教材中的前伸后延性活动，以及学生日常生活中的问题，指导学生设计出适合课内外开展的各种实验活动。因为每个学生所处的条件不同，以及智力因素和非智力因素都有所不同，所以科学实验活动不能统得太死，应该让学生围绕所学的科学原理和科学规律，根据自身条件设计实验活动。

第一节　小学科学实验总动员项目设计的特点

生活常识告诉我们，工作内容越复杂，参与实施计划的行为主体和涉及的环节就越多，就越需要计划。我国古代就有名言："凡事预则立，不预则废。"西方经济学家也阐明了这个道理："虽然我们无法预见未来，但如果我们没有根据当时所得到的信息而制订的未来计划，我们就无法合理地行事。"就小学科学实验总动员项目设计来说，其本身就是计划，是实验的计划。因此，非常有必要明确小学科学实验总动员项目设计的特点。

一、主体性

小学科学实验总动员是以自主探究为主要方法，项目设计要突出以学生为主体，应让学生自己确定研究的主题，科学教师在活动中只是组织者、引领者，应当好配角，做好服务，指导学生把各种科学资源设计成可以探究的各种活动。

二、操作性

小学科学实验总动员虽然强调学生像科学家那样“真刀真枪”地“搞科学”，但也不能难度过大。为此，科学教师在指导学生设计实验时，要考虑本地区的特点、学生已有的知识水平等因素，避免因盲目设计而遇到无法操作的问题。

三、创新性

小学科学实验总动员的重要特色之一是创新。为此，项目设计要为学生提供创新的机会，让学生能从不同的角度，用不同的方法去思考、去验证同一个问题，从而培养学生的创造性思维能力和开拓创新的精神。

四、趣味性

小学科学实验总动员项目设计既要注重增加学生的知识，又要使活动内容和形式生动活泼，对学生有吸引力，还要使活动具有较强的操作性，给学生亲自动手实践的机会。只有这样，学生才不会对课内外实验活动产生乏味和厌倦的情绪，也不会觉得自己是置身事外的旁观者。

五、个性化

小学科学实验总动员项目设计要倾向于促进学生个性化发展。儿童心理发展规律表明，他们在某个年龄阶段的能力水平、兴趣倾向和个性特点，是制约其学习与发展的重要因素。因此，要针对活动者的情况，设计不同年龄阶段儿童的课内外活动，只有适应学生个体差异的活动，才是有的放矢的，才能取得预期的效果。

六、安全性

小学科学实验总动员项目设计要充分考虑可能遇到的问题和可能发生的意外，如活动的地点、材料、过程是否有不安全因素，做到心中有数，防患于未然。

第二节　小学科学实验总动员项目设计的原则

让学生选择研究项目时，他们常常感到“千头万绪，无从着手”。这实际上是很正常的，不用说学生，科学家也往往认为项目选择是整个科研过程中最为困难、最富有挑战性的一环。爱因斯坦说：“提出一个问题往往比解决一个问题更重要。”因为解决一个新的课题、新的设想或从一个新的角度去审视一个老问题，需要创造性和想象力，而这正是科学取得真正进步的前提。为此，科学教师和家长在帮助学生设计适宜的项目时，应该遵循以下原则：

一、有趣实用原则

动机在学习活动中的巨大推动作用是教育心理学理论及实践所一再证明的。因此，一个好的实验项目必须与孩子们的兴趣及他们的日常生活密切相关。我们不能想象孩子们会花上几个月甚至一年的时间去专心研究一些他们所不熟悉、不感兴趣或与他们毫无关系的东西。经验证明，好的实验往往出于孩子们平时的爱好及从小憧憬和向往的东西。为此，教师应积极鼓励孩子们从他们平时经常从事的游戏活动中去寻找实验项目。例如，生活在农村的孩子喜欢抓鸟，我们就不妨引导他们去研究鸟的习性、生存空间与环境的关系，鸟吃的食物，鸟类与人类的和谐关系……有时我们也可以要求孩子们从电视节目和科学读物中去寻求他们所感兴趣的东西。但有一点提请大家注意，孩子们的实验项目必须以他们的兴趣为前提，但这并不是说孩子们可以“心血来潮”、随心所欲。一项成熟的实验项目同样是艰苦的思维活动的结果，也就是说我们要提倡孩子们在确定实验项目以前，仔细观察被研究的物体或事件，谨慎审视和调整研究的方向和过程，不要轻易地确定实验项目。

二、简洁明了原则

孩子们在开始考虑实验项目时，往往把题目定得太大或不切实际，科学教师和家长要特别注意这种倾向，应强调小学科学研究的目的不在于期待孩子们有什么“重大”发现，也不在于“结果”，而主要在于使他们能亲身经历科学探索的过程，发展他们的智力因素，培养他们的非智力因素。因此，小学科学教育中研究项目的选择一定要注意他们的年龄特征，题目一定要简单、具体、明确，还要密切联系他们的生活，要防止那些好高骛远、大而空的不切实际的课题。例如，“影响水结冰的因素”和“食盐是如何影响水结冰的”，哪一个问题对孩子们来说有更为明确的研究方向？显然是第二个。

三、简便易行原则

孩子们的科学研究项目不仅要小、要集中、要具体，还要简便易行，也就是在实施科学探究时，整个过程是孩子们能够操作的。这不仅包括他们的知识范围、操作技能，也包括时间及经济方面的因素。当然，孩子们的家庭条件已相对改善，特别是生活在城里的孩子，但科学研究不能以此为借口，让家庭增加过多的经济负担。这一点尤其是一些农村及经济相对不发达地区的学校更要引起注意。否则，会影响到小学科学实验总动员项目的推广。

四、新颖独特原则

开展科学研究活动的目的不在于“结果”，而在于促进他们智力的发展，尤其是对其创造力的培养。当然，孩子们可以重复别人做过的项目，但我们更要积极鼓励他们结合本地区及他们本人的生活经验，去选择一些有创新性的与众不同的研究项目。有些项目可能听起来很幼稚，有些甚至很可笑，但只要是他们感兴趣的，是他们力所能及的，我们就应该支持他们去探究。比如，彩色灯光能否促进植物生长？蚯蚓喜不喜欢吃牙膏？音乐对金鱼的生活习性是否有影响？等等。如果可能，应尽量鼓励学生搞一些假设性的项目，因为这类研究项目不仅贴近真正的科学研究过程，而且其中有更多的培养创造性思维的机会。

五、安全可靠原则

孩子们是研究项目的主人，从选题、实施到结论，一切要靠他们自己去完成。但同时我们千万不要忘记一个事实，这就是他们毕竟是孩子。科学教师和家长要帮助他们避免一些有潜在危险的项目。例如，一些项目要用到火和电，有些需要到河边，有些可能接触到有毒化学物品等。如果有些研究项目孩子们实在不愿意放弃，而这个项目的确很有意思，家长和科学教师要密切监督他们的操作过程，随时引导及提供帮助。

另外，孩子们的研究项目可以是个人项目，也可以是集体项目，我们应该鼓励孩子们组成科研小组，其人数可视项目大小而定。这样，孩子们在科研过程中就能群策群力、集思广益，发挥每个人的特长，更重要的是从小培养互相帮助、互相协作的团队精神。

第三节 小学科学实验总动员项目设计的作用

小学科学实验总动员项目设计是激发学生的探究兴趣、培养学生探究能力的一个重要途径。为此，科学教师应高度重视项目设计对培养学生能力等方面的作用。

一、可以培养学生的探究兴趣

兴趣是指个体以特定的事物、活动及人为对象，所产生的积极的、带有倾向性和选择性的态度和情绪。孔子云："知之者不如好之者，好知者不如乐之者。"爱因斯坦有句名言："兴趣是最好的老师。"任何人都会对他感兴趣的事物给予优先注意并积极地探索，而且对此表现出心驰神往。当学生根据所学的知识和实验技能，独立地或在教师指导下设计出实验活动，成功地解决相关问题时，他们会产生成功的喜悦，会激发一种深层次的动力，并有可能产生探究实验的兴趣。

二、可以培养学生的创新精神

小学科学实验总动员项目设计本身就是一个综合运用所学科学知识和探究技能构思问题解决方案的过程，也是对未知科学领域的一种探索，必然面临多方面的阻碍。在这样一个过程中，学生可以从不同角度、不同层面，采用不同方法进行设计，其创新精神也会得到培养和训练。

三、可以培养学生的实践能力

小学科学课标提出要培养学生的科学素养，而科学素养就包括动手实践能力。小学科学实验总动员作为课内外相结合的实践活动，可以有效地扩大学生实践的途径，有助于学生将课内学到的科学知识、探究技能运用到实际生活中，去解决生活中一些简单的科学问题，达到学以致用之目的，从而为孩子们创造"动手做"的机会，孩子们也在"七搞八搞""真刀真枪地搞科学"的过程中培养了自己的实践能力。

小学科学实验总动员项目设计对学生发展的促进作用是多方面的，比如，可以发展学生的思维能力，培养学生的计划能力，激发学生的探究动机，等等。为此，科学教师应大胆放手，让学生在设计实验的过程中智力因素和非智力因素均得到发展。

第四节　小学科学实验总动员项目设计的流程

小学科学实验总动员项目设计重在让学生掌握进行实验的科学方法和培养学生缜密的思维能力。一旦学生的实验设计能力得到提高，他们在今后的生活生产中就会运用科学的思维方法去解决问题。可以说，指导学生进行实验设计是培养学生科学素养、科学探究能力的重要立足点，是科学探究教学十分重要的一环。其流程如下：

一、明确实验目的

没有明确的目的，就没有行动的方向，自然就无法进行实验设计，因而在指导实验设计时首先应让学生知道实验想要证明什么。为了让学生明确实验目的，科学教师可采取以下措施：一是让学生叙述一个探究问题，从学生提出的问题中可以了解学生制订的实验目标是否明确；二是指导学生审题，把握探究的重点词。当学生或教师提出探究的课题后，部分学生仍然会不太明确实验的目标，而通过审题，有助于学生知道实验要证明什么。

二、确定实验思路

俗话说，高度决定视野，思路决定出路。明确实验思路是学生开展实验设计活动的重要保证。什么是实验思路呢？其实，实验思路并不是什么神秘的东西，实际上就是实验的理论依据，是指学生应思考在实验中将用到哪些科学知识、规律和结论。换句话说，其实就是思考实验是怎么设计的，实验设计的原理和关键步骤是什么，如何测量和控制变量，等等。

三、设计实验步骤

学生根据实验目的、原理和思路，设计合理的实验装置和实验操作步骤。具体说来，小学科学实验总动员项目设计一般包括以下几个步骤：一是分析该实验要解决哪些问题，根据什么原理进行；二是分析每一个问题各有哪些研究的方法，哪种方法最好；三是被选中的方法要用到哪些实验器材；四是实验应按怎样的步骤进行；五是设计记录表格，即根据实验步骤确定哪些实验数据需要记录，是否要有计算结果，要记录哪些现象，以备实验后分析。

四、记录实验数据

学生应有专门的实验报告本，绝不允许将数据记在单页纸、小纸片上，或随意记在其他地方。实验过程中的各种测量数据及有关现象，应及时、准确地记录下来。记录实验数据时，要有严谨的科学态度，要实事求是，切忌夹杂主观因素，绝不能随意拼凑和伪造数据。实验过程中涉及的各种特殊仪器的型号和标准溶液浓度等，也应及时准确记录下来。在实验过程中，如果发现数据算错、测错或读错而需要改动时，可将原数据用一横线划去，并在其上方写上正确的数字。

五、分析得出结论

学生在明确实验目的、确定实验思路的基础上，按照确定的实验步骤开展小学科学实验总动员活动项目，并记录实验过程中的现象和数据。不过需要指出的是，如果不指导学生对实验现象和数据作进一步的分析，那记录下来的现象和数据就没有意义。为此，流程的最后一步是分析和得出结论，即科学教师指导学生对数据和现象进行分析，或者发现一般的科学规律，或者建构相关的科学概念，或者获取浅显的科学结论，等等。

第五节　小学科学实验总动员项目设计的方法

小学科学实验总动员项目设计方法是指科学教师根据实验的不同形式，指导学生设计出不同的活动项目，供学生在课内外开展实施。具体说来，小学科学实验总动员项目设计方法如下：

一、指导学生结合科学实验形式设计

1. 准备材料型的实验项目

学生在课前准备材料的过程也是学生开展自主探究的过程。让学生课前准备材料，实际上是提前让学生卷入科学研究中去。学生在准备材料的过程中，能力自然得到提高，思维自然得到碰撞，还可以培养责任心。其实，学生课前准备材料为课内探究活动提供了丰富性。

如教科版《科学》四年级下册“食物包装袋上的信息”一课，科学教师应让学生课前收集各种各样的包装袋，可以是袋子，可以是盒子，也可以是罐子。学生收集过程中，也初步了解了包装袋的相关信息。这样，学生的原有经验、知识丰富了，这对他们构建新科学概念将起到良好的铺垫作用。

2. 自然状态下的观察项目

自然状态下的观察是指不对观察施加任何影响的观察，它是小学生获取感性认识的重要活动方式。通过观察，孩子们可以感知事物的外部特征，提出问题，甚至发现一些规律。

如观察鱼的身体特征，科学教师可以提早几天通知学生在课外观察自己饲养的小金鱼，并特别提醒他们关注鱼在游动、吃食、受到惊吓时的情形。在课内让学生把自己观察到的情况用动作和语言表达出来，然后用图画和文字记录下来。

再如观察蚂蚁，科学教师也可以让学生在课外观察蚂蚁有几条腿，身体的颜色，怎样爬行的，等等。科学教师千万不要认为，课外观察了，课内就没有观察内容了。其实，正好相反，课外的观察可以给课内节省更多观察时间，从而可以有更多的时间让学生整理零碎的信息，促进学生更好地实现由前概念向科学概念转变。

3. 种植、饲养类活动项目

种植和饲养是孩子们非常乐于从事的实践性活动。科学教师应该给孩子们提供机会，让他们从事力所能及的种植和饲养活动，从中获得直接感知和技能的发展。还记得，为了让孩子们了解植物的一生，2006 学年第二学期，我指导三年级学生栽种黄豆，在 3 个多月的时间里，孩子们一边坚持观察，一边坚持记日记，竟然完成了近 5000 多字的观察日记。这是我在此基础上写的一篇案例：

意外、成功、完美

——学生“栽种黄豆活动”的收获

三年级学生在栽种黄豆的3个多月中，一边坚持观察，一边坚持记日记，竟然完成了近5000多字的观察日记。下面是他们所写的部分日记，以及对观察记录的相关数据进行整理后制成的两张关于黄豆生长变化的图表。

1. 学生观察日记（节选）

2007年4月11日　晴

今天，我们在江老师的带领下，在教学楼后面挖了一块地，并播种了黄豆。其实，也算不上挖地，因为江老师前几天就挖好了，我们只不过把地精细地整理了一下。这块约有十来平方米的地，我们总共播下了两百多粒黄豆种子。

2007年5月22日　晴

今天，我们一根根地仔细察看黄豆苗，发现每根黄豆苗的分叉处都长有白色的花，在几朵枯萎变黄的花里，我们还看到豆荚状的东西，这是真豆荚吗？我们不敢肯定。

观察中，我们再次测量了黄豆苗的高度，发现它们足足有36厘米。不过和前两个星期相比，黄豆苗生长的速度变慢了。据此，我们猜测黄豆苗的生长速度还会变慢。

2007年5月29日　晴

今天，我们小心、反复地用直尺测量了几次，黄豆苗的高度在38厘米。正如我们所预测的，黄豆苗生长速度变慢了。

黄豆苗生长的速度为什么会变慢？江老师没有直接告诉我们，而是让我们猜一猜可能是什么原因。我们想，可能因黄豆苗结果需要营养，从而导致生长速度变慢。江老师听后哈哈大笑，连声说：“真不错，真不错，我的小科学家们真聪明，差不多就是这个原因。因为黄豆苗已由生长期转入生殖期，所以生长速度就变慢了。”听到“生殖期”三个字，我们掩嘴也笑了起来。

2007年6月26日　晴

今天，我们发现豆叶变得更黄了，甚至有的已掉落在地上。我们问江老师：“是不是黄豆成熟了？”江老师说：“是的。”

“黄豆成熟了！黄豆成熟了！”我们高兴地叫了起来。

接着，我们进行了采摘黄豆活动，并把黄豆带到科学实验室里，用杯子和酒精灯煮豆吃。当我们把烫手的黄豆荚放进嘴里时，那一刻真是开心极了。

2. 学生制作的黄豆苗高度变化折线图

黄豆种子是 4 月 11 日播下去的，在长达 77 天的日子里，我们每隔一个星期对黄豆苗生长高度进行测量，并把测量到的数据制作成如下折线图：

单位：厘米

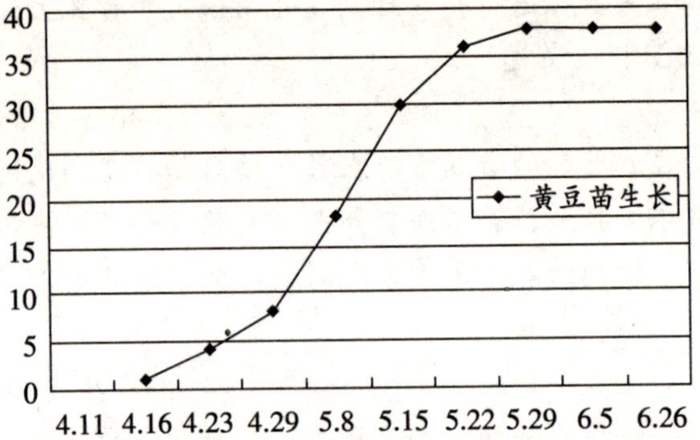

从折线图中可以发现，黄豆苗在中期时生长速度较快，前期和后期的生长速度较慢。原因是前期不能进行光合作用，后期需要孕育“后代”。

3. 学生统计的黄豆生长发育周期表

我们对黄豆生长变化进行仔细的观察、记录、计算后，制作出黄豆生长发育周期表。

类别 时间	播种	第一颗豆芽	第一个花蕾	第一朵花	第一个豆荚	第一个成熟的豆荚
日期	4 月 11 日	4 月 16 日	5 月 9 日	5 月 20 日	5 月 23 日	6 月 26 日
周期		6 天	29 天	40 天	43 天	77 天

【案例分析】

在长达 3 个多月的活动中，学生不单单进行着一次次的观察活动，还写下了一篇篇略显稚嫩但充满灵性的日记。细细品味学生栽种黄豆的整个过程，我们会有怎样的收获呢？

1. 意外

栽种黄豆活动缘起于《科学》三年级上册第二单元“植物的一生”。科学教材原本让学生栽种凤仙花，通过栽种、观察凤仙花的生长过程，去认识和体验植物的一生。可刚开始科学课教学的我们，没有想到要提前一年准备好种植用的凤仙花种子，这样，栽种凤仙花也就无从谈起了。我们当时考虑过好几种种子，但最后因黄豆常见、易栽种、周期较短等优点而选中它，这也就有了栽种黄豆这个有点意外的实践活动。当然，意外的还不仅如此，学生能坚持 3 个多月的时间，让人颇感意外；学生边观察还边坚持记日记，也是一个意外；在黄豆的生长变化中，更有着许多意外，原本需要 50 天就可以成熟的黄豆，居然等了 77 天才成熟，原来呈黄色的子叶出土后竟然变成了绿色……

新课标指出，科学教师不要“教教材”，而应“用教材教”。栽种黄豆活动，不就是对“用教材教”的真实诠释吗？

2. 成功

“宝剑锋从磨砺出，梅花香自苦寒来。”栽种黄豆活动，是学生苦等后的收获，是学生坚持后的成功。

(1) 时间长。栽种黄豆活动前后用了 77 天，几乎跨过整个学期。三年级的学生，一帮只有十来岁的小孩，需要多大的意志和耐性，才能坚持如此长的时间？这本身就是一种成功。

(2) 兴趣浓。没有兴趣，能坚持这么长的时间吗？没有兴趣，能每天来到黄豆地里，或观察、或测量吗？没有兴趣，能有约 5000 字的黄豆观察日记吗？学生在栽种黄豆的活动中，兴趣被大大地激发出来，由此所产生的良好情绪，甚至影响到科学课堂，科学课上不时出现黄豆的话题，而且学生由此越发喜爱科学课。因栽种黄豆而提升学生对科学课的兴趣，这是不一般的成功。

(3) 效果好。栽种黄豆活动效果如下：一是学生的情感态度和价值观得到了很好的培养。在坚持栽种黄豆的过程中，学生的意志与品质得到了培养。另外，学生每天和黄豆接触，不但感受到了生命的奇妙和伟大，更由此培养起珍爱生命的意识。二是学生对黄豆的生长变化有一个比较全面的认识。看看学生完成的黄豆观察日记、高度变化折线图、生长发育周期表等书面材料，就可知道学生对黄豆已有了一个比较全面的认识。三是学生的实践能力得到了培养。学生因参与栽种黄豆而学会了如何选种、如何播种、如何维护、如何辨认是否成熟，以及如何采摘黄豆和煮黄豆。此外，学生还学会了观察，学会了测量，学会了记观察日记，学会了分析和整理数据（制作折线图和周期表）……

3. 完美

不可否认，栽种凤仙花也易于开展，也能取得良好效果，我想这也是它之所以能被专家选中并被编进科学教材的原因所在。但现在有了意外之举——栽种黄豆活动，我要说，栽种黄豆较栽种凤仙花更为完美。

还记得，当时只是因找不到凤仙花种子而迫不得已改种黄豆，其实也可以选其他种子，只不过觉得黄豆易找，栽种简单，有点科学常识的我，还知道黄豆能自造氮肥，所以选择了栽种黄豆。但是，随着黄豆苗与日长高，随着黄豆苗开花结果，我的认识、想法和体验也随之丰富起来。就说那小小的、白色的黄豆花，我这个科学老师也从没见过，更不要说学生了，但是有几个学生没有见过凤仙花？从这一点上看，栽种黄豆是不是让学生有了更多发现？还有，原本只是为了让学生观察黄豆生根发芽的过程，有点儿戏似的把黄豆种在一次性塑料杯里。没想到，“杯栽”黄豆不但让学生观察到了黄豆生根发芽的过程，而且居然长出了毛茸茸的豆荚，不要说学生为之兴奋，连我这个科学老师也激动不已。据说，“杯栽”黄豆在有的学生家里被当成观赏植物而得到细心呵护。

说栽种黄豆是一次完美的科学实践活动，最最主要的原因，是那个有可能成为学生一生铭记的品尝黄豆活动。试想，学生不但有了种的过程，而且还有了尝的体验，这是何等的妙事？如果栽种凤仙花的话，那就会缺失此环节，你说，栽种黄豆是不是较栽种凤仙花更完美？另外，从活动过程本身来看，这也是一个接近完美的活动，亲手栽种，亲嘴品尝，何其快乐？更何况他们是一群十来岁的孩子。当学生亲手把豆荚投进铁杯，放在三脚架上，点燃酒精灯，你说是在煮豆，还是在实验？

4. 收集信息类活动项目

收集信息的能力是孩子们学会自主学习、拓展知识，进行判断、推理和论证的前提，更是现代社会要求孩子们必须掌握的一项基本技能。

如教学“地球与宇宙”单元，可以布置学生课外收集有关地球的知识。学生通过查阅课外读物、上网搜索等途径，可以找到许多相关信息。再如“在时钟发明之前”“夜间的计时器”等课，可以要求学生课外收集一些相关的内容，如收集古人12个时辰划分资料、关于用太阳影子计时的资料、古代夜间计时的工具等。这样，既能提高学生科学学习兴趣，也可丰富学生的知识面。

5. 参观、调查类活动项目

(1) 参观型活动。可以先由学校开具介绍信或请家长帮助联系，组织学生参观科研机构、高校实验室、高新技术开发区、发电厂、污水处理厂、示范性农场等。也可请专家作报告，并要求学生参加力所能及的劳动或服务，以增强学生的实践经验，培养学生为公众服务的意识，并写好参观心得。

(2) 调查型活动。比如，调查学校或居住地周边产生的噪声源在哪里以及噪声对人体健康有哪些危害，请提出控制噪声污染的途径和方法，用文字、图片、资料来阐述。在实施调查性活动时，科学教师要在以下几方面提出要求：预先向学生说明本次活动的目的意义、行为规则、时间安排；他们需要做些什么，需要带的材料及合适的服装；给学生发指导手册，告诉他们应将注意力放在哪些要观察、记录的事实特征上。

6. 科技制作类活动项目

科学小制作需要结合某个研究项目进行。科学教师要鼓励学生利用身边的废旧物品等简易材料搞科学小制作，以促进学生运用所学知识发展操作技能和情趣。将科技制作放到课外去做，孩子们就有充分的时间选择合适的材料进行制作，还可以不断改进小制作，直到满意为止。

制作太阳能热水器

制作缘起："冻死了，冻死了，泡个热水澡该多舒服。"在寒冷的冬天，人们肯定会这样想。可是，除了用电，用燃气，还有没有更加节能的获得热水的途径呢？答案是肯定的："有！"这就是太阳能热水器。

太阳能热水器主要由保温水箱、连接管道、太阳能集热器和支架四部分组成。太阳能热水器必须安装在屋顶上，因为它要依靠太阳光的热量。

我在外公的指导下，根据太阳能热水器的结构和原理，进行了制作太阳能热水器的实验。

制作材料：根据教科版《科学》五年级上册的介绍以及外公的指导，我准备了矿泉水瓶、盒子、墨水、锡箔纸、泡沫塑料、透明塑料纸等材料。

制作过程：先把盒子的盖子剪一个大框，再把透明塑料纸贴上去，用墨水把盒子里外都染黑，然后将剪下来的方形纸作为支架固定在盒子后面；接着，在矿泉水瓶里装上水，让水瓶靠在贴了锡箔纸的泡沫塑料上；最后，将泡沫塑料连同矿泉水瓶一起放入盒子，盖上贴着透明塑料纸的盖子，太阳能热水器就大功告成啦！

蒋正邦制作的太阳能热水器

为了了解自制的太阳能热水器的功能，我将自制的太阳能热水器装上水，然后放在太阳底下，随着时间一分一秒地推移，它的温度真的越来越高。不信，你也试试！

制作体会：总的来说，太阳能热水器是利用多种科学原理设计出来的一种节能装置，现在已经得到了大面积的推广。我家用太阳能热水器已经6年了，只要一次成本投入，就可以无限期地享用，真是太先进、太节能了。

（金师附小　蒋正邦）

二、指导学生结合科学教材内容设计

科学教材的每个学习内容均安排了相应的课外拓展性活动，科学教师可以把这些活动以实验项目的方式直接推荐给学生，供学生在课外开展研究。

科学课前伸性活动是在正式上课之前，根据教材的内容、特点，选择适当的形式，让学生通过查阅、收集资料，提前介入所学内容。实践证明，科学教师如果让学生提前介入新学的内容，完成一定的课外作业，则有利于提高学生的学习兴趣，增强其收集信息、加工信息的能力。

1. 实验的重新设计

俗话说："金无足赤，人无完人。"科学教材里面的实验项目同样有很多不足之处，它们或者是实验材料方面存在问题，或者是实验方法方面存在问题，或者是实验时间方面存在问题，从而导致其实验效果不好或者干脆不能成功。为此，科学教师可以指导学生发挥自己的想象力，利用自己的生活经验重新设计实验项目。

"声音的变化"是教科版小学《科学》四年级上册第一单元的内容。教材通过让学生用小棒敲击四个装有不同体积水的杯口，探索声音的高低变化。事实上，由于课堂环境、实验材料等问题，其效果并不理想。为此，可以指导学生用手指指肚摩擦装有不同体积水的高脚酒杯杯口，学生可以明显地发现，水的体积不同，酒杯发出高低不同的声音，实验效果相当理想。

2. 实验的补充设计

科学教材只是实验活动的一个凭借，更何况不同的编者因为研究视野和生活经验不同，其设计的实验活动也具有一定的局限性。为此，科学教师可以指导学生在原有实验的基础上，设计补充性实验活动，以弥补其局限性和不足之处。

"动物的卵"是教科版小学《科学》四年级下册第二单元内容。为了让学生了解鸡蛋的产生过程，很多科学教师都是采用图片加视频的方式。然而对学生来说，这样还是显得抽象。为此，在材料的选取时，为了让学生清楚地知道鸡蛋的产生过程，可以到农贸市场购买一只下蛋的母鸡，杀鸡取卵，清洗拍照，这样可以让学生清楚地看到鸡卵在鸡身体中发育的全过程。

3. 实验的延伸设计

为拓展学生的科学课程资源，激发学生的科学研究热情，提高学生的动手能力，科学教材在每一个教学内容里面都设置了相关的课外实验活动。科学教师可以让学生根据这些活动，设计出适合课外开展的探究活动。

"马铃薯在液体中的沉浮"是教科版小学《科学》五年级下册第一单元的内容。教材中提到"死海"中盐水含盐量极高，且越到湖底越高，是普通海水含盐量的10倍。湖水呈深蓝色，非常平静，富含盐类的水使人不会下沉或无法游泳。如果把一只手臂放入水中，另一只手臂或腿便会浮起；如果要将自己浸入水中，则应将背逐渐倾斜，直到处于平躺状态。

为什么死海的海水含盐量这么高？科学教师可以把这个问题设计成学生可在课外进行的研究项目。说不定，学生不但会对此进行探讨，而且还会结合自己丰富的想象力，写出精彩的科幻故事呢！

三、指导学生结合日常生活现象设计

科学教师还可以让学生结合现实生活中发生的一些奇怪现象，指导他们对其进行深入的观察，并试着把它设计成研究活动，供自己在课外展开相关科学研究。

2008年冬天，发生了一场全国性的大雪灾。在雪灾中，人们发现了很多奇特的现象。行驶在高速公路上的司机惊奇地发现，高速路桥面上的水都结成了冰，而其他路面上的水却没有。对于这个问题，科学教师可以指导学生把它设计成可以在课外进行探究的小课题。

四、指导学生结合特长和爱好设计

科学教师在指导学生开展科学实验时，还可以结合学生的兴趣、特长，有选择地向学生推荐研究课题。由于所推荐的研究项目考虑到每个学生的兴趣和特长，所以能提高每个学生参与研究的积极性，课题研究活动也更易被学生接受，活动的效果也会相应好一点。如喜欢打乒乓球的学生，可以让他们就乒乓球的旋转问题进行相关研究；喜欢钓鱼的学生，可以让他们研究钓鱼竿上的力学问题；喜欢航模的学生，可以让他们参与航模活动等。金师附小六（1）班孙博文同学设计了"煮饺子的秘密"活动项目：

有一次，我在家里观看妈妈煮饺子，发现了这样一个奇怪的现象："刚放入水中的饺子，马上沉到锅底，但煮一段时间后，饺子就会慢慢地浮起来。"饺子为什么会先沉后浮呢？于是，我设计了"煮饺子的秘密"这一适合课外开展的研究活动，并和父母一起动手对此展开了研究。同时，我还把活动项目推荐给其他同学，让他们在课外和我一起共同研究这个问题。

还记得2008年4月2日《金华晚报》第16版"教育新知校园"以《让学生把科学带回家如何——在家里研究"煮饺子的秘密"》为标题，专门对我指导、开展的科学实验总动员活动情况进行了报道：

“饺子刚放入水中时，会沉在水底，但煮一段时间后，饺子就会浮起来，饺子为什么会先沉后浮呢?”上个周末，金师附小江美华老师班里的很多学生拿着一张“科学实验总动员”，在家里研究起“煮饺子的秘密”。

从去年下半学期开始，江美华老师开始了“把书本上的实验带回家”的尝试。一些学有余力的同学在家里建起了“科学实验平台”，还把实验报告写成科学小论文。

郑雨欣家里有个“实验室”

走进郑雨欣家的客厅，在靠近南面窗户的地方，记者看见一张小方桌，上面摆着6个杯子和一只鸡蛋，两个杯子里放盐，两个杯子里放白糖，两个空杯。这是做“鸡蛋浮起来的秘密”实验需要的器材，郑雨欣和爸爸把书上的要求提高了，在一组（3个）杯子里加温水，一组杯子里加凉水。

当温盐水中的鸡蛋最先浮起来的时候，郑雨欣跳了起来，说：“真的会浮起来的!”

“温盐水里的鸡蛋浮上来最快。但是，鸡蛋在糖水和清水里面的变化不明显，我和女儿决定把这个问题放在下一个环节里研究。”郑雨欣的爸爸说。

在郑雨欣的实验室里，还有一盒砝码和一个量杯，这是前不久郑雨欣和爸爸找了10多个地方，从上午找到下午，终于在江北一家玻璃器具店里买到的。

“自从女儿迷上科学探索以后，家里鱼缸里的热带鱼也换了，现在游来游去的是我们从安地抓回来的最普通的小鱼。”郑雨欣的爸爸说。“大鱼吃小鱼，小鱼吃虾米，螃蟹能够把鱼吃掉。”在这个鱼缸里面，郑雨欣看到了水里的食物链，一切都很直观，而且这个生态系统是孩子亲手做的。

周昀钓鱼时带回一个疑问

周昀从小就喜欢自己动手，对周围的大自然很感兴趣。周昀妈妈说：“记得儿子以前很爱玩木头车子，于是，他经常一大早就起来，拿着锤子，叮叮咚咚地敲打起来，造他的车子。”

有一次，周昀和爸爸一起去钓鱼，钓鱼需要找蚯蚓做鱼饵。周昀爸爸说：“蚯蚓喜欢阴暗潮湿的地方，我们去阴暗潮湿的地方找找。”可周昀却不这么认为，他说：“蚯蚓应该喜欢阳光，所以，我要去有阳光、干燥的地方找。”于是周昀和爸爸分头去找。结果，周昀爸爸找到了很多蚯蚓，周昀一条也没找到。于是周昀很好奇，爸爸让他去研究一下其中的奥秘。

通过观察蚯蚓的生活习性，周昀终于知道了其中的秘密。江美华老师知道周昀的探索后，鼓励他写成科学小论文。后来，周昀的《我们实验室里的蚯蚓怎么了》获得全国小学生“小探索者”科学小论文竞赛二等奖。

最近，周昀正在制作一艘船，这也是课本上的实验。要想让船载更多的东西，周昀选择了泡沫塑料做船身，用牙签把“甲板”固定在船舷上。船上还装了一盏灯，按一下就会亮。周昀还给船起了个名字——永和号。周昀说：“希望永远和平，不要有战争。”不过周昀碰到了一个小难题，他想把玩具车上拆下的一个马达装在船上。“可是，螺旋桨要在水里转，马达和电池不能碰到水，不然就会短路，怎么办？”周昀初步设想：把马达和电池放在一个防水的盒子里。

劳越泡茶时发现的有趣现象

劳越是名女孩子，在江老师组建的“博科工作室”里，她是第一批成员。在劳越的书房里，有一个塑料盒子里装了从北山采集回来的石头标本。从小到现在的很多小制作，都摆在她的书柜里。

劳越从北山带回来的岩石标本

劳越在给客人泡茶时，发现茶叶在水杯中先浮后沉，感到十分有趣。“茶叶为什么在开水中会先浮后沉？茶叶在不同的水温中，沉浮现象会一样吗？”因为好奇，劳越待客人走后，对茶叶在水中的沉与浮现象进行了研究。

在三个杯子里，开始的时候，茶叶都漂浮在水面上，过一会儿茶叶才会慢慢下沉。而最早往下沉的是100℃水里的茶叶；接着是60℃水里的茶叶；最慢发生下沉的是20℃水里的茶叶，有几片茶叶20分钟后还浮在水面。

“是不是茶叶上有什么秘密？”劳越拿来放大镜仔细观察浸泡后的茶叶，发现在茶叶根部有许多细小的孔。劳越想：也许是因为这些孔的原因，使水进入茶叶，茶叶变重了，就沉了下去。上网查了查，果然如此，而且知道它叫气孔。茶叶在水中一开始是浮的，之后会慢慢下沉，就是因为茶叶上有细小的气孔，使水进入茶叶，茶叶变重了。而且这种反应在热水中较为明显，这是因为，冷水和热水的表面张力不同，造成水对茶叶当中孔隙的渗透速度有差别。

范子昂说侵蚀实验让我爱上科学

“以前不怎么喜欢科学课，江老师上课时，我经常和同学在下面推来推去，做小动作。”范子昂说。

去年下半学期的最后一个单元，江老师做了一个水的侵蚀实验：一块泥土放在上面，流水缓缓地浇下去，把泥沙冲走。慢慢地，下面形成了一片片“平原”，像梯田一样，一级一级地低下去。范子昂看得目瞪口呆，从此便喜欢上了科学实验。江美华老师说，最近一次科学考试，范子昂还考出好成绩。

除了把书本上的实验带回家，很多同学还发挥想象力，写了很多科幻故事。比如，《没有摩擦力的2008年北京奥运会》《坏商人和死海》等。五(7)班把自己的探索小组命名为“牛顿小组”，而五(1)班的探索小组叫“挑战爱迪生”。

江美华老师说：“学校一贯注重学生的兴趣、能力、方法、习惯的培养。通过课堂里的实验，培养学生对科学的兴趣，然后，让学生把科学带回家，通过自己动手钻研，增强学生的动手能力和思维能力，最终把这种探索精神变成一种自觉的习惯。”

本报记者　任文林　文／摄

五、指导学生结合家庭的科学活动资源设计

科学教师在指导学生开展实验时，还可以结合学生的家庭科学资源推荐研究课题。因为有着资源的优势，所以研究活动效果颇佳。如父母任职于科技部门的，可以指导学生参观父母的工作单位；长辈是退休的科技人员，可以让其共同参与相关研究活动；还可以根据父母的工作性质，选择相关的研究活动。

张榕同学的父母是甲鱼养殖大户，于是，张榕从小就和甲鱼结下不解之缘，而且曾经亲手饲养过小甲鱼。不过，当初的饲养活动都是无意识的，仅凭兴趣而为。

其实，张榕在和甲鱼的长期接触过程中，曾经产生过许多的问题。例如，甲鱼壳为什么那么硬？甲鱼为什么营养丰富？甲鱼头为什么能缩进身体里面？等等。

现在，张榕同学在科学教师的指导下，决定选择“野生甲鱼和人工养殖的甲鱼的营养价值是否一样”为题进行研究。目前，他正在父母的帮助下对此展开较为深入的研究。

六、指导学生结合科学实验总动员的交流设计

实际上，学生完全可以凭借自己的能力设计出适合课内外开展的探究活

动，只不过因为学生平时不善于观察，即使观察到了也不善于提炼罢了。如果科学教师能鼓励学生勤于观察，培养学生善于提炼的能力，那么学生一定能设计出适合自己研究的课题。如适时举行“异想天开”活动，经常让学生述说生活中遇到的、书本上看到的而他们感到疑惑和惊奇的事物或现象，并鼓励学生使之问题化、课题化，从而设计出理想的、适合课内外开展的小实验。如有学生在泡茶时，发现茶叶总是先浮后沉以及茶叶在不同水温中下沉速度不一样的现象，并对此展开相关研究，找到了问题的答案。又如煮水饺时先沉后浮的现象，就是孙博文同学自己发现并对此进行研究的。

实践证明，最可行、最易行的是经常组织学生就自己的困惑、成功、情感进行交流，使他们在共鸣中化解低落的情绪，在分享中激发研究的热情，在碰撞中生发新的课题。

科学教师有计划地指导学生开展科学实验活动，不仅可以弥补课内实验的不足，加深学生对理论知识的理解，还可以提高学生实验操作的熟练程度，培养学生创新思维和创新能力，使他们形成刻苦探索、不断进取的优良品质，这样，其认知能力、实践能力和创造能力也能相应地得到提高。

第六节　小学科学实验总动员项目学习指南

为了让学生能够开展好课内外实验活动，科学教师还可以以学习指南的形式提供实验项目。不过，其目的不是要学生模仿照搬，而是帮助学生打开思路，引导孩子们结合本地区、本学校、本家庭的具体情况进行改编调整，鼓励孩子们和家长上图书馆或互联网努力寻找有关资料。当然，所有这一切只有一个目的，就是让孩子们挑选的活动项目更适合他们的兴趣，以便更有效地发展他们的科学探究能力。另外，研究项目的归类只是粗略划分，并没有严格规定。

小学3～6年级科学实验总动员项目学习指南

项目说明

作为科学课程学习主体的小学生，在面对纷繁复杂的科学世界时，会产生无比强烈的兴趣。为此，科学教师必须尊重学生的意愿，以开放的观念和心态，为他们营造一个宽松、和谐、民主、融洽的学习环境，引领他们到校园、家庭、社会、大自然中去学科学、用科学。科学教师更应重视引导学生在课内外开展后续活动，因为教室外才是孩子们学科学、用科学的广阔天地。科学教师要拓展学生的信息渠道，广泛利用存在于教科书以外的各种科学学习资源。

为了让孩子们更好地参与科学实验总动员活动项目，现将实验项目操作指南发布如下。

项目资源：

1. 在课外寻找一个属于自己的角落，或卧室、或阳台、或阁楼、或小院子……而实验桌或小凳子等则用于实验、观察、制作等活动。

2. 除让学生购置一部分必需的器材外，更鼓励学生利用身边的废旧物品制作一些实验器材。

3. 从下列选题中选择适合自己的项目，在自己的家里或周边环境，和父母等家庭成员一起完成研究工作。

4. 用文字、图片、照片、录像等形式记录研究过程，每个月至少完成一次家庭实验记录，每个学期必须完成一个项目学习报告，作为评选“优秀小实验家”的重要依据。

适合对象：三年级上学期学生

项目学习指南：

◆与“植物”单元有关的研究项目

1. 在课外制作各种各样的树叶标本或叶贴画。

2. 观察日记：在课外观察一种植物，并写一篇观察日记。

◆与“动物”单元有关的研究项目

在课外饲养一种小动物（蜗牛、蚯蚓或金鱼），要求观察并记录动物如何运动，如何吃东西，等等。

◆与“材料”单元有关的研究项目

1. 在课外收集并制作材料标本，观察与比较各种材料的相同点和不同点。

2. 在课外完成环保小制作一件。

3. 在课外造一张纸。

◆其他感兴趣的研究项目

适合对象：三年级下学期学生

项目学习指南：

◆与“植物的生长变化”单元有关的研究项目

1. 在课外种植凤仙花或其他植物，如黄豆，记录它们的生长变化情况。

2. 观察研究不同方向放置的种子根的生长方向。

3. 研究植物根的作用。

4. 研究植物的茎在植物生长发育过程中有什么作用。

◆与“动物的生命周期”单元有关的研究项目

1. 饲养蚕宝宝，要求观察并记录蚕宝宝一生的生长变化过程。

2. 在课外研究什么因素影响蚕的生命和变化。

3. 选择自己喜欢的一种方式总结并展示蚕宝宝的一生。

4. 了解其他动物的生命周期。

◆与“温度与水的变化”单元有关的研究项目

1. 在课外查阅资料，调查温度计的发明史。

2. 根据水的三态变化的相关知识，写一篇关于水的童话。

3. 和家人探讨：江河中的水日夜不停地流入海洋，为什么海洋里的水却总也不会溢出来，江河里的水也一直流不完？

◆与“磁铁”单元有关的研究项目

1. 设计实验研究磁铁的磁性。

2. 磁铁能隔着物体吸铁吗？

3. 设计实验研究磁铁的磁力，磁铁的磁力大小会变化吗？

4. 在课外和家人制作一个指南针。

◆其他感兴趣的研究

适合对象：四年级上学期学生

项目学习指南：

◆与“天气”单元有关的研究项目

1. 在课外和家人参观家乡的气象站。

2. 在课外和家人制作家乡一个月的天气日历。

3. 在课外和家人测量一天中不同时间的气温。

4. 在课外和家人制作一个简易风向标。

5. 在课外和家人制作一个简易雨量器。

◆与“溶解”单元有关的研究项目

1. 在课外开展胶水和洗发液在水中的溶解实验。

2. 在课外开展溶解一粒糖大约需要多少时间的实验。

3. 在课外开展一杯水里能溶解多少味精的实验。

◆与“声音”单元有关的研究项目

1. 在课外和家人制作小乐器。用身边的材料，如啤酒瓶、橡皮筋、石块、废弃的鸟笼等制作小乐器，并用它演奏一小段乐曲。

2. 在课外做“土电话”。用两个纸杯、一根棉线或尼龙线，做一个“土电话”。试一试你的“土电话”能接收到多远的信息。

3. 家乡噪音污染调查。家乡的噪音污染主要有哪些？它给居民带来了哪些方面的影响？对减少噪音污染你有哪些建议？行动起来做个调查，写一份研究小报告。

◆与“我们的身体”有关的研究项目

1. 小孩发胖主要有哪些原因？不吃早餐为什么还会发胖？

2. 现在的小学生发胖的现象不少，哪些原因容易导致我们发胖呢？有些同学为了不让自己发胖，不吃早餐，你觉得他们的做法可取吗？为什么？

◆其他研究项目

适合对象：四年级下学期学生

项目学习指南：

◆与“电”单元有关的研究项目（本单元使用干电池实验，禁止用家里插座中的电实验）

1. 在课外寻找生活中更多的静电现象。

2. 关于家庭用电的调查。

3. 调查家庭电器设备哪些使用了绝缘体，思考应该怎样正确使用它们。

4. 在课外自制手电筒。

5. 给模型房间安装小灯泡、小电线等小电器。

◆与“新的生命”单元有关的研究项目

1. 在课外种植油菜。

2. 植物种子散播方式的研究。

3. 在课外开展种子的萌发实验。

4. 关于动物繁殖方式的研究。

◆与“食物”单元有关的研究项目

1. 营养均衡与身体健康的调查研究。

2. 面包发霉实验。

3. 减慢食物变质的研究。

4. 超市里，保质期后的食品哪里去了？

◆与“岩石和矿物”单元有关的研究项目

在课外和家人收集家乡各种岩石的标本。

◆课外调查类项目

1. 小孩近视主要有哪些原因?

2. 现在的小学生近视的现象不少，都有哪些原因容易导致学生近视呢?怎样才能防止近视呢?

◆其他研究项目

适合对象：五年级上学期学生

项目学习指南：

◆与“生物与环境”单元有关的研究项目

1. 红豆、黑豆……种子发芽实验。

2. 对蚯蚓的研究（处理生活垃圾的能力）。

3. 做一个生态瓶（池塘、农田），并研究改变其中一个条件对生态瓶的影响。

4. 对植物移植的研究。

◆与“光”单元有关的研究项目

1. 对皮影的研究。

2. 无影灯的研究及制作。

3. 制作太阳能热水器或烧烤炉。

4. 制作潜望镜。

5. 对彩虹的研究。

◆与“地球表面及其变化”单元有关的研究项目

1. 考察家乡的地形及地貌。

2. 关于家乡雨水的研究。

◆与“运动和力”单元有关的研究项目

1. 制作环保小赛车。

2. 胶囊爬兵。

3. 飞渡泸定桥。

4. 制作测力计。

◆其他感兴趣的研究

适合对象：五年级下学期学生

项目学习指南：

◆与“沉和浮”单元有关的研究项目

1. 酒精、汽水等液体能产生浮力吗? 哪种液体浮力更大?

2. 鸡蛋在不同液体中的沉浮。
3. 笔帽潜水员。

◆与“热”单元有关的研究项目

1. 飞行的塑料袋。
2. 自己会走路的杯子。
3. 热传导实验器。
4. 设计制作一个保温杯。

◆与“时间的测量”单元有关的研究项目

1. 太阳钟的观察及其研究。
2. 制作一个水钟。
3. 钟摆的研究。
4. 制作一个一分钟计时器。

◆与“地球的运动”单元有关的研究项目

1. 了解中国农历节气歌。
2. 收集关于天象的谚语。
3. 观察一个星座的变化。

◆其他感兴趣的研究

适合对象：六年级上学期学生

项目学习指南：

◆与“工具和机械”单元有关的研究项目

1. 在课外研制升降旗改进装置（制作模型）。
2. 升降衣架。
3. 自行车的部件改进。
4. 在课外制作电梯模型。

◆与“形状与结构”单元有关的研究项目

1. 在课外建造一座桥的模型。
2. 用环保材料制造模型。

◆与“能量”单元有关的研究项目

1. 神奇的跷跷板。
2. 电磁起重机模型。
3. 电磁棋盘。
4. 其他电磁用途创意模型。

◆与“生物的多样性”单元有关的研究项目

建设一个小型的生态圈模型，其中有相关动物和植物，如：池塘、农田、草地生态等。

◆其他感兴趣的研究

适合对象：六年级下学期学生

项目学习指南：

◆与“微小世界”单元有关的研究项目

1. 生活用品放大物体影像的妙用。
2. 生活用品放大物体影像的研究。
3. 我的妙妙工具——XX放大镜（自制放大镜）。
4. 生活中凸透镜的妙用。
5. 彩色晶体的制作。
6. 自制显微镜。
7. 有益微生物和有害微生物的观察研究。
8. 寻找寄生在家庭中的微生物。

◆与“物质的变化”单元有关的研究项目

1. 白糖黏性探究。
2. 其他糖类食品加热变化的研究。
3. 食品相互混合的变化研究。
4. 探寻食物是否含淀粉。
5. 制作神秘信件。
6. 小苏打和白醋混合后的变化观察。
7. 探索铁锈生成的原因。
8. 观察硫酸铜溶液与铁钉反应。
9. 防止某种金属生锈的研究。
10. 某种饮料的制作。

◆与“宇宙”单元有关的研究项目

1. 在课外制作“我的月球卡”。
2. 设计制作立体宇宙星图。
3. 在课外观察记录一个月的月相。
4. 月球环形山成因模拟实验。
5. 写一篇星际科幻故事。

◆与“环境和我们”单元有关的研究项目

1. 家庭垃圾的科学分类与处理。

2. 新型垃圾桶的设计与研究。

3. 从垃圾中寻“宝”。

4. 新型堆肥箱的设计与制作。

5. 一天生活用水的研究。

6. 考察家乡某地自然水域。

◆其他感兴趣的研究。

奖励措施：

1. 成绩记入每学期期末成绩单“科学探究”一栏。

2. 每班每月评选“科学小实验家”若干名，每学期评选“科学实验成果奖”若干名。

3. 评比“科学小实验家”与科学实验总动员“优秀之家”。

注：请自由选择所提供的项目，也可以开展自己想到的项目，本项目学习指南仅作为参考。

我非常喜欢朱永新先生说的一段话，权当这一章节的结束语：“滴水穿石的成就，只问耕耘的精神，高于命运的理想，历史选择的天时，花开处处的地利，八方护持的人和，犹如一张张鼓起的风帆，将我们推到涨潮的海上。世事常呈波浪式起伏，世事难逃潮涨潮落的规律，让我们把握属于我们的机会，担起时代赋予我们的使命，随潮而歌，踏浪而行，以免潮水退去，折戟沉沙，空怀使命，黯然神伤。”无疑，小学科学实验总动员是一种教育理想，一股教育激情，一份教育诗意，一项教育行动。

第六章 小学科学实验总动员活动资源的开发

科学家常说，生活中处处有科学。可见，科学学习具有广阔的空间，科学教育的课程资源无处不在、无时不有。因此，科学教育不能局限于传统意义上的教材，必须开发多种多样的课程资源。我国教育部制定的科学新课标在阐述此次科学课程改革的基本理念以及提出课程实施的建议时，多次强调了课程资源开发的重要意义。

第一节　科学实验资源开发的意义

小学科学是一门建立在观察和实验基础之上的学科。科学实验资源作为科学课程资源的重要组成部分，对于科学教师来说将是一个全新的概念，也是课程改革所面临的全新课题。对于科学实验资源的开发，有着许多值得探索和思考的问题。具体来说，科学实验资源的开发有着以下重要意义。

一、科学实验资源的开发是实现科学课程目标的重要前提

科学新课标将小学科学课程的性质定义为“一门以培养学生科学素养为宗旨的义务教育阶段的核心课程”，为有效地实现课程宗旨，课程标准进一步要求：科学教师必须尊重

学生的意愿，以开放的观念和心态，为他们营造一个宽松、和谐、民主、融洽的学习环境，引领他们到校园、家庭、社会、大自然中去学科学、用科学；不要把学生束缚在教室这个太小的空间里，教室外才是孩子们学科学、用科学大有作为的更广阔的天地；教师不要把上下课铃声当作教学的起点和终点，小学生探究科学的活动往往不是一两节课所能完成的；学生对问题已有的经验和认识是重要的教学前提，同时要重视引导学生在课后开展后续活动；要拓展学生的信息渠道，广泛利用存在于教科书以外的各种资源；不要拘泥于教科书上规定的教学内容，孩子眼中的科学世界永远是妙趣横生的……

然而，我们的科学教育一度过于强调文本科学的学习，一度过于强调课堂科学的学习。这样的科学教育方式，对孩子们的科学学习产生了许多消极的影响，如孩子们往往感到科学课的内容过于抽象，课堂上的知识离自己的生活过于遥远，即便学到了一星半点的知识，也是发现自己没有将它运用于实践的机会，从而人为地造成了科学与孩子之间的距离，时间一长，学生便对冷冰冰的教材失去了兴趣，对科学学习也失去了热情。

为了实现提高学生科学素养的课程宗旨，小学科学课程的实施必须在最大限度上满足不同地区、不同经验背景的学生进行科学学习的需要。这样一来，小学科学课程资源的开发与利用的重要性便愈显突出。另外，如果学生对自己的学校、家乡、家庭的资源利用得当，还易于培养孩子们爱科学、爱学校、爱家乡和爱祖国的情感，进而使他们形成亲近自然、欣赏自然、珍爱生命的价值观。

二、科学实验资源的开发是转变教与学的重要保障

所谓改变教学方式和学习方式，是指从单一、被动的教学或学习方式转向自主、合作和探究等多样化的教学或学习方式。改变教学方式和学习方式是新课程改革的重要目标之一，其原因与传统教学和学习方式过于强调知识的传授和习得，忽略学生实践能力和创新精神培养有关。传统的教学或学习方式建立在人的客体性、受动性和依赖性的基础之上，忽略了人的主体性、能动性和独立性，因此，学生的学习主要是依靠教师而进行，导致教师的言行成为科学课堂的主宰。

科学实验资源的开发和利用，实际上是在唤醒学生的主体性，让学生成为活动的主人，从日常生活和大自然中发现问题，并利用科学课程资源解决所遇到的问题。在这样的过程中，可以充分调动学生科学学习的积极性，使学生积极主动地参与科学实验，从而转被动的、单一的科学学习方式为主

动、自主、合作与探究式的科学学习方式。

三、科学实验资源的开发是转变科学资源结构的重要途径

长期以来，中小学课程资源的结构相对单一，教材往往成为唯一的课程资源；就是在课程资源的开发主体、内容、载体形式等方面也很单一，而且未能形成一个有机整体。单一的课程资源使得本应轻松愉悦的学习活动变得沉重无趣，学生不是越来越喜爱学习，而是越来越讨厌学习。

研究表明，课程资源具有丰富性和多样性的特点，如果对此予以开发和利用，可以有效地激发学生的学习兴趣。为此，地方、学校、教师、学生和家长等要进行课程资源的开发与利用，以实现课程资源的丰富性和多样性。从科学课程资源的内容看，以往主要偏重知识资源的开发，忽视知识资源以外资源的开发和利用，如实验室、图书馆、网络资源、校外资源等课程资源。在新课程背景下，则要求充分开发和利用包括家庭资源在内的有助于实施科学实验的各种课程资源。从课程资源的载体来看，过去往往偏重于文本资源的开发和利用，甚至把教科书作为唯一的课程资源形式加以固化。新课程背景下，则要求课程资源不仅要有文本表现形式，而且还要有非文本资源的形式，以体现教学资源载体形式的多样化。

第二节 科学实验资源开发的原则

科学实验资源开发基本原则应该是科学高效、简便易行。也就是说，不需要家长花费过多的时间、精力，又能密切联系生活实际、条件与周边环境等各方面的具体情况，而且有利于提升学生的科学素养。具体说来，在进行科学实验资源开发时应该遵循以下原则。

一、立足校本，让学校成为科学研究的实验田

学校是学生学习的主阵地，在校园里可以到处播撒科学的种子。实验室、阅览室、图书馆及其配套的相关资料；学校各种类型建筑和走廊的环境布置；校园里的花草树木以及生物角、科技景点；有些学校还建有少年科学院等。但是，科学教师对这些资源的开发和利用不能仅仅停留在形式上，要思考如何更为有效地把它们与科学课程有机结合起来，从而开展一些具有学

校特色的研究性活动。

某校科学教师与班主任及各学科教师一起组建了“研究性学习”学习共同体，共同体利用校园的有限空间，建起了科学研究基地——百草园、气象站、饲养园等。他们将这些科学研究基地的建设与科学课程紧密结合，从而让科学研究基地成为一个更为灵动的、天然的科学课堂。利用这块基地，他们开展多种形式的科技活动，如搞一些小发明、小创意，写小论文等，并给学生建立展示的平台，让拥有不同特长的学生都能有展示自我的机会。

科学教师会同班主任及其任课老师，通过创建百草园、气象站这样的科学研究基地，以及开创多种形式的科技活动，很好地实现了校内资源和科学课程有机整合的目标。在这个过程中，科学教师还承担着辅导员的职责，弥补了学校教育在科技方面的不足，从而有效地让科学教学与课外科技活动和谐发展。

二、关注家庭，让家庭成为科学研究的实验田

教育离不开家庭，可以说家庭是孩子生活中的科学课堂，父母则是孩子最好的科学老师。有效开发和利用好家庭资源，既包括物力资源的开发与利用，如阳台、储藏室、屋顶、屋前小院等，让这些成为孩子们开展各种科学活动的优良资源；又包括人力资源的开发与利用，如父母、其他长辈等，家庭成员都可以成为孩子们开展科学活动的人力资源。

众所周知，蒸汽机的发明源于瓦特小时候对“蹦跳”着的开水壶盖的思考。但也许有人不知，实是瓦特奶奶对瓦特好奇心的鼓励，从而更加坚定了瓦特对问题的执着追求。又如，1978 年诺贝尔生理学或医学奖获得者汉密尔顿·奥塞内尔·史密斯的父母，为了启发孩子们对科学研究的兴趣，特意在史密斯 9 岁那年，买了成套的化学实验器材，在地下室建起了一个实验室，而且为孩子们演习一些简单化学实验，两个孩子很快就被奇妙的化学反应所吸引。每天放学后，他们就跑到实验室里做着有趣的化学实验与小制作，并用捡来的废品作为科技制作的材料，制作望远镜、离心机与喷灯等。

其实，很多科学家在回首自己的成长经历时，都特意提到父母对其的重要作用。因此，要提高孩子们的科学素养，对家庭这一科学资源的开发是很重要的。我们应当向家长宣传并教家长如何与孩子一起开展诸如家庭饲养与种植这样一些简单的科学探究活动，让他们成为孩子们科学研究的伙伴。我们还应鼓励家长带孩子接触大自然、接触社会，引导孩子参与家务劳动、进行社会实践，以丰富孩子的感知世界，给孩子创造自主探究的空间。

三、面向社区，让社区成为科学研究的实验田

如果说家庭是科学研究的实验田，那么，社区则是孩子们开展科学研究的广阔天地。社区有各级各类的科技工作者、工厂、农场、田园、科技实验基地、高新企业、植物园、动物园、科技场馆、大专院校、科研院所等。这些资源不仅为孩子们开展科学研究提供了丰富的物质资源，更重要的是还提供了研究的场所。

为了让学生了解生态种植业和养殖业，我找到社区，在社区领导和工作人员的帮助下，利用当地现有的资源，先后组织学生考察了生态茶园、生态养殖场等。在考察中，学生向茶园种植户请教生态茶的种植和作业过程，向养殖场主请教生态猪的养殖方法等。又如，在发生“三聚氰胺奶粉”事件后，我在社区的帮助下，迅速组织学生考察了奶牛养殖场，学生通过对相关工作人员的采访，对“三聚氰胺奶粉”事件有了真实的了解。

案例中的这些活动，在很多学校已很少见。当然，其原因是多方面的，不过大家心知肚明，主要原因还是学校在安全这根弦上紧绷着不敢放松，上级教育部门则多一事不如少一事，顺水推舟也就不再提倡开展此类活动。然而，对于学生来说，没有了社区科学研究活动，是不是就是人生的一种缺失？

四、回归自然，让大自然成为科学研究的实验田

人是大自然的产物，真正的玩应该回归大自然，贴近和融入大自然。山野、农村、树林、草原、沙滩、小溪等都是孩子们玩耍的天地，自然界丰富多彩的动植物为充满好奇的孩子们提供了大量的科学探究课题。我国著名教育家吕型伟老先生在《从教70年散记》中写他小时候“看蚂蚁打架”，爬到山顶上看太阳落山，到小河里“赶鱼、追鱼、抓鱼”，在教室边的河里钓鱼等时，曾动情地说：“只有在长大的、变动的空间里，人才能找到更多的东西。”

但是，随着城市化进程的加快，学生学业负担的加重，再加上害怕安全事故，家长和学校不敢让学生参加稍有危险的活动，孩子们远离了这样的环境和场所，失去接触、感受大自然的机会和时间。这让他们变得胆小、身体肥胖、没有力气和身体协调性差；在动手能力和生活自理能力方面明显不如以往的孩子；由于缺少环境和生活的磨炼，很多孩子都缺乏吃苦精神和坚强的意志。

让孩子们尽可能多地接触大自然现已受到世界上越来越多的国家的重视。这种跳出以系统学科知识为主脉络和以应试升学为主方向的学校课堂实施模式，把教育场所直接搬到了广阔的大自然，真正实现了“没有校园围墙”、旨在培养“全人”的教育。

第三节　科学实验资源的分类

科学实验资源是指支持学生在课内外开展实验活动，解决科学问题所必需的诸客观条件的综合。从科学实验开展的角度来看，科学实验资源主要指实验活动场所、实验活动时间、实验活动设施、实验仪器设备、家庭成员知识背景，以及家庭科普藏书情况等，也即在课内外起辅助作用的各种实验材料。

根据不同的标准，科学实验资源有不同的分类。例如，可以按功能特点分，可以按空间分布分，还可以按呈现方式分。这里主要探讨按呈现方式来分，按这种方式可分为实物资源、人力资源和文本资源。

一、实物资源

实物资源包括科学直观教具、现代媒体资源和家庭实验场所等。其中，家庭是学生的主要生活场所，家庭实验资源也就成为重要的实物资源。

实验场所是学生进行科学实验和知识扩展的地方。宽泛一点，它可以包括青少年活动场所、社区活动中心、图书馆、科技馆、天文馆、展览馆、博物馆、少年宫、植物园、动物园、自然保护区、电教馆、科研机构以及新技术区、示范农场、工厂、农村、自然环境等。让科学课堂教学的范围扩大，有利于开阔学生的视野，激发学生的科学兴趣，促进学生能力的全面发展。

青少年活动场所和社区活动中心，都可以成为培养学生解决实际问题能力、动手实践能力及与人合作交流的实物资源。科技馆、电教馆因为收集了许多有意义的科学教育资源，所以可以使学生了解科学发展史、科学发展的成果以及科学发展的动态，并可以让学生有了参加各种科技活动的可能。科技馆可用于拓宽学生的科学视野，加深学生对科学的理解；博物馆的种类很多，有历史博物馆、文化博物馆、军事博物馆、自然博物馆等。当然，这也反映了我国悠久的历史文化和丰富多样的自然背景。自然环境资源可以增加学生的实践经验，培养学生公众服务的意识。实物资源是科学实验资源的主要构成部分，更是实现科学实验最为重要的条件。

二、人力资源

人力资源包括科学学科专家、科学课程教师、学生、家长以及社会各界人士。人力资源不仅是科学实验资源的组成部分，而且是其开发与利用的主体，具有主观能动性。其中，家长是科学实验最为重要的资源，他们工作在不同的部门，有着不同的职业和特长，也即有着不同的资源优势。这部分资源的合理利用，可以有效提高科学实验的质量，激发孩子参与科学实验的兴趣。

2008 年 11 月 14 日，我以“一路走来”为题写有这样一篇日记，可表当时我带学生开展科学实验总动员时的复杂心情。全文如下：

今天，我带着孩子们来到浙江师范大学科技馆。浙江师范大学科技馆是一座依托学校现有的科普资源修建而成并面向校内外开放的科普场馆。一般每周一面向浙师大学生开放，双休日则向中小学生开放。也就是说，科技馆除为师大学生进行教育教学服务之外，还担负起对金华市民的科普教育之重任。

根据浙师大科技馆负责人介绍，整个馆藏投资近 1500 多万元，这对于一所高校来说，的确是一笔不小的投入，而且对公众是免费开放的。我想，如果从提升公众科学素养的行动考虑，那其隐形的价值绝非 1500 多万所能体现。

在参观中，我发现很多小朋友在家长的陪同下慕名而来，和我们的队员们一样兴致勃勃，整个科技馆很是热闹。

科技馆面积虽然不算很大，但设施还是比较齐全的。天文、地理、物理、化学、信息、生命科学等分区设置，其中信息区域占有很大的一个区块。机器人也会下象棋？这引起了队员们的浓厚兴趣，朱金涛竟然和机器人对决起来，显然，机器人技高一筹，朱金涛输了。

在参观中，这个叫“江老师过来看”，那个喊“江老师过来看”。话语之间，透露出对我的信任和情谊。说实在的，回首一年的历程，为了科学课，为了孩子们，为了科学教育之梦，我煞费心机，一路走得那么不容易。应该说，我所做的是一件见效慢、很难被人理解的事情。实际上，我既感受到来自同事们的漠视，又遇到一些家长的冷落，但我告诫自己一定要坚持下去，终于，今天孩子们的热情让我见到了稍许的曙光。

这稍许的曙光，既说明我行动的正当、正确，又在莫名中让我有了更大的信心、动力。我非常喜欢康德说的那句话：“既然我已经踏上这条道路，那么，任何东西都不应妨碍我沿着这条路走下去。”

说句心里话，再坚强的我，也不免出现动摇之时。每当这样的时候，我就会轻念普里尼的名言：“在希望与失望的决斗中，如果你用勇气与坚决的双手紧握着，胜利必属于希望。”周均、金秋语、郑文迪、劳越、陈妍、朱金涛、方豪……这是希望的名字，这是胜利的名字。今天，我可以写出的名字太多太多了，这些让我感到温暖的名字太多太多了，这些支撑着我走下去的名字太多太多了。

在回家的路上，陈妍爸爸很随意地说：“江老师，如果以后开展活动，只要时间允许，我可以用车接送你们。”这激动我心的随意之语，让我有点泪湿眼眶。显然，孩子们的活动已经进入部分家长的视野，并得到部分家长的重视。

这是2008年11月25日我写的一篇日记，题目是“学校教师也是科学资源”。全文如下：

不说也明，组织学生外出科考，首先安全因素是最让我担心的；其次科考内容的选择是让我犯难的。说科考内容选择难，其一是难以选择有科考价值的活动项目，其二是即使有好的项目，还要考虑到项目开展的难度，特别是访问厂家之类的，还牵涉到厂方愿不愿意接待。

比如，这个周末原准备考察火腿厂，而且通过牵线，和厂家都联系好了。可由于季节不对，现在是厂家卖火腿的时机，所以难以看到制作火腿的整个流程，特别是晒制火腿的壮观场面，最后不得不忍痛割爱。有一次，无意中和学校童健英老师说起此事，没想到说者无心，听者有意，她建议考察奶牛养殖场。童老师的建议让我眼前一亮，直觉告诉我活动项目很有意义。特别是在震惊世界的“三聚氰胺”事件发生后，带领学生考察奶牛养殖场，将显得更有现实意义。

童老师还告诉我，以后如果考察相关项目，她还可以从中帮忙。说实话，这让我大喜过望。其实，除了童老师在活动上对我进行帮助，更重要的是她对我活动本身的支持，这实是我最最渴望得到的。

回想近一年来的活动，时断时续，但我靠着我的耐心、毅力和坚强，终于坚持了下来。在激发了学生的兴趣、极大地推动了科学课发展的同时，活动还得了家长的关注和支持，劳越家长、陈妍家长、朱金涛家长、金秋语家长、郑文迪家长、周昀家长、方豪家长、黄思雨家长、曾佳琳家长……太多太多了。家长支持，可以说是对我辛苦、劳累的莫大支持。在这里我特意对你们说：“谢谢，谢谢您了。”

更让我没想到的是，今天有事我到六年级办公室一趟，真的让奶牛场考察活动得以成行。

她就是郭子扬同学的妈妈——严群英老师。郭子扬是我的学生，他个子不高，人却很有灵性。以前嘛，相对来说，他对科学课的兴趣要淡一点，所以只知其名，对其了解较少，也和严老师聊过他的情况，可以看得出严老师很重视。这不，本学期来，郭子扬对科学课的兴趣渐趋浓厚，当然我是乐在心里。他原意和我接触，我和他聊天的机会也多了起来。

我一直坚持这样的观点，对于科学课，学校、科学教师只是起引路的作用，家长的配合和引导也很重要。其实，阅读一些科学家的故事、传记时，会发现，他们几乎都提到其最初的兴趣源于父母的引导，是父母的引导使其走上科学之路。作为一个科学教师，作为一个有着理想的科学教师，严老师，我真的要感谢你。

在和严老师聊郭子扬的时候，我无意中提到了考察奶牛场，旁边的胡志荣老师笑着说："这个嘛，可以找严老师。""真的？"我半信半疑地问。严老师一听笑了起来，问我是否真的要去考察，在得到了肯定的答案后，她掏出电话帮我联系，其实就是联系郭子扬爸爸，而且很快就敲定了。

在我离开办公室之时，我笑着说，这是在开发课程资源，而严老师就是一个很有价值的科学课程资源，严老师听后，开心地笑了起来。

三、文本资源

科学文本资源包括科学教科书、科学教学参考书、学生教学辅导资料、科学练习册、科学习题集、科学实验指导书、科学实验指导手册和科普报刊、书籍等。文本资源是科学实验资源的基本构成部分，是开展科学实验的最基本条件。

为了让小学科学实验总动员活动项目被更多的家长和学生认识，2011 年 8 月，我和《金华晚报》记者任文林先生一起策划了"实验总动员"活动项目。其实，我和文林也是借助于科学实验总动员活动项目而认识的，因为志趣相投竟然成为好朋友。文林告诉我，他准备在《金华晚报》上开辟一个新的栏目——"晚报实验总动员"。"好啊！"听到这个名字时，我大声赞同道。

就这样，在《金华晚报》总编的支持下，在文林和我的共同努力下，2011 年 8 月 15 日推出了第一期活动，报道后获得了很好的社会反响。这是"晚报实验总动员"第一期的内容：

晚报实验总动员开始了

让鸡蛋浮起来，你还有办法吗？

用一个小漏斗罩住乒乓球，悬空后用力吸气，乒乓球可以不掉地上。那用力吹气呢？乒乓球居然也能紧紧贴在漏斗上！

往水杯里加盐，可以让鸡蛋浮起来，往水杯里加盐酸，会出现什么现象呢？

8月15日上午，本报实验总动员的第一站在金师附小教育集团婺城小学启动。9名爱好科学探索的小朋友早早来到学校，在科学老师江美华的带领下，一起做了两组奇妙的实验。

做完实验后，大家还沉浸在兴奋中。同学们拉着江美华老师问东问西。如周翔同学说："科学真奇怪，它总是和我们想的不一样。"

【实验一】

吹不走的乒乓球

我们来到一间大教室。待同学们坐定后，江美华老师拿出一个乒乓球，"乒乓球都玩过吧，大家平时节约5角钱，就可以买一个。"说着，他又拿出一个玻璃漏斗。

只见江老师一手拿着玻璃漏斗，一手拿着乒乓球，将漏斗的口朝下，乒乓球从下面塞进漏斗。这个时候，如果放开托住乒乓球的手，球在重力作用下，会直接掉在地上。

"有什么办法可以让乒乓球不掉地上？"江美华说。

滕雨同学举手说："用力吸气。"大家都觉得吸气是一个办法。周翔同学却说："用力吹气。"此时，没有一个同学赞成他的做法。"出现分歧怎么办？""大家就来做实验吧！"

周翔同学在做"吹不掉的乒乓球"实验

江美华先用滕雨的方法，在漏斗的细管口吸气，乒乓球果然没有掉下来。然后，他又按照周翔的办法，用力吹气，乒乓球居然也紧紧地吸在漏斗里。这是怎么回事呢？

江老师没有急着解释，而是不慌不忙拿出一个吹风机。吹风机的开关打开后，风口朝上，然后将乒乓球放上去，乒乓球没有被吹走，反而在吹风机上方五厘米处不停地"跳舞"。

"这个乒乓球真是黏人。"小朋友们轮番体验后，都觉得太不可思议了，但是，谁也说不出个道理。

讲原理

这组实验运用的是"伯努利原理"，这个原理是由一位叫丹尼尔·伯努利的瑞士数学家最先发现的，因此，以他的名字来命名。

伯努利原理是指，当经过物体两侧的气流速度不同的时候，物体会向着气流速度较快的一侧运动。因此，吹乒乓球的时候，乒乓球反而向着风口挤。球星贝克汉姆罚出的香蕉球，也能用伯努利原理解释。

实验小贴士

这个实验，用到的器材比较简单，只需准备漏斗、乒乓球、电吹风等工具，同学们在家里可以尝试着做。

【实验二】

一只鸡蛋的浮沉

把鸡蛋放进装满自来水的杯子里，它肯定会沉到底部。往水里加盐，鸡蛋会慢慢浮上来，这个实验不稀奇。我们的这个实验，不往水里加盐，也能让鸡蛋浮起来。

“郑诗佳，你去装400毫升的水。”江美华老师事先指导大家做好准备工作。每个小组拿到一个有刻度的烧瓶、一根玻璃棒、一只鸡蛋。

烧杯里装好水后，江老师往烧杯里倒了一点盐酸，杯口升起了几缕白色的雾气，然后，他用玻璃棒将溶液搅拌均匀，这样，稀盐酸准备好了。

“放鸡蛋的时候，大家一定要小心，别让稀盐酸溅到手上。先用手捏住鸡蛋的一头，将鸡蛋慢慢往下浸。手快碰到液面了，放手让它沉下去。”江老师说。大家按照这个方法，分别把鸡蛋浸到了液体里。

“开始冒泡了。”张长淦喊道。半分钟不到，鸡蛋的表面就开始附着气泡了。两分钟后，鸡蛋开始离开杯底，慢慢地往上浮。但触及液面后，它又往下沉，有时候，还会在水里翻个身。

用玻璃棒将表面的气体刮掉，鸡蛋又往下沉了。“鸡蛋起皮了！”一名同学喊道，大家凑过来一看，果然有一层皮漂浮在水里。原来，这是鸡蛋表面的一层膜状物。

陈文豪在观察烧杯中的鸡蛋

讲原理

由于鸡蛋外壳的主要成分是碳酸钙，遇到稀盐酸时会发生化学反应而生成氯化钙和二氧化碳气体。二氧化碳气体所形成的气泡紧紧地附在蛋壳上，产生的浮力使鸡蛋上升，当鸡蛋升到液面时一部分气泡破裂，从而使浮力减小，鸡蛋又开始下沉；沉没到杯底时，稀盐酸继续和蛋壳发生化学反应，又不断地产生二氧化碳气泡，从而再次使鸡蛋上浮。这样循环往复上下运动，最后当鸡蛋外壳的碳酸钙和稀盐酸完全反应后，鸡蛋的上下运动也就停止了。

实验小贴士

这个实验需要用到盐酸，盐酸是强酸，有一定的危险性。因此，没有家长的指导，小朋友们千万别在家里尝试。这个实验还需要用到烧杯、玻璃棒、鸡蛋、水、盐酸。此外，做完实验后，废液不要直接倾倒。

花三毛钱买了一个电动马达，就整天在家里捣鼓着，琢磨着要造一艘船，还要造一架直升机……回老家收拾老房子时，还能看到童年科学梦留下的一堆残骸。但缺少指导，没有家长的帮助，这样的科学梦，注定无法走远。

中国的学生在应试方面的才能，举世闻名；而动手操作则往往是一大软肋。正如江美华老师说的，小学的科学课，只要一个月的时间让学生读背，就能应付考试，但是这样做没有多大的意义。

我们下一代人的科学素养，是通过读背来架构，还是通过一次次的动手去架构？

本报记者　任文林　文／摄

2011年8月24日，《金华晚报》推出了“晚报实验总动员”的第二期，这是“晚报实验总动员”第二期的内容：

鸡蛋还能这样浮起来

上周，本报实验总动员栏目介绍的两组实验引起了很多家长和小读者的关注，他们纷纷在家里试着做实验。

“我发现还有两种方法能让鸡蛋浮起来。”一名叫小谷的小朋友给记者回了邮件，说自己用米醋和雪碧也能让鸡蛋浮起来。

鸡蛋还能这样浮起来

鸡蛋在盐水中能浮起来，在稀盐酸中也能浮起来。上次实验结束后，我们留了一个问题：还有没有其他办法，让鸡蛋浮起来？

在等待小朋友们回复的同时，记者也在四处打听。刘老师是一名高中化学老师，他思考了片刻说：“文章里讲得很明白了，除此之外，想不出办法来。”

浙师大生化学院有一群研究生在汤溪社会实践，记者又将这个问题抛给他们。实践队员聚在一起议了一下答复道：“除了改变液体密度，其他的方法，我们也想不出来。”

等啊等，一直等到周六，终于，邮箱里出现了一封令人兴奋的新邮件。一个名叫小谷的小朋友说发现了另外两种能让鸡蛋浮起来的方法。

第一种方法是往水里加米醋，醋酸跟鸡蛋壳产生化学反应。其实道理跟加盐酸一样，但米醋在超市里就能买到，且没有危险性，也不用担心实验废液的处理。

往水里加盐酸，利用气泡将鸡蛋托起来。顺着这个思路，小谷想到了第二种方法——往水里加大量的雪碧。

记者也到超市买了一瓶雪碧、一只鸡蛋，在办公室里验证了起来。第一次，因为清水太多，尽管鸡蛋上面附上了气泡，但是并没有浮上来。第二次，我们只留一点水，倒进大量的雪碧，鸡蛋马上就浮上来了。其实，按照小谷的思路，可乐也能让鸡蛋浮起来。

小谷同学在认真地观察雪碧中的鸡蛋

婺城小学的科学老师江美华说："千万不要认为小孩子的想法幼稚，只要小孩子能想出来，都应肯定！我们要的是发散思维这个过程。"

8月28日将用棉线切割啤酒瓶

下次，我们要挑战的实验——用棉线切割啤酒瓶。很多读者都觉得奇怪：棉线一扯就断，啤酒瓶这么坚固，怎么能切断呢，而且还要切口整齐。

"痴心妄想的猪"说："是不是用棉线来回割啊？水滴石穿，绳锯木断。理论上，棉线也应该能锯断啤酒瓶，但是比较费时间……"

"你可以带着方法来，也可以带着兴趣来！"江美华老师说。这次棉线切割啤酒瓶，我们不仅仅将瓶子切开，而且，还要进行创意制作。

本报记者　任文林　文/摄

2011年8月30日，《金华晚报》推出了"晚报实验总动员"的第三期。这是"晚报实验总动员"第三期的内容：

听起来难做起来易——细棉线真的切断啤酒瓶

8月29日，本报实验总动员的粉丝在金师附小教育集团婺城小学的教室里，亲手验证了这个实验，大家一共切开了4只啤酒瓶。

体验了这个听起来有点小惊险的实验，郑向泉在他的实验感言里写道："如果不看那烧着的酒瓶，我真的以为江老师是个名副其实的大力士。"

插曲：烧杯里着起了火

当天上午，来到现场的除了婺城小学的科学粉丝，还有实验总动员QQ群的网友。汪昕怡是江滨小学的学生，还是金华晚报的小记者，她妈妈在实验总动员QQ群里的网名叫"阳光不锈"。当天，他们5个人坐一辆车专程来体验实验。

报纸、棉线、啤酒瓶、棕色瓶、装满冰水的脸盆……大家对着这些器材很好奇，不知道接下来要变出什么戏法。实验刚开始，江美华老师一个疏忽，竟发生了一个小意外。

浸过酒精的粗棉线绑在啤酒瓶上，因为棉线太长了，现场没有剪刀，江老师拿过打火机，想把棉线烧成两截。大家欲言又止地望着江老师，眼睁睁地看着他点燃了浸过酒精的棉线。火苗迅速蔓延，整根棉线像一条“火龙”，一直烧到了还浸在烧杯里的另一端，烧杯里的酒精也烧了起来。

“着火啦！”江老师当即把燃烧的棉线丢在地上，双脚在地上猛踩，火被踩灭了。看着燃烧的烧杯和已经崩断的滴管，江老师搬来了一个杂物盒倒扣在烧杯上，这才平息了这个小意外。

“低级错误，低级错误！”江老师一再自责，总算是虚惊一场。

惊心：“嘎吱”一声啤酒瓶断了

原先准备好的粗棉线在“事故”中烧光了，实验似乎要搁浅了。现场有人指指桌上的细棉线，大家眼前一亮。细棉线反复折叠可以拧成粗棉线，于是赶忙动起手来。“哈哈，面条，像面条！”还在上幼儿园的朱子余兴奋地说。

拧好粗棉线，将粗棉线套在啤酒瓶上固定打结，再将它取下浸在酒精中，待充分浸润后取出套回啤酒瓶。接着，江老师点燃棉线，一个完整的火圈形成了。这个时候，大家的心都提在哪里。

其实，江老师的心里也没有十分把握。前一天晚上，他如法炮制，居然没有切开啤酒瓶，为此，当天，他特地买了2瓶冰矿泉水，降低水温。

只见江老师缓慢转动啤酒瓶，尽量使绕线的部位受热均匀，待火焰殆尽时，将啤酒瓶迅速放进装满冰水的脸盆。“滋……”紧接着是“嘎吱”的断裂声。拿出啤酒瓶一看，已经变成了两截。

江老师举着两截酒瓶，得意地说：“看，老师把瓶口切下来了！”

现场有人也想试试，有的还希望用更细的棉线，切出更齐的切口。郑辰龙自告奋勇，点上火后，个子不高的他双手拿着啤酒瓶旋转，显得略微有些紧张。“手是不烫的，我怕拿着拿着就掉下去了。”火熄灭后，他将瓶子浸到脸盆里，拿出来一看，他切的啤酒瓶切口最平整！

创意：可以做成水杯、花瓶

这个实验运用的是热胀冷缩的原理。浸过高浓度酒精的棉线燃烧后会产生大量的热，使瓶身有棉线的一周均匀受热。而后将啤酒瓶迅速浸入冰水中，温度急剧下降，因为冷热不均，系过绳子的部位与周围发生断裂。

瓶子切开后，我们的实验结束了，但是，我们的创意并没有止步。

“切口用砂纸打磨后，可以做成牙杯、花瓶、笔筒……”小朋友们围着当天的“战利品”七嘴八舌地讨论起来。

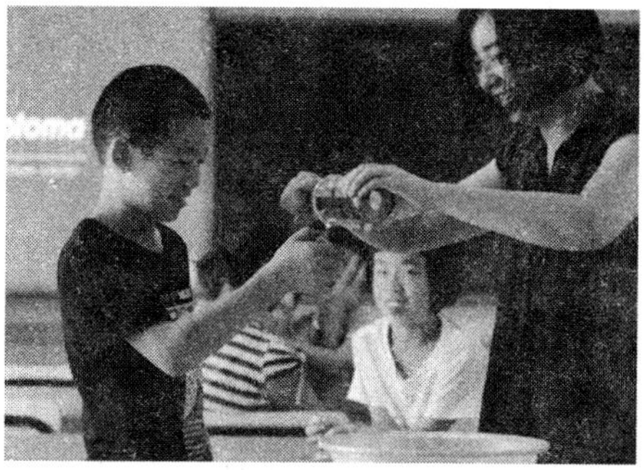

郑向全和记者做“棉线切割啤酒瓶”实验

这个时候，用砂轮或直接在水泥地上磨平瓶子的断口，用清水洗净，一只啤酒杯便做成了。如果把棉线绕在离瓶底约3厘米处灼烧，就可得到一个袖珍玻璃花盆了。盛一点清水，放进几块鹅卵石，种上一枝水仙花，放在书桌上，别有一番情趣。

“我觉得我们还可以尝试用菜油燃烧，另外，脸盆可以大一点，这样浸下去的动作可以快一点，或许，切口能更平整！”实验的体验者朱蓉说。她说，这个活动很有意义，简单的实验可以让大家对科学原理有直观的认识。

哇，多平整的切口！

实验小贴士

不过这个实验用到明火，所以小朋友做实验的时候，一定要有成人在场协助。实验用到的器材有：啤酒瓶、酒精、棉线、烧杯、打火机、脸盆、清水。因为啤酒瓶的切口比较锋利，做实验的时候，最好套上手套，以免划伤。

本报记者　任文林　文/摄

2012年4月，我和任文林找到了金华市科技馆汪利明馆长，就借助金华市科技馆这个平台开展“实验总动员”活动进行了深入的交谈。让我没有想到的是，年轻的汪馆长也为如何有效利用科技馆的资源、更好地推进科普教育、提升金华市中小学生的科学素养在谋划着。于是三人一拍即合，这就有了如今的“实验总动员”活动项目，活动地点放在金华市科技馆。说实在的，为让2007年开始创建的这项活动有一个大本营，我一直在谋划着，然而由于各方面的原因，一直未能如愿。今天，不但解决了这个棘手问题，而且还是这样好的一个地方，你说能不高兴吗？

阿根廷的博尔赫斯在《朋友之树》一文中这样写道：“在人生的旅途中，我们会邂逅许多人，他们能让我们感到幸福。有些人会与我们并肩而行，共同见证潮起潮落；有些人只是与我们短暂相处。我们都称之为朋友。”无疑，金华电视台未曾谋面的总监沙向明女士、《金华晚报》未曾谋面的主编何晖先生以及蒋相忠、吴惠强、王荣文、金跃芳、汪利明、朱雪英、何如英、曾泳华、王健、任文林、金根福、郑正林、叶益平、洪惠风、江根祥……这些都是让我感到幸福的朋友。

这是2012年5月9日，“求证·实验室”首次进驻金华市科技馆后开展的活动，《金华晚报》对“实验总动员”活动内容进行了报道。

“毒胶囊”之后我们一起探究吃药这事

前不久，央视《每周质量报告》对“非法厂商用皮革下脚料造药用胶囊”进行曝光。“毒胶囊”事件涉及修正药业等九家药厂，人们失望地发现，原来像修正这种名企也会有这种问题。

选择这个实验主题时，我们的心情也很沉重。实验刚开始，就有小朋友举手，说自己知道“毒胶囊”事件。实验后，回收的纸条上，一半小朋友义正词严地指责问题药厂“想钱想疯了”。

市科技馆成了我们的大本营

“欢迎你们到来！欢迎你们把这里当作大本营。”5月6日下午三点，市科技馆馆长汪利明早就等在了实验室。

从本期开始，“求证·实验室”活动正式扎营市科技馆。为了满足活动需要，汪利明特地在实验室里安装了投影仪。

本期的实验指导老师是大家的老朋友——江美华老师。实验用到的胶囊、牛奶、可乐、咖啡等，都是他自己掏钱买的。

简单地衔接之后，汪利明并没有起身离去，而是在实验室的最后一排选了一个位置坐下来。他说：“我也要体验一下活动的气氛。”

跟孩子一起参加活动的家长，也跟着坐在了最后几排。

胶囊粘喉咙，跟水温有关

“毒胶囊真可怕，那些工厂真是没良心啊！”婺城小学的郑艾丫说。看完了“毒胶囊”的视频后，江美华老师开始带大家探索胶囊的奥秘。

“小朋友在服用胶囊时，有没有发生胶囊粘在食道上的事情？”江美华老师问。

有几个小朋友举手，说发生过这个情况，但是，说不出其中的原因。于是，我们的第一个探索活动是：观察不同水温中胶囊的崩解时间。

每个小组领到8角钱一板的速效感冒胶囊，4只小烧杯一字摆开，里面分别倒入25℃、35℃、50℃、100℃的水40毫升。

“准备，放！”四颗胶囊同时投入烧杯中，大家目不转睛地盯着烧杯。40秒后，100℃水里面的胶囊开始崩解了，负责记录的小朋友马上记下崩解时间。1分20秒，50℃水里的胶囊崩解。2分11秒，35℃水里的胶囊崩解。最后一只杯里的胶囊却安然无恙。等了4分钟，胶囊仍然没有变化……

“胶囊粘喉咙原来跟水温有关。”小朋友也发现了这个奥秘，江美华老师说：“如果水温高，不仅胶囊会崩解粘在喉咙上，而且，胶囊里面的药粉，还会刺激消化道。所以，我们吃药的时候，要用温水。”

药用胶囊在不同水温中崩解实验

可乐、牛奶可以送服胶囊吗?

有些小朋友吃药的时候怕苦，总是喜欢用果汁、牛奶等饮料送服。那么，这样的习惯好不好呢?

于是，我们清洗出5只烧杯，分别在里面注入牛奶、果汁、咖啡、茶水、可乐40毫升。然后，同时把5颗胶囊扔进去。

一开始，大家兴致勃勃地在观察，可是，等了3分钟，不见胶囊崩解。等了5分钟，还是没有胶囊崩解。“杯具”了！江老师也不知道，问题出在哪里，于是，让小朋友们带着这个疑问，自己回家再继续探索。

不过，服用胶囊时，为什么不能用果汁、可乐等饮料？医生倒是给出这么一个解释：鲜橘子汁等果汁中，含有许多酸性物质，会使许多药物提前分解或使糖衣提前溶化，不利于药物在小肠的吸收，影响药效。而且，有些药在酸性环境中会增加副作用。

同样道理，可乐、咖啡、茶水中也都含有各自的成分，所以，服药最好还是用温开水。

青春小学三（3）班的王弘毅说：“太有趣，太好玩了，没想到小小胶囊，居然有这么多秘密。以后吃药一定要注意啊!”

家长爆料：买了显微镜没用上

“我们家买过显微镜，结果不会用，束之高阁了。”网友宽妈说。孩子小的时候，对周围一些微小的事物很感兴趣，总爱捉小虫等软体小动物，想看看它们的结构。

“孩子有好奇心，有探索的欲望很难得。”于是，宽妈就买了一架显微镜。结果，买到家后，才发现还缺少配套的仪器，不能使用，结果这架显微镜至今仍被束之高阁。

宽妈是在实验总动员QQ群里看到这次“胶囊实验”活动通知的。她说，一直希望有一个地方，能够让孩子探疑解惑，不要讲多高深的大道理，只要孩子能够学会正确地思考、解决问题就行。

这是2012年5月16日，“求证·实验室”第二次进驻金华市科技馆后，《金华晚报》刊出的“实验总动员”活动内容：

让我们跟水做个游戏——看一元硬币上能载几滴水

液面鼓起来了

我们吹出来的肥皂泡会自动变成圆球形；荷叶上的水会变成小圆珠状；我们身上的衣服被雨淋湿后，脱的时候很困难……这是为什么呢？

5月13日，30多名小朋友在市科技馆跟水做了几个游戏。一元硬币上能承载几滴水，一开始，大家都在猜，10滴！15滴！动手一试之后发现结果大大出乎意料……

一元硬币上能载几滴水？

活动开始后，江美华老师拿出一支胶头滴管和一枚1元硬币，让大家猜测一枚1元硬币上可以承载几滴水？

石倍豪跟小组成员讨论了一下，觉得能够滴下10滴。方润杉所在的小组觉得不止10滴，12滴应该能承载住，于是，在表格里工工整整地写上“12”。

因为要用到胶头滴管，江老师特地讲解了滴管的使用方法。每个小组拿到器材后，立马围成一圈，挨个滴起来。“10、11、12……”大家一边滴，一边数，这个时候水根本没有溢出来的意思。这下，小朋友可来劲了，这么小的硬币，到底能承载多少滴水呢？直到数到“39”的时候，方润杉这一组的硬币，终于承载不住水了。

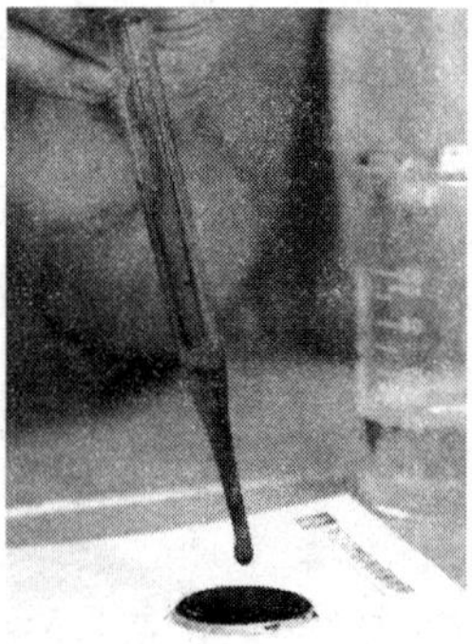

在一元硬币上
滴红墨水实验

第一次动手滴水结果很快出来了！每组都在硬币上滴了30多滴水。小朋友们发现：水滴在硬币上后，水面居然会鼓起来，很多水滴就是这样被“鼓”在了里面，这到底是为什么呢？

一元硬币能够承载30多滴清水，那么，用被污染过的水，也是这个数字吗？江老师把红墨水滴进一个杯子，再把洗洁精滴进另一个杯子，模拟两种被污染的水。

小朋友们用这两种液体继续做实验。每种液体都滴了三次，然后取平均值。金泱梓这一组的数据是这样的，清水45滴，红墨水溶液28滴，洗洁精溶液21滴。

水为什么会变成球形呢？

在往硬币上滴水的时候，大家发现，水滴是球形的，硬币上积起来的水也是鼓的。

江美华老师跟小朋友们解释：水是由水分子组成，它们之间不是独来独往的，而是互相吸引，甚至三三两两地结合。处在中间的水分子受到来自四面八方的其他水分子的包围，受力均匀。可是处在水面的水分子情况不同，它的一面与空气接触，没有来自其他水分子的吸引力，使得它受力不均匀，水的表面好像一块张紧的弹性薄膜。

由于液体的表面有这种奇特的存在，就使得液体的表面总是处在被绷紧的状态，并尽量收缩到最小。由于在体积相同的条件下，球的面积最小，所以在表面张力的作用下，肥皂泡、小露珠、水银滴等也就都收缩成球形了。

而红墨水、洗洁精溶解在水里后，在一定程度上破坏了水的表面张力，所以，一元硬币上能承载的水滴也相应减少了。

收起硬币，小朋友们又尝试着往装满水的小瓶子里投大头针，然后，又试着让硬币漂浮在水面上……这两个表面张力的实验一样很有趣。

做完实验，回家想买仪器了

科技馆里有一个科普仪器叫作“隐形人”，人钻进去后把头露出来，从正面看去，这个人只有头，没有身体。

很多小朋友都进去玩了一下，有一位老人也兴致勃勃地进去体验了一番，还拍了照片。这位老人是“妮妮”的外公，当天，他们家祖孙三代 4 个人早早来到科技馆，几乎把这里能玩的科普器材玩了个遍，然后一起来参加这个实验。

活动结束后，实验总动员 QQ 群里很热闹。“我们家孩子说，玩得很开心，下次带同学一起去！”一名家长说。

还有几名家长询问：“实验的器材，哪里可以买？我想买点回来放家里，让孩子玩。”

早在 2008 年，江美华就指导学生在家里开设“家庭实验室”，他们用家里的瓶瓶罐罐做实验器材，有些家庭也配置了必需的天平、烧杯、温度计等仪器。如今，这批学生已经上高中了，每次跟江老师谈起当年的“家庭实验室”，总有说不完的话。

记者在淘宝上搜索，玻璃试管 3 元一支，酒精灯 2.8 元一盏，胶头滴管 0.45 元一支，各种中小学生用到的器材，网上基本能买到。但江美华老师建议：尽量用家里的废旧物品动手改造，确实有需要的，可以适当添置。

本报记者　任文林　文/摄

这是2012年5月27日，“求证·实验室”第三次进驻金华市科技馆后，《金华晚报》刊出的“实验总动员”活动内容：

橘子空袭气球后“嘭”气球爆了

5月27日，一群爱好科学的孩子和家长又聚在了市科技馆。这期实验的主题充满了神秘色彩———橘子空袭气球！

小达人很抢眼

在本次实验开始前，江老师设置了一个互动环节，让小朋友讲讲自己听到的有趣的科学故事。

江老师自己带头分享了斯里兰卡一只母鸡的故事。当所有同学都认为鸡应该生鸡蛋的时候，江滨小学的孙浩强举手说，这只母鸡直接生了小鸡，而故事确实是这样的。这个细节也让大家对孙浩强刮目相看。

在随后的实验中，孙浩强频频举手，或回答问题或协助老师。“这个孩子真是厉害。”有人悄悄地说。

孙浩强从小在上海长大，三年级的时候从上海转学过来。在上海，他经常参加“少科站”的活动。他说：“在那里玩过很多电机，有点像电子积木。”难怪，他的知识面这么广。

家长聚在一起免不了谈学习、谈游戏。网友“深蓝”的女儿上初一，当天本来要去兰溪钓鱼，看到我们的活动后，就放弃了钓鱼。

“深蓝”说：“孩子上初中了，我有切身的体会。孩子小学的时候，一定要让她好好玩，多出来参加各种活动，到了初中真的没有时间了。”

橘子为何能“空袭”气球？

气球是常见的玩具，但是，江美华老师却能将气球整出很多新玩法。

测测气球的弹性；充气多少能够打爆气球；气球的体积该怎么计算……这些问题很多小朋友之前都没有留心过。

最激动人心的当然是橘子登场。江老师一手拿着圆鼓鼓的气球，一手拿着橘皮。将橘皮折叠了一下，用手一按，将汁液射在气球上。“嘭”的一声，气球爆炸了！

“太奇怪了！这到底怎么回事?”有人发出疑问。

气球装多少气体后会爆炸实验

有了疑问，那就自己动手试试吧！每组领到3个气球，一片橘皮。一人负责充气球，胆小的捂着耳朵躲在后面。果然，橘皮的汁液一碰到气球，气球就爆炸了。

但是，假如你用果肉挤汁，就算射出很多汁，气球都不会破！旁观的家长也觉得奇怪："能不能让江老师说说原理？"

江老师故意卖了一个关子，只简单地说："气球是橡胶做的，橘皮里的精油能够破坏橡胶的结构。"至于其他果皮的汁液能否成功"空袭"气球，江老师让大家回家再做研究。

实验后探究——答案各不相同

网友"深蓝"：我女儿认为，是因为气球是橡胶的，橘子皮里有柠檬酸，柠檬酸能腐蚀气球的橡胶。

"曾经"：我家孩子也认为是橘皮中的酸腐蚀了橡胶，但是昨天用醋试了下，气球并不会爆，可见，这答案不太对。我倾向于橘皮中含有苯，苯对于橡胶有溶解和破坏其分子间结构的能力。

章佳怡和田书畅：橘皮中的酸，能使橡胶的延展力下降，所以气球会爆炸。

"水晶盒"：橘子皮中含有柠檬烯，它与橡胶起反应，导致气球破裂。这个理论好像初中科学书上也有，我想应该是正确的吧！

"野渡"：橘子皮里含有一些酯类化合物，它们会导致橡胶溶胀。吹大的气球壁很薄，溅上橘子皮汁的部位迅速溶胀后强度降低，无法承受压力开始破坏，气球随之爆炸。

如果你对橘子"空袭"气球的原理有自己的见解，欢迎到我们《金华晚报》官网"浓情亲子"的相关帖子里发表自己的探索结果。

30分钟"秒杀"活动名额

5月23日上午，记者在官方网站上发帖宣布"橘子空袭气球"活动开始报名。吸取了上次活动人数太多的教训，这次我们限定25个名额。

帖子刚出来，眼尖的家长赶紧跟帖报名。就这样，30分钟内，25个名额就被抢光了。

人数报满，记者赶紧跟帖宣布报名结束，为了保证活动质量，只能很遗憾地暂时拒绝了很多热爱科学的孩子。

网友"水晶盒"在上次实验的帖子上留言报名，结果，当他看到活动帖子时，报名却结束了，于是请求给他一个名额。

网友"丫子"还弱弱地问："不可以报名参加实验了，我自备实验用具，带孩子过来学习可以吗？"

网友"羽飞"说："我们老早就说报名，现在居然报不上，能不能让我们去呀？孩子天天都在盼着星期天的到来呢！"

"你搞偷袭呀？我就半天不在家，就报满了呀？"我们的版主"那片海儿"居然也没有报上名。对于网友的抱怨，我们既遗憾又开心。遗憾的是，尽管我们已经把场地移到了市科技馆，但是，毕竟场地和人手有限，不能接纳太多的人。开心的是，这么多人在"秒杀"我们的活动名额，这是对晚报"求证·实验室"的最大肯定。

"求证·实验室"开始装修了

这次来参加活动的小朋友可能发现了，市科技馆的走廊一角，有人在做背景墙。

据市科技馆馆长汪利明的可靠消息，这个科普仪器环绕的地方，将改造成一个开放的实验室。它的名字就叫———求证·实验室。这也意味着，我们的活动从此将有一个属于自己的小园地，本报和市科协在青少年科普领域的合作，又迈出了崭新的一步。

"新场地的科学氛围将更加浓厚，以后，小朋友们在里面做实验，家长可以坐在外围旁听。如果一切顺利的话，下次实验，我们就能使用这个新场地了！"汪利明说。

本报记者　任文林　文/摄

自从小学科学实验总动员活动项目进驻金华市科技馆后，现在基本上按每两个星期一次的频率在开展着活动。让我没想到的是，金华市科协的相关领导也对此非常感兴趣。为了更好地推进此项活动，让更多有志于科普教育的专家、学者和老师投入此项活动中，由金华市科技馆、金华电视台和《金华晚报》三家单位发起的"金华市青少年科技教育协会"在筹备当中。

说句心里话，身为一名普通的小学科学教师，能把科普教育在一个地级市做到这种程度，我已相当满足。当然，我的科普教育之路还在继续当中，我还会以我瘦弱的身躯向前行走。在这里，我非常感谢一路上帮助我、鼓励我的领导、朋友和同事们，是他们言语上、行动上的有力支持，让我虽感无奈，但没有放弃；虽感辛酸，但仍觉幸福。我国著名诗人艾青说："即使我们是一支蜡烛，也应该'蜡炬成灰泪始干'；即使我们只是一根火柴，也要在关键的时刻有一次闪耀；即使我们死后尸骨都腐烂了，也要变成磷火在荒野中燃烧。"我希望自己是一根小小的火柴，燃烧在孩子们科学教育的关键期。

第四节 科学实验资源的利用

科学课程资源具有多样性的特点，一般说来，凡是在科学课程的发展过程中“可资利用的一切人力、物力以及自然资源”，都可以称为科学课程资源。有效利用科学课程资源是开展好科学实验总动员的重要凭借。

一、有效利用周边资源

许多人提到科学实验资源，总认为那是神秘和抽象的概念，其实恰恰相反，它是非常具体和鲜活的。作为科学实验资源，它们往往就是孩子身边的一些常见事物，而这些常见的事物往往会给孩子们以具体形象的感觉，也容易令孩子们对它们产生亲切感。当然，多种多样、具体鲜活的资源还易于引起孩子们的兴趣和科学探究的欲望。

我们身边的花草树木可以作为帮助小学生认识生命世界的很好的课程资源，它们自身蕴藏着丰富的值得孩子们探究的、有价值的内容。以一棵小树为例，这棵树叫什么名字？它的生长需要哪些条件？这种树到了秋天会落叶吗？有些树为什么到了秋天会落叶？水分在树内是怎样运行的？树是怎样吸收养分的？如何证明它进行了光合作用？有哪些昆虫对它的生长造成危害？如何防止这种昆虫对它的侵害？如果没有阳光，小树能活下去吗？能活多久？它与我们人类存在着什么样的关系？……

孩子们可以和成人一起通过调查、访问、查找资料、设计探究性实验等方式寻求问题的答案，这样，孩子们对生命世界多样性的理解、对生物生命周期以及生物基本需求的理解都会更深刻。这样的学习，孩子们就不会拘泥于生物学意义上的专有名词和概念，将有助于孩子们对生命本质的认识上升到新的高度，孩子们的科学意识、科学能力通过这些活动也会得到有效的提高。

博科工作室队员观察梨树幼果

二、有效利用网络资源

随着科学技术的发展，我们的教育环境和学生的生活环境都发生了巨大的变化，这对教学和学习提出了许多新的要求。

如现代教育技术的应用能进一步激发学生的学习兴趣；能针对学生学习能力的差异调整学习进度，提高学习效率；能培养学生的自我教育能力，为其终身教育打基础；能为学生提供更多的高质量的科学信息；能为教师提供更多样、更先进的教学手段……现代教育技术为今天的教学和学习开拓了广阔的天地。

特别是在教育现代化进程不断推进的同时，以计算机网络为代表的信息化资源的开发与利用已越来越受到人们的关注。由于信息化资源具有信息容量大、智能化、虚拟化、网络化和多媒体相结合的特点，这些特点对于调动孩子的多个感官接受信息、扩大教育教学规模和提高教育教学效果有着重要的积极作用。

计算机网络包括各种局域网（校园网、地区网）和国际互联网，可以充分实现资源共享。例如，可以利用校园网发布气象消息，建立学生自己的科学网站。互联网上存在大量的科学方面的信息，还有一些互动性的科学学习项目。所以，只要有条件，教师应积极引导学生充分利用这些资源。同时，这也可以锻炼学生收集信息的能力。

一些学校为推进“科学实验总动员”这类活动的建设，很好地借用了校园网这个平台。如江苏盐城第一小学教育集团专门在校园网上开辟“家庭实验室”栏目，既可以发布家庭实验项目，又可以展示学生的实验成果；栏目还设有评论平台，教师、学生、家长以及其他社会人士，可以对项目和成果进行评价，还可以留下自己的意见和建议。从访问量看，这个平台有效地架起了家校合作的桥梁，为实验总动员的开展起到添砖加瓦的作用。

如今的互联网络中有着众多专业的、开发较为成熟的科普网站，如：

汉博·中国少儿科学教育网（http：//www. handsbrain. com/）

科学教育网（http：//www. sedu. org. cn/）

大眼睛科技教育网（http：//www. eyecn. com/）

中国科普网（http：//www. cpus. gov. cn/）

时间科普网（http：//www. time. ac. cn/）

北京科普之窗（http：//www. bjkp. gov. cn/bjkpzc/index. shtml）

小哥白尼科普网站（http：//www. 21children. com/）

人人节约网（http：//www. rrjy. com）

节约用水咨讯网（http：//www. wcis. itri. org. tw）
中国数字科技馆（www. cdstm. net. cn）
中国共享资源网（www. kepuziyuan. cn）
全民科学素质行动（www. kxsz. org. cn）
全国青少年科技创新服务平台（www. xiaoxiaotong. org）
……

科普网站含有大量的科学知识、科技活动内容，有的还有科学课程教育方面的课件。为此，科学教师可以引导孩子浏览相应的网站，开展网站提供的各种实验活动，这不但能提高孩子们处理信息的能力，还能使孩子在收集、筛选、储存、加工信息的过程中实现对事物全面的了解，培养孩子探索的能力，从而提高孩子的科学素养。

当然，对小学生学习科学而言，亲历探究过程、获取一手经验是极为重要的，不能用高新技术代替一切。亲手饲养小动物的感觉与玩电子宠物的感觉毕竟是不同的。

三、有效利用图书资料

平时用的教材以及各种各样的图书资料是最为常见的课程资源。许多学校都建有自己的图书馆，图书馆中的各类藏书、报刊也是宝贵的课程资源。此外，许多家长也为自己的孩子购置了种类不同的科普读物。这些读物利用好了，便是一笔不可忽视的精神财富。

为了对分布于各个学生家庭中的图书资源加以充分利用，可以以班级为单位，建立起自己小小的图书角。可以对每个学生家中的科普读物进行普查登记，随后对它们进行整理分类，按顺序将这部分读物登记在册。有了这样的小册子，每个同学便可以根据自己的需要与兴趣爱好向同学借阅。这样不仅可以使存在于每位学生家中的图书资料得到最大限度的利用，而且可以培养学生团结友好、相互帮助、爱护图书等可贵品质。同时，学生相互间的交往能力、自我管理能力也能得到有效锻炼。

四、有效利用仪器设备

在科学素养的养成方面，科学探究能力的形成十分重要。它需要孩子们通过动手动脑、亲身实践，在感知、体验的基础上内化形成，因此学校里的仪器设备、实验室等的开发与利用便显得十分重要，而仪器设备、实验室也是课程资源的重要组成部分。科学教师应尽可能多购置一些必需的仪器设备，尽可能建设和完善各类实验室，并尽可能对学生开放，让孩子有充分的自己动手、自主探究的机会。必要的时候，还可以让学生带回家进行各种实验活动。

五、有效利用科技人员

学校、家庭和社区周边的科研机构、高等院校、工矿企业、农牧场等单位都是科学教育实实在在的课程资源。科学教师和家长可以与这些单位建立联系，开展一些现场科技活动，也可以和科技人员或某一领域的专家取得联系，让其指导自己的学生和孩子，开展各种有着一定难度的实验活动。

六、有效利用家长资源

家庭是科学课程资源的重要组成部分，发动有科技特长的家长，开展多种多样的实验活动，对实施素质教育、达成科学课程目标将起到重要作用。每个家庭都有自己独特的生态环境与自然资源，科学教师应指导家长充分利用家庭资源开辟科技角、饲养角等家庭实验基地，还可将孩子发动起来，自己动手建设生态缸等。

利用与开发多种多样的科学课程资源，可以使孩子们的科学探究活动具有广阔的智力背景，科学教育也就不会局限于传统意义上的教材了！

当《金华晚报》着力推广实验总动员活动项目时，一个更好的机遇随之降临。那就是为丰富孩子们的暑期生活，给孩子们一个有意义的暑假，2011年6月，金华市教育局联合金华市电视台推出了“暑期快乐课堂”栏目。栏目首期邀请了金华市语文、数学、科学、美术和信息五门学科的五位名优教师参与拍摄。因为在“家校合作”开展科学教育方面成绩不错，特别是创建了孩子们喜爱、家长认可、社会美誉度颇高的实验总动员活动项目，于是，我就以科学教师的身份参与了“暑期快乐课堂”第一期的拍摄。

“空瓶吞蛋”和“乌鸦吃蛋”两节课，在金华电视台教育科技频道播出后，受到了金华市中小学生的喜爱。其中，“空瓶吞蛋”这节课，因为效果极佳，后被金华电视台推荐参加2011年度浙江省广播电视青少年节目评比，荣获浙江省广播电视局三等奖的好成绩。

2012年暑期，应金华市教育局和金华电视台的再次邀请，我又参与了“至博·名师课堂”的拍摄，共拍摄“探寻小胶囊”“探密水的表面张力”和“橘皮空袭气球”三堂课，播出后同样深受广大中小学生的欢迎。

金华电视台和金华教育局联合推出的“暑期快乐课堂”

我非常喜欢海尔集团总裁张瑞敏先生说的一句话：“把每一件简单的事情做好就不简单，把每一项平凡的工作做好就不平凡。”说实在的，带孩子们做实验是一件小事，是一项平凡的工作，但我时时告诉自己，应认真努力把这件小事做好，因为它可以成就一个个不简单又不平凡的未来一代，因为它可以让我培养一两个未来科学家之梦成为现实。

第七章
小学科学实验总动员活动平台的创建

科学教师应该指导家长帮助自己的孩子在家里创建一个实验平台，因为有了这样一个实验平台，不但孩子们的科学素养会得到提升，而且还可以在家里营造出良好的科学学习氛围，说不定未来的科学家就在这里诞生。

第一节　世界著名实验室简介

实验室是科学的摇篮，是科学研究的基地，对科技发展具有十分重要的作用。在国际上享有盛誉的著名实验室更被喻为科研领域的麦加，是科技工作者向往和追随的地方。这些实验室往往代表着世界前沿基础研究的最高水平，诞生过一大批诺贝尔奖获得者和具有划时代意义的科技创新成果，是开展高层次学术交流的重要场所。这些世界著名的实验室主要分成三类。

第一类是建立在大学里面、附属于大学或者是由大学代管的实验室。美国很多一流的研究型大学都为政府代管国家实验室，这些设在大学里的国家实验室作为原始性创新基地，在国家基础研究、技术开发和科技攻关中承担着重要使命。

英国剑桥大学的卡文迪什实验室，莫斯科大学的物理实验室，荷兰莱顿大学的低温实验室，英国曼彻斯特大学的物理实验室，等等，都属于第一类实验室。

像著名的卡文迪什实验室是由著名物理学家麦克斯韦（James Clerk-Maxwell，1831～1879）负责筹建的。1874年，实验室建成后他担任第一任实验室主任，直到他1879年因病去世。在他的主持下，卡文迪什实验室开展了教学和科学研究，工作初具规模。按照麦克斯韦的主张，物理教学在系统讲授的同时，还辅以表演实验，并要求学生自己动手。表演实验要求结构简单，学生易于掌握。麦克斯韦说过："这些实验的教育价值，往往与仪器的复杂性成反比，学生用自制仪器，虽然经常出毛病，但他们却会比用仔细调整好的仪器学到更多的东西。学生用仔细调整好的仪器易产生依赖而不敢拆成零件。"从那时起，使用自制仪器就形成了卡文迪什实验室的传统。实验室附有工作间，可以制作很精密的仪器。麦克斯韦很重视科学方法的训练，也很注意前人的经验。

第二类实验室属于国家机构，有的甚至是国际机构，由好几个国家联合承办。它们大多数承担基本计量、高精尖项目、超大型的研究课题和国防军事任务。

建于1884年的帝国技术物理研究所（Physikalisch Technische Reichsanstalt，简称PTR），相当于德国的国家计量局，以精密测量热辐射著称。19世纪末，该研究所的研究人员致力于黑体辐射的研究，使得普朗克发现作用量子。可以说这个实验室是量子论的发源地。

第三类实验室直接归属于工业企业部门，为工业技术的开发与研究服务。其中最著名的有贝尔实验室和IBM研究实验室。

贝尔实验室原名贝尔电话实验室，始建于1925年，总部在美国纽约（后迁至新泽西州的墨里黑尔）。它是一个在全球享有极高声誉的研究开发机构，主要任务是进行通讯科学的研究，有研究人员20000人，下属6个研究部，共14个分部，56个实验室，每年经费达22亿美元，其中10%用于基础研究。除了无线电电子学以外，在固体物理学（其中包括磁学、半导体、表面物理学）、天体物理学、量子物理学和核物理学等方面都有很高水平。

贝尔实验室自成立以来，共获专利26000多项（平均每天一项），其中重大科研成果50多项，如有声电影、晶体管、信息论、激光理论、3K宇宙背景辐射、可视电话、磁泡器件、光通信、数字计算机等，对我们的生活产生了重要的影响。在这里每年都要发表上千篇学术论文，造就一大批优秀科学家。几十年来获得诺贝尔物理奖的先后有：发明电子衍射的戴维森，发明晶体管的肖克利、巴丁和布拉坦，发明激光器的汤斯和肖洛，理论物理学家安德逊，射电天文学家彭齐亚斯和威尔逊。正是由于贝尔实验室产生了许多科学研究的突出成就，人们把它看作世界上最具权威性的研究机构之一。

阅读资料发现，现在中国已经建成的国家实验室分别是：

1. 同步辐射国家实验室　中国科学技术大学（合肥）
2. 正负电子对撞机国家实验室　高能物理研究所（北京）
3. 重离子加速器国家实验室　近代物理研究所（兰州）
4. 材料科学国家实验室　金属研究所（沈阳）

已经批复正在兴建的国家实验室：

1. 北京凝聚态物理国家实验室　中国科学院物理研究所
2. 合肥微尺度物质科学国家实验室　中国科技大学
3. 武汉光电国家实验室　华中科技大学等单位
4. 清华信息科学与技术国家实验室　清华大学
5. 北京分子科学国家实验室　北京大学、中国科学院化学研究所

第二节　学校探究实验室简介

科学探究实验室是学生在课内学科学、用科学的主要场所。它可以让学生像科学家那样进行科学探究，去发现科学规律、建构科学概念。为此，现在大多数学校都建有独立的科学探究实验室。

在小学，科学探究实验室具有实验和教育的双重功能，它既是科学教师和学生进行科学教学和学习活动的主要场所，也是对学生进行科学观教育的阵地。一个设施完善、氛围浓郁的实验室对学校的科学教育影响重大，对孩子的影响也非常巨大。

1932 年诺贝尔物理学奖获得者维尔纳·卡尔·海森堡从小就接受了良好的家庭教育，养成了对自然现象充满好奇、善于独立思考的性格，这种性格对一个孩子来说无疑是十分可贵的，后来人们在谈论起海森堡时，总会不知不觉讲起他童年的故事。

海森堡刚进入慕尼黑马克西米廉斯中学的时候，经常会被实验室里有趣的实验现象所吸引。有一天放学后，其他的同学都纷纷回到了家里，可是海森堡却迟迟没有回家，他的父母为此非常着急，动员全家人出去寻找。天色慢慢地暗了下来，整个慕尼黑笼罩在夜色里，各家各户的灯光渐亮起来的时候，家人们终于在学校的一间实验室里找到了小海森堡。原来他因为对当天

所做的一个实验有疑问，于是就不停地重做，希望能找出实验现象的原因，可是由于太专心，竟然忘记了回家的时间。家人发现他的时候，他仍然趴在实验台上，在昏黄的光线下摆弄着实验器材，竟然对父母的到来浑然不知。

因此，科学探究实验室的建设对孩子们的科学教育有着重要的意义，好在现已引起许多领导的高度重视，有些省份还投入巨资开展标准化科学探究室的建设。一般来说，科学探究实验室的建造应考虑以下几点：

一、面积和位置要合理

学校的科学探究实验室要满足每个班学生进行实验研究的需要，因此，通风采光要好，大小至少要与一般的教室相当，最好能比一般的教室大些，以留给学生足够的活动空间。这是因为，科学探究实验室内除了需要摆放上课必需的桌、凳外，还需要设置水池等实验必需的器物，并要能够让学生下位观看其他学生的实验情况，自由组合成实验小组开展观察实验活动。有些实验操作无法在实验桌上进行，还需要利用其他的空间。

教科版《科学》五年级下册“用橡皮筋作动力”一课，当学生制作成功一辆橡皮筋小车时，需要检测橡皮筋缠绕的圈数和小车行驶距离的关系。在实验桌上肯定是无法进行此实验的，它需要一个更大的场地。另外，有些实验操作还需要在室外进行，在真实的自然环境中进行。只有这样，学生才能获得真实的情感体验，获得真实的实验数据。如《科学》五年级上册“光”单元的“阳光下的影子”“光与热”和“怎样得到更多的光和热”，都需要在室外有阳光的条件下才能展开实验。

二、设施和仪器要够用

为了满足学生实验的需要，必须有水通到实验室，而且要留出多个水龙头，因为小学科学有许多内容会涉及水，如《科学》五年级上册“地球表面及其变化”单元中“岩石会改变模样吗”“土壤中有什么”“雨水对土地的侵蚀”“探索土地被侵蚀的因素”“河流对土地的作用”和“减少对土地的侵蚀”。因此，新建的实验室最好能够把水直接通到学生的座位旁，以方便学生随时用水。至于电，则不一定需要配到座位，因为小学科学不需要用到交流电。

小学生的实验桌不必按班级的课桌那样布置，班级式的课桌排列不能满足学生自由分组实验的需要。最好的样式是每生一桌，桌与桌之间可以随时自由拼接成实验小组。现在，许多小学实验室的实验桌按中学实验室的规格制造，两张实验桌并排，中间夹一个水池，两者还联为一体，不可分开，这是有悖于小学实验的特点和要求的。有些学校实验桌前面竖有一块高高的挡板，看起来挡板可以阻止器材掉落，但它违背小学实验的特点，因为学生实验是在教师的引导和密切关注下进行的，实验与教学密不可分，教师站在讲台上随时可以看见学生实验的情况，而不是像中学那样，实验集中进行，教师则巡回指导。

科学探究实验室的教师操作台应区别于讲台，尽量做到高、宽、水到位。高，有利于全班学生看到教师的操作；宽，便于放教学需要的各种器材；水到位，便于科学教师做有关水的演示操作实验。而科学教师操作台和学生实验桌的桌面最好用防水、防火、耐化学药品腐蚀的材料制造。

在小学，科学课与科学实验往往合为一体，极难明确区分。因此，在经济条件允许的情况下，实验室里最好还配备视频投影等现代化的教学设备，以便教学活动的开展。

此外，科学探究实验室还必须配备一些消防设备和处理学生小伤口用的医药用品，以防意外之需。

三、氛围要有教育意义

科学探究实验室的环境也能对学生发挥教育作用。为此，可以在实验室四壁张贴科学名人头像，以激发学生的探究热情；可以在实验室四壁展现科学现象和科学故事，激发学生的探究兴趣；也可以在实验室四壁张贴关于仪器的图画，展示使用方法，营造出探究、严谨、安全的氛围；还可以留出一些评比园地，当有学生被评为“科学小实验家”或“科学小明星”时，可以把他们的照片粘贴在园地里，起激励先进、鞭策后进的作用。在条件允许的情况下，可以把常用器材的橱柜放在实验室里，方便学生使用，鼓励自主探究，把口号式要求变为真实的行动。

美国客人参观学校探究实验室

现在，有一些科学教学仪器的厂家，干脆整体提供科学探究实验室，厂家还负责进行实验室的装饰。这种科学探究实验室除包括常用的科学仪器、实验桌椅等，还有科技体验区，以便对学生进行科技教育。此外，还可以根据学校的要求，对科学探究实验室进行个性化的设计，以适合学校的生情和校情。这虽然增加了资金的投入，但整体效果很好，也很实用，更为孩子们所喜爱。

2009年浙江省就实施了“小学科学探究实验室工程”。它是浙江省教育厅为进一步改善全省中小学校实验教学条件，深入推进新课程改革，培养学生创新精神和实践能力而组织实施的惠民工程。工程以经费补助的形式，投入省级专项经费约250万元，并于2010年4月底前建成全省首批（60～80个）小学科学探究实验室，建成一批有特色、有成果、有实效的示范学校，并充分发挥其引领辐射作用，从而带动全省小学科学实验室建设与应用工作的深入开展，积极探索新型小学科学教学模式。

浙江省推广的小学科学探究实验室包含8组科学主题教学仪器，基本能够满足学生观察实验和动手操作的需求，符合科学教育和技术技能培养的要求。而且实验室的设计充分体现新课程改革理念，在进行科普教育的同时，重点培养学生的实践能力和创新能力，让学生体验学习科学的乐趣，形成尊重事实、善于探究的科学态度，从而达到提升学生科学素养的目的。

四、管理要科学规范

科学探究实验室与学校其他专用教室一样，也需要由专人负责，保管好器材和设备，做好使用记录。并且，还要制订出相应的使用规章制度，悬挂于实验室内的显著位置，以规范师生的行为。

特别需要指出两点：第一，如果学校班级数较多，一间科学探究实验室是不能满足教学需要的，必须配备多个科学探究实验室。一般来说，一间科学探究实验室只能满足教学需要，超过三轨制就要添设相应数量的科学探究实验室。第二，与科学探究实验室配套的仪器室也需要重视，必须有专人负责，制度齐全。器材应该充足，分类清楚，编号明确，标签醒目，摆放有序；类别与细目建册，使用、归还、添置、报损等，要记录齐全、账目详细；化学试剂集中，专橱摆放，并有专用的通风设备；标本储存要配有防潮设备。这样，在仪器室的辅助下，科学探究实验室才能发挥出应有的作用。

为进一步贯彻落实教育部《中小学实验室规程》，适应新课程改革和素质教育的要求，发挥示范引领作用，推进科学探究实验室的标准化建设，一些省份还专门进行了诸如示范实验室之类的评比，试图通过评比推动实验室的标准化建设，为孩子们创设一个良好的学科学、用科学的场所和环境。如浙江省教育技术中心开展的全省中小学示范实验室评估活动。我所在的学校——金师附小为给孩子们创造良好的科学学习条件，投入资金，改善条件，2010年荣获“浙江省中小学示范实验室”称号。

2011年1月19日，《金华日报》记者王健以“不让学生错过科学教育的关键期”为题，对金师附小被评为浙江省中小学示范实验室进行了专门的报道。

近日，金师附小教育集团被省教育技术中心命名为“省中小学示范实验室”。这次全省共有79所学校被命名，我市有七所学校，而金师附小教育集团则是唯一的小学。

近年来，金师附小教育集团加大对科学学科硬件设施的投入，2007年，集团婺城小学功能齐全的实验室建成并投入使用；2008年，集团婺城小学建成一流的动物标本室；2009年，一次性投资10多万元，按照一类配备标准配齐配足实验仪器；2010年，对集团艾青小学的两个实验室进行了改造。学校在硬件设施上的投入，为科学教学奠定了良好的物质基础，科学学科渐成学校的品牌学科。

教育集团校长徐锦生说，学校还将进一步加大科学学科的建设力度，为学生的科学学习创造良好的条件，不让学生错过科学教育的关键期。

科学教育也有关键期

江美华老师说，每当静下心来，脑子里经常会有一个个身影在眼前跳动，劳越、朱金涛、金秋语、周昀、孙翰、潘乐扬、刘可意……他们一起探究煮饺子的秘密、泡茶的秘密、高速桥结冰的秘密，还到金华北山生态茶园、金东生态养殖场、东关奶牛养殖场、浙师大科技馆参观，曾一起观看日全食……他们就是“博科工作室”的成员。

“还记得《科学家是如何炼成的》一文，叙述的是一个叫霍普菲尔德的科学家成长的故事。小霍普菲尔德生长在一个不但宽容、而且鼓励孩子大胆探索的家庭。孩提时代，只要父亲做那些修理的活，他都会守在旁边看。稍大后，母亲鼓励他在厨房里做化学实验，对照着《儿童化学实验指南》，‘玩’出了各种花样。对大多数人来说，一般只有进入中学化学实验室后才能初次见到酸性试剂，但小霍普菲尔德在家里就看父亲用红色洋白菜作试剂，观察到了随着溶液酸度的不同，红色洋白菜或变红或变蓝的神奇现象，并从中接触到了酸性试剂。为什么小霍普菲尔德最后成为科学家？其中一个原因是，他的父母在他很小的时候，不失时机地为他营造了良好的家庭科学氛围，在他的心里播下了科学的种子。”江老师说，这样的例子非常多。其实，家长不懂科学也不要紧，重要的是应有意识地培养孩子对科学的热情。

教育家陶行知先生曾热切地希望中国的父亲学做富兰克林的父亲，中国的母亲学做爱迪生的母亲，更希望中国的男教师学做富兰克林的父亲，女教师学做爱迪生的母亲。“我发现自己部分地担当了孩子们科学爸爸的角色，真的很高兴。”江老师说，科学教育也有“关键期”，小学阶段就需要给予孩子适当的科学教育，这能使他们的天赋更好地开发出来。

让学生把科学课带回家

江美华老师一手创建的“科学实验总动员”深受孩子喜爱，它以家庭为据点，挖掘家庭中的科学课程资源，结合小学科学教材中的拓展性活动，设计出适合家庭开展的实验，并动员家庭成员参与相关研究。先后开展了诸如“煮水饺的秘密”等几十项适合孩子在家里开展的活动，以及不少个性化家庭实验活动，收到各类研究成果200多项。

孩子们被“动员”起来了，学生的研究报告在全国第一、二届科学小探索者科学小论文比赛中，有近70人次荣获全国奖，江老师两次被评为优秀指导教师；先后带领70多个学生外出科学考察5次；活动的阶段性研究成果分别发表在《教学与管理》《教书育人》《福建教育》《化学教学与实验》等省级刊物。包括《金华日报》和《金华晚报》在内的媒体，多次对相关活动进行了专题报道。

小学科学怎么学

“科学课的宗旨是培养孩子们的科学素养。”江老师认为目前小学科学课程存在不少问题，如把有问题的孩子教成没问题的孩子，做实验变成讲实验等。“科学课不仅仅是课堂上的科学课，也不仅仅是学校里的科学课，还包括课外的科学。”江老师说，让小学生进行栽培植物、饲养动物、帮助农业合作社和家庭做事、帮助学校制作简单的教学实验用品、绿化环境等活动，将让孩子们终生受益。

小学生怎样学好科学？“兴趣是最好的老师。”兴趣从哪里来？需要培养和保护。

家长要和孩子一起做科学，一起动手做。“家长对科学的投入，可以让孩子拥有广阔的发展空间，拥有美好的明天。”江老师意味深长地说。

本报记者　王健　文／摄

第三节　创建家庭实验室的指导

家庭科学实验室，顾名思义，就是孩子们在家里建造一个可供自己进行科学探究的活动场所。当孩子们根据自己家庭的课程资源，设计出可在家庭开展的实验活动后，势必需要真正付诸实践，否则毫无意义。而要展开相关实验活动，一个相对固定的场所是非常需要的，换句话说，就是开发和利用好家庭科学实验室。

其实，早期的科学家都是自己创建一个实验室，然后在自己创建的实验室里进行各种各样的实验，并诞生了人类科学发展史上许多重大的发现。

现代化学的创始人拉瓦锡就是靠母亲留下的足够多的财产，购买了一个叫作“大型包税公司”的盈利性企业的部分股权。当时，法国政府跟这些私人企业签订合同，而且由他们代理收税，而削减对拉瓦锡这样的包税人的税收。

尽管他的职责占用了他的研究时间，但他却有了足够的钱去建造欧洲最好的实验室。他在这个实验室里进行了最早的一个实验，即1769年研究当时一个普遍的观点——“水可以变成土”。当然，他也在这个实验室里证明了根本没有燃素的存在，揭示了燃烧的本质是物质和“生命气体”的结合，之后他把这种气体命名为氧气，这是因为它是酸的重要组成成分（氧在希腊文中意思是“酸”）。

小学科学除了在科学探究实验室开展课内实验外，还应该在课外开展一系列的课外实验活动，但是，这些课外实验不可能都到学校实验室里进行，更不可能每人单独使用一套实验仪器。鉴于此，为了能更好地学科学、用科学，需要向学生们倡议建立一个属于自己的家庭实验室！反过来，拥有一个属于自己的家庭实验室，在空余的时间里，在家人的帮助下，开展各种课外实验活动，很有可能是许多普通孩子的期待和梦想。

其实，很多著名的科学家在儿时因专注于科学探究，都在家里建起家庭实验室，就如1959年诺贝尔奖金获得者欧文·张伯伦。

张伯伦1920年7月10日出生于美国加利福尼亚州的旧金山。他的父亲是一名医生，也是一位著名的放射学家。他的父亲有自己的实验室，十分热衷于搞发明创造。有时候小张伯伦也会跟着父亲到实验室里去玩。每当看着那些陌生的仪器，小张伯伦都会感到很好奇，大人们忙忙碌碌的景象给他留下了深刻的印象。小张伯伦几乎对每样东西都要提问，竭力想弄清楚它们的作用。但父亲太忙了，没有时间回答他的这些提问，于是就叫来一名助手照顾他。这名助手非常喜欢小张伯伦，对于他提出的问题总是耐心地回答。而且他还能用孩子喜欢的语言与小张伯伦交谈，小张伯伦从他那里学到了好多科学知识，也对科学和实验产生了浓厚的兴趣。

在父亲的实验室里没有小张伯伦可以参与的地方，于是他就在家里组建了自己的实验室，搞些小实验。父亲对他的做法非常赞同，不仅帮他买来各种实验必需的物品，有时候还亲自指导他进行实验。正是在这种近乎玩耍的实验中，小张伯伦学到了很多东西，也渐渐地有了成果。他参照有关资料，组装了一台收音机。这可是一个不小的成果，父亲把它放在客厅里，用它收听各种节目。虽然收音机的效果不如买来的好，但家人都很喜欢它。这是对小张伯伦最大的鼓励，他做实验的兴趣更浓了，从小就培养出了良好的动手能力。

可以说，家庭实验室为孩子们创设了一个良好的学习环境，在这个环境中，学生可以利用各种工具和信息资源进行自由探索和自主学习。那么，科学教师如何指导孩子们在家里创建科学实验室呢？

一、科学实验场所的选择

小学科学是实验科学，它应该是“做”出来的，科学概念、规律的得出应该来自于实验。因此，小学生对科学学习的认识很依赖于实验观察和操作。被动地听教师讲解，旁观演示，可以说是小学生抱怨科学难学、枯燥的根本原因。而解决这个问题的有效方式是帮助孩子们创建家庭实验室，让孩子们拥有可以亲自动手探究的场所，以使孩子们的内部认知、外部操作以及信息加工活动等有机结合，从而使孩子们获得其他方法无法替代的直接经验。

借鉴一些发达国家科学教育改革的经验，在结合中国国情的基础上，提出“家庭实验室”的概念，并将家庭实验室作为科学课的重要组成部分，可以说是一种新的尝试。事实证明，它正被广大的科学教师和家长所认识，而且部分先行者已经行动起来，并取得了非凡的成果。

创建家庭实验室，首先涉及的是实验场所，因为不能称为严格意义上的科学研究平台，所以冠其名为家庭实验室。在选择实验场所时，由于孩子们的实验能力存在差异，应当鼓励孩子们建立多种形式的家庭实验室。

1. 根据家庭条件选择

在家庭实验室选址方面应鼓励灵活选择，厨房、客厅、卫生间、阳台等场所都可以建立家庭实验室。还要根据自家条件决定家庭实验室的大小，如果空间有限，拿一张小板凳搁在客厅的角落也就组成了一个小型家庭实验室。

可不要小看这样的一个小角落，孩子们的科学素养完全可以借此得以提升，说不定未来的科学家还会在这里起步。

2. 根据探究内容选择

孩子们还可以根据所要开展的探究活动创建家庭实验室。如种植、养殖活动，可以把科学实验室放在阳台上或平台上；可能存在着一定危险性的，实验时会产生异味、实验过程可能产生副作用的，则可以在储藏室或阁楼里进行；而一些简单的制作活动，则可以在自己的小房间里进行。

总之，在家庭实验室的创建方面，要做到因“兴趣”而宜，因“能力”而宜，因“内容”而宜，因“家庭”而宜。

二、科学实验环境的布置

学生在科学教师或家长的指导下，在家里收集一些小石子、铁钉、螺母、饮料瓶等生活中的物品作为实验材料，再配备（自制、购买或借用）一些最基本的测量仪表和装置，如弹簧秤、温度计等必备器材，就组成了一个广义上的家庭实验室。

家庭实验室的创建，还涉及实验平台的布置。一般来说，家庭实验室应强调个性化、实用化，做到科学性、可行性，小到一个工具箱，大到一个房间，都可以作为家庭实验室。其实，一张工作台，加上一条椅子和一个架子，就是比较理想的一种布置方式。

根据孩子们能力的差异，家庭实验环境的布置应向着个性发展的方向，让孩子们根据自己的爱好和兴趣，创建家庭实验工坊、家庭物理实验室、家庭化学实验室、家庭模型车修理厂、家庭植物园等不同内容的家庭实验室。

此外，还要指导学生根据自己的意愿、理想，给实验平台起个雅趣的名称，这非常需要，也别有趣味。例如，可以是挑战科学家的“挑战×××”，以自己姓名命名的“×××实验室”，或以某种动植物为名的“×××实验室”等。

三、科学实验器材的准备

给学生提供动手操作的场所是创建家庭实验室的一个重要原因所在。但实验仪器和材料问题的解决是创建家庭实验室的关键，也是学生动手操作的最大障碍。

一般说来，开展家庭实验活动必须配备一些常用的实验器材。在配备时要做到通用性、实用性，能自制的则尽量自制，如量筒、弹簧秤这一类的器具，就可以自制。其实，制作实验工具本身也是一种实验、一种科学活动方式。

教科版小学《科学》六年级下册的“微小世界”单元，通过两片不同焦距的凸透镜自由组合，可以“发明”出望远镜和显微镜，从而使学生感受到科学的"好玩"。另外，利用牙膏盒、纸片和凸透镜可以设计一系列的照相机，如自制针孔照相机、带透镜的照相机、投影仪、眼睛模型等，使学生在"玩"的过程中对光的应用形成系统认识。在教科版小学《科学》四年级下册的"电"单元学习中，可以结合相关内容，让学生自制小台灯、改造小台灯或制作亮度连续变化的小台灯等。

至于确实不能制作的，又是实验所必需的，如天平、钳子等，则可以购买，但要量力而行，应经济实惠，原则上可用就行。至于种植、养殖活动所需要的器具，则应尽可能利用生活替代品、淘汰品。

让孩子们在家里创建一个科学实验室，即家庭实验室，在我国最早是由温州实验小学提出来的。还记得，2008 年 9 月 5 日《浙江日报》以"一小学学生建立 1700 多个固定'家庭实验室'"为题刊登了这样一篇报道：

家里的客厅、书房、阳台、厕所……只要有可利用的空间，都有可能被孩子们建立起面积不大的实验室，开展各式各样的科学和生活实验。几根吸管、一杯水、锅碗瓢盆，这些日常生活中的常用物品都成为实验室的器具；爷爷、奶奶、爸爸、妈妈都成为家庭指导老师和"实验员"。

在温州市实验小学，3～6 年级的 2100 多名学生共建立了这样新鲜有趣的"家庭实验室"1700 多个，两年来进行了 7000 多项家庭实验，提交家庭实验报告、日记 5000 多篇。

哪些方法能够软化鱼刺？利用鲍鱼壳等物体能消灭蟑螂吗？不同的植物提取液能制作出怎样的洗发水？一个个新鲜有趣的"科学命题"如火柴般点亮孩子的好奇天性和创作热情。经过同学们的认真研究和观察，小铮、之仪等小朋友发现，人们吃鱼时不小心被鱼刺卡住，中药"威灵仙"具有比较明显的软化鱼刺作用。

"利用各种植物提取液制作洗发水实验研究"则是孩子们通过调查，研究温州民间采用哪些植物洗发。同学们利用各种植物提取液，配制出苹果汁、西瓜汁、樟树叶、木槿叶与稻草灰洗发水等，体会到了别样乐趣。

一名学生通过实验，发现风油精对祛除粘纸污垢有很大威力。他在日记中写道："一天，我不小心把英语的贴纸粘在地板上了。我妈用洗洁精洗，我爸用刀刮，可都没用。我用风油精一下子就解决了，看得我爸惊讶不已。"学生对新事物的认识更有想法了。他们敢于提出质疑，并通过实验验证、查找相关资料等方法进行证实研究。

"课外才是学生的广阔天地。"该校少年科学院的陈耀老师向我们介绍，鼓励学生建立家庭实验室在于让孩子们都有参加科学研究的机会，弥补了常规科学课堂在时间和空间上的不足，使学生能将课堂上所形成的科学能力、素养延伸到课外。

温州市实验小学的家庭实验室引起我国多位院士的关注和称赞，中国科学院院士、著名物理学家闵乃本为该校欣然题词：“少年科学院家庭实验室的开展是素质教育的创新尝试，期待取得更大的成功”。

有人说，家庭实验室是孩子们放飞梦想的地方；有人说，家庭实验室是孩子们实现理想的场所。这些说法都对！因为，孩子们借由这样一个角落，就有了播撒科学种子的地方，有了让科学种子长成参天大树的地方。我们现在还不能评估这项活动的功效，因为拥有家庭实验室的孩子还小，但它切切实实地影响了一批又一批孩子，使他们有了科学梦想。我们完全有理由相信，这是一项益民益国的事业。

第八章 小学科学实验总动员活动论文的指导

学生在开展科学活动后，科学教师和家长应该支持和帮助孩子们对实验的过程和资料进行整理，并让他们试着写科学小论文等。因为来源于第一手的实验资料非常有价值，有些对以后的科学研究也有帮助，这也可以说是科学研究的意义、价值所在。反过来，写科学小论文，本身就是科学实验的重要组成部分，它有利于学生反思之前开展的科学实验。

第一节　科学小论文的概念

科学小论文实际上是学生在课内外进行科学观察、实验或考察后对科学成果的书面总结。它的表现形式是多种多样的：可以是对某一事物进行细致观察和深入思考后得出结论；可以是动手实验后分析得出结论；也可以是对某地进行考察后的总结；还可以靠逻辑推理得出结论……

一、科学小论文的形式

科学小论文最常见的形式有科学观察小论文、科学实验小论文、科学考察小论文和科学说明小论文等。

1. 科学观察小论文

科学观察小论文，是指青少年对某事物或自然现象进行周密细致的观察，并对取得的材料和数据进行认真的分析、综合研究后得出结论，作出科学的解释和描述。

湖南廖郝同学的爸爸经常咳嗽。廖郝经过长期、反复的观察，发现了风向与爸爸咳嗽有着十分密切的关系，并查出“罪魁祸首”——湖南橡胶厂的大烟囱里飘来的烟气含有二氧化硫，爸爸一闻到它，咽喉部就产生过敏反应。他的《爸爸的咳嗽》这篇小论文主要是利用观察这一研究方式得出结论，属于科学观察小论文，荣获第二届全国青少年科学讨论会三等奖。

需要注意的是，科学观察小论文中研究的对象是客观存在的自然事物或现象，所观察的对象以及实验过程中产生的条件、各种现象，不能附加任何人为的条件或个人偏见。另外，观察是一项长期的、系统的、需要反复进行的活动，需要观察者耐心、细致、锲而不舍的精神。

2. 科学实验小论文

科学实验小论文，有时也称实验报告，是指青少年创设特定的条件，对研究的对象进行反复实验，对获取的材料和数据进行分析、综合得出结论而写出的文章。它着眼于对实验过程的客观叙述以及对实验现象的科学解释。

爬山虎能爬墙，这是许多同学所知道的。但是，爬山虎为什么能爬墙呢？武汉的熊斌同学通过观察，发现这与爬山虎的“触角”有关，接着他测算了平均每一米长的爬山虎茎干上有 25 个吸附在墙上的“触角”，并做了“触角的拉力测定和吸附作用”实验。由于他的实验目的明确，实验步骤详尽，数据准确，说明性强，得出的结论真实可信，因而他写的小论文不失为一篇优秀的科学实验小论文。

3. 科学考察小论文

人们想要研究与生活息息相关的水域污染程度、某地空气污染源，弄清某奇石奇山的演化过程、某范围动植物资源及分布情况等，就得实地考察。以调查、访问、实地勘探等考察方式为主要研究手段写出的小论文称为科学考察小论文，有时也称为科学考察报告、科学调查报告。

荣获第五届全国青少年科学讨论会一等奖的《愿胜天水库的水常绿》一文中，小作者们对水库的地理生态环境、库容等作了实地考察，并进行了实测，找出了水库存在的隐患，提出了较为合理的建议。文中除写明了考察时间、对象、内容及综合分析得出的结论外，还绘出了“胜天水库集雨图”“强烈侵蚀中山示意图”，加上一些实际数据，使读者对考察对象有比较清晰的认识。

写科学考察小论文时，有时还应将有关动植物、岩石、土壤等标本或照片附在文后，以增强说服力。

4. 科学说明小论文

科学说明小论文是指作者通过翔实可靠的资料对某一自然现象或自然事物进行解释和说明的一类小论文。一般来说，它并不直接采用观察、实验、考察等研究手段，而主要是从书刊资料那里获取丰富的第二手材料，然后经过综合分析、逻辑推理，用自己所理解的语言阐明某一观点。

《为什么说贵阳是祖国的第二春城》是获第二届全国青少年科学讨论会三等奖的小论文。该文作者的研究方法有其特别之处：一是利用广播、电视，坚持记录整理贵阳与昆明两地的天气和温度；二是利用现成的科研成果《中国气候图集》找出有代表性的城市——重庆、北京的气温情况和贵阳、昆明相比较；三是从书上查证昆明与贵阳 1、4、7 月和 10 月的平均气温，进而综合分析得出结论。

这类文章虽然不似前三类需要亲自实践得到论据，但它毕竟是通过作者精心收集和整理资料、综合分析提出了新的观点、新的见解，所以也承认它是科学小论文。

特别提醒的是，写科学说明小论文时，千万不要提出一个问题后就赶忙查资料，再不加分析地原本照抄、作出解释，这样就会没有新意，没有新的见解的文章只能算是一般性科普文章，不能称为科学小论文，更不能培养自己研究问题的能力。

二、科学小论文的题材

科学小论文的题材包括自然科学、环境（人生活的环境、水、空气、资源、动物和植物、自然保护区、住宅和住宅小区）、社会人文（文化、艺术）以及发明、制作、种植、养殖过程中的收获等方面。题材十分广泛，很多题材和研究项目实际上常常发生在学生的身边，甚至发生在学生身上。下表是部分学生所写的科学小论文题目和所属题材的举例：

序号	题目	题材
1	考察金华市东关生态奶牛养殖场	养殖
2	关于金华市安地水库的水质调查	自然科学
3	关于金华市燕尾洲成因的调查报告	自然科学
4	关于家庭一天产生垃圾的调查	环境
5	关于城市楼顶乱搭乱盖的调查报告	环境
6	关于家庭一天生活用水的调查	环境
7	关于网吧键盘鼠标污染情况的调查	社会人文

由此可见，科学小论文的题材涉及生活的方方面面，只要学生留心，做生活的有心人，就可以在生活中找到科学小论文的各种题材。

三、科学小论文的性质

1. 科学性

科学小论文不是科学幻想文章和小说。科学幻想可以远离实际进行构思，而科学小论文则需要根据实验研究情况进行写作，需要在科学实验的基础上提出与众不同的见解，还需要提出相关的解决办法或建议。因此，其一定的科学性也是科学小论文区别于其他各类体裁文章的重要特点之一，即科学小论文不是散文式的文章，它不需要抒情式的描写。

2. 创造性

科学小论文要有自己新的发现、独特的见解以及自己的实验结果，而且对人们的生产生活有一定的实际意义，同样的，小论文应没有参加过各级科学讨论会，也没有在各级报刊上发表过。当然，如果在别人研究的基础上进一步研究，提出新颖、独到而又论据充分、言之有理的见解也是可行的，不失创造性。

3. 实践性

在写科学小论文前，需要实验者亲自去实验，因此具有实践性，这也是科学小论文区别于其他小论文的重要特点之一。像这样一类科学实验小论文，必须利用一些工具、手段，必须亲自试验、调查、访问、考察，然后分析实验过程和收集到的资料，获得具有一般规律性的结论，然后发表作者的意见和看法。

第二节　科学小论文的特点

科学小论文要短小精悍、简明扼要，不要长篇大论，不要面面俱到。初学写作的孩子可以降低要求，具体来说：要说透一个概念，阐明一个问题，论证一个观点，设计和做好某个实验，阐述一个实验现象的实质，写好一个调查报告，介绍一种学习方法，写出某学科某章节的学习体会等。科学小论文作为科普文章的体裁之一，要有科学性、创造性和实用性，其主要有以下特点：

一、突出“小”

首先，科学小论文要突出“小”。因为只有选题小，才能挖掘得深。具体来说，就是研究的范围要小，一般以一物一现象为主。科学教师应指导孩子不要将题目定得太大，更不要一个题目同时进行多个科学实验活动，像这样的科学实验不太适合于小学生。

二、突出“新”

其次，科学小论文要突出“新”。因为只有选题新，才有研究价值。假使没有独特的见解，没有新的发现，即使表达得再好，论证再有力，也只是“瞎子点灯——白费蜡”。例如，有人考察过的内容就不应再去考察，那样没有价值，没有意义。当然，有人研究过的内容，如感兴趣，条件又允许，那么可以选择不同的角度、不同的主题，在原有的基础上有突破、有创新才行，否则就不要选择。

三、突出“浅”

再次，科学小论文要突出“浅”。因为只有选题浅，才能力所能及。小学生毕竟是小学生，他们的科学知识面不太广，能力也有限，不大可能研究太深、太难的主题。为此，科学教师要指导学生根据自身的实际情况，选择较“浅”的研究主题。

四、突出“我”

最后，科学小论文要突出“我”，即研究内容是学生自己发现的或确定的，是学生自己确定选题的，是学生自己进行研究的，是学生自己总结的，是学生自己撰写的。当然，这里所说的突出“我”，不但不排斥家长、老师、同学或其他人的帮助，反而更欢迎这些人的帮助、支持。不过，不管是谁参与研究，都只能是指导或帮助的角色，一切应该以“我”为主，反对他人包办代替。

鉴于此，小学生所进行的科学实验活动，应该是小而新、小而实、小而活、小而巧的活动，小学生应该写出富有自己创见、观点的科学小论文。

第三节　科学小论文的指导

科学小论文的写作主要包括拟定论文题目和提纲、准备写作材料、大胆动笔实践、反复进行修改四个方面。

一、拟定提纲

1. 编拟题目

学生虽然在科学实验前就已经确定了主题，但实验的主题和论文的题目是不一样的，一个好的题目能让人拍案叫绝、一眼难忘，对吸引读者起着关键作用；一个好的题目，还可以让读者从题目中了解文章的概貌。具体说来，题目应用精练的文字将论文内容确切地表达出来。另外，题目的字数以不超过 14 个字为宜，题目中不要出现逗号等。如果觉得题目尚不能很好地表达出内容，可以在主题目下加副标题给予说明。

2. 编写提纲

在学生确定了科学小论文的题目后，科学教师首先应指导学生仔细回忆科学实验的经过，想一想整个实验过程可以分成几个部分，然后以小标题的形式予以表达。其次，科学教师还要指导学生思考每一部分又可以分成几个方面，每个方面可以用一个什么样的小标题，如果还可以往下分，那就要继续往下分。这样就编成一个写作提纲，它是写好科学小论文的重要保证。

二、收集材料

学生通过科学实验取得第一手材料后，科学教师应指导学生坐下来分析研究，从中选出自己所需要的实验材料，还要根据论文的写作需要去粗取精、去伪存真，以科学的态度进行整理分析，并得出自己的实验结果。

三、动笔写作

科学小论文一般应包括以下部分：实验原因、实验经过（时间、地点、人员、方法和素材）、实验结果、建议和设想等若干个部分。

1. 实验原因

俗话说："万事开头难。"科学小论文的写作也是开头难。其实说难也并不难。其一，因为学生写的科学小论文内容已经有过一系列的研究，所以基本上可以做到"胸有成竹"；其二，如果学生掌握科学小论文的写作方法，写起来并不一定很难。

不过，特别需要指出的是，开头部分虽短，却是全篇的总纲部分，它提示着作者的思路和对众多材料的取舍。因此，在写作之前，科学教师必须指导学生把握整篇文章的结构。总的来说，这部分内容要写得简单明了，不需要花费太多的笔墨，但要将问题说清楚，说明是什么现象或原因让自己产生实验的需求，以帮助读者明确科学实验的主题。当然，科学小论文开头的方式多种多样，科学教师应指导学生根据研究内容和自己喜欢的写作风格而定，但一般应开门见山地提出讨论的问题，即是什么原因让自己想到研究这个问题。

2. 实验经过

学生写好实验的原因后，接着就要详写实验经过。实验经过是科学小论文的主要部分，它包括实验过程、发现的现象、判断、推理以及得出结论等。这部分内容要写得翔实，要求层次清楚，描述准确，可以将自己看到的、听到的、想到的如实地、详尽地写出来，让读者一看就知道实验过程是怎样开展的。特别是实验时间、实验地点、实验人员、实验方法和实验素材等，均要在这部分体现出来。

不过，需要注意的是：实验步骤要写得详略得当，实验过程、数据来历、实验现象要写清楚，叙述时还应有一定的顺序。数据材料要准确，可设计成能说明问题的表格、图解，必要时还可附上拍摄的照片、采集的标本等，以增强论文的说服力。另外，获得的结论要有自己的独特见解，文字要简洁生动、层次清晰、条理分明。还要注意选择典型材料，也就是选择的材料要能说明问题，不求多，要求精。

3. 实验结果

实验结果也就是科学实验后得出的结论。实验结果可以蕴藏在实验过程之中，也可以通过分析实验经过而得出，这部分内容应该简单、准确、有条理。

4. 建议设想

建议设想是科学小论文的拓展环节，也是论文能否出彩的关键所在。也就是学生能否根据实验经过得出实验结果，提出想法、意见和建议。那些有感而发的想法、深思熟虑的意见、一针见血的建议，往往有着很好的价值，而且可能被专家、学者等采用。其实，也只有在科学小论文的结尾写出获得的结论以及对这一问题的意见和建议，才能和开头提出的问题相呼应，才会收到良好的效果。

5. 整理附件

当然，科学小论文除了上述几个环节外，还要把相关资料作为附件放在论文的后面，使论文更有说服力。例如，有关动植物、岩石、土壤等标本或照片，相关的法律法规，等等。

四、修改定稿

科学小论文的写作和其他文章一样，大多数不是一次能完成的，一般要经过初稿、修改，最后才定稿成为正式的小论文。如达尔文写《物种的起源》花了22年；李时珍写《本草纲目》花了27年；徐霞客写《徐霞客游记》花了34年等。所以，王充说："凿不休则沟深，斧不止则薪多。"当然，这不是说科学小论文也要经过很长的时间才能完成，而是说要学习科学家严谨的科学态度和锲而不舍的精神。

学生还可以将已写好的初稿向专业人员或科技辅导员请教，请他们提出修改意见。内容不足可以补充，研究不够完善、论据不够充分的可以进一步研究，论文结构有问题可以调整，文字不够准确精练可以修改。只有经过反复修改的小论文才有可能成为好论文。好文章不是写出来的，而是改出来的。在这个环节中，科学教师可以发挥很好的作用。

五、注意点

这里所讲的是科学小论文的基本环节，并不是每一篇科学小论文都必须具备这几个环节，也不是每一个环节都要用这个名字，学生可以根据实际情况进行恰当的修改或调整。

有的科学小论文可以在后面加一个单独的环节——实验结果分析。有的则把这一环节放在实验结果之中，有的则放在建议和设想之中，有的干脆没有这一环节。究竟哪一种方式好呢？要根据实际情况定，没有绝对说哪一种方式好，哪一种方式不好。还有的将实验活动的方案单独作为一个环节，写在论文中，有的则不在论文中体现，这都很正常。应该根据主题的特点、论文的需要和个人的习惯来确定，这里说的只是一种基本的环节，仅供大家参考。

相信有了上面的分析，大家对科学小论文的选题、实验、写作有了初步的了解，但是关键在于实践。俗话说："活动出才干，实践出真知。"

物体不同摆放位置吸热情况的研究报告

研究问题：我们发现屋顶上的太阳能热水器都是倾斜摆放。这是为什么呢？我们猜想这样可能更有利于吸收太阳光的热量。那怎样验证我们的猜测呢？我们决定利用温度计，在阳光下对水平放置、直立放置以及和太阳光垂直放置的三个黑色纸袋的升温情况进行检测。

研究方法：采用对比实验，把三个同样大小的黑色纸袋，分别按和地面平行、和地面垂直、和太阳光垂直的方式摆放，每个纸袋都插有一支温度计，然后每隔两分钟读出温度计的温度。在读温度时，尽量做到同一时间。为此，我们对小组成员进行分工，一个同学计时，一个同学记录，5 个同学测温度。

研究过程：为了做到实验更具可比性，除了纸袋摆放的位置不同之外，我们尽量做到纸袋的颜色、大小以及摆放的时间、地点都相同，还对检测用的 3 支温度计进行了测试，以防止温度计本身问题影响到实验的精确性。下表是测得的温度：

摆放方式	初温	2 分钟	4 分钟	6 分钟	8 分钟	10 分钟	变化趋势
和地面平行	23℃	36℃	39℃	42℃	42℃	43℃	温度慢慢变高
和地面垂直	23℃	35℃	37℃	41℃	44℃	45℃	温度慢慢变高
和阳光垂直	23℃	37℃	40℃	43℃	45℃	48℃	温度升高最快

为了更直观地显示纸袋不同摆放位置的吸热情况，我们又把上面测得的温度制成了折线统计图，如下：

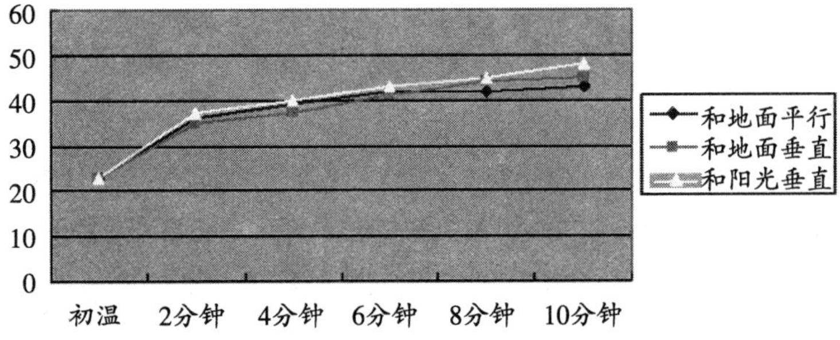

研究结论：我们对实验数据进行分析后，发现和阳光垂直的纸袋升温较快。查阅相关资料后发现，其原因是阳光直射某物体时，某物体获得的光比较强，而斜射时，某物体获得的光比较弱。

研究拓展：实验验证了我们的猜想，即家里的太阳能热水器之所以要倾斜摆放，是因为太阳能热水器和阳光垂直时，可以吸收更多的热量。

因为一年中，太阳在空中的位置会发生南北移动，所以太阳能热水器和阳光垂直的时间是很短的。我们想，如果太阳能热水器能随太阳移动的位置改变而改变，那多好呀！这也是我们接下去想要研究的新问题。

需要注意的是，有些同学把科学小论文看得很神秘，认为是科学工作者的事，对少年儿童来说是高不可攀的。这完全是一种误解，同学们不仅能写，而且可以写出质量较高的论文，也能写得丰富多彩。

第九章 小学科学实验总动员活动效果的评价

小学科学实验总动员大多数情况下是学生自主的行为，出于学生的研究兴趣，学生靠很“童化”的毅力维系着活动的开展。因此，如果实验活动未能得到及时的肯定，长期得不到应有的关注，限于学生的生理、心理特点，很有可能中途夭折。鉴于此，科学教师必须建立相应的评价机制，用机制制约学生，用机制激励学生，从而使实验活动常态化，变为学生自觉的行为。

第一节　小学科学实验总动员的评价宗旨

小学科学实验总动员的评价是指对科学实验总动员的活动效果作出判断并形成一致的价值取向，它支配或决定着科学实验评价的目的、内容和方法。对学生的科学实验进行评价，既是新课程评价改革的重要内容，又是科学实验取得成效的有力保证。

一、科学实验总动员的评价宗旨

1. 学生评价为主，教师评价为辅

科学教师应指导每个学生按照自己的实验情况先自评，然后把科学实验成果带到学校进行小组互评，再由组长将本

组成员的评价结果进行排序，由科学课代表对各组进行综合评价。综合评价出来的最终结果作为科学教师对学生评价的根据，这可是非常珍贵的学生成长的原始材料。

2. 过程评价为主，结果评价为辅

过程评价即考查学生科学实验的完整过程，它能真实反映出学生对实验现象的观察、判断和描述能力及对实验结果的分析和归纳能力。逐个观察、记录和评价，则耗费人力、物力、时间较多，但内容全面，所得信息比较直接准确。结果测评强调的是“完成”，不直接观察学生的操作过程，只根据学生的科学实验结果对学生的实验进行评价，虽省时省力，但不能如实反映学生的科学实验操作技能。

二、科学实验总动员的评价特点

小学科学实验总动员的评价主要是对科学实验的实施条件、进程和结果的评价，它具有以下特点：

1. 实践性

科学实验总动员的整个评价过程应坚持以学生为本，要求学生通过亲身实践，掌握基本的科学研究方法，提高综合运用科学知识解决生活问题的能力，并能对自己和同学作出科学的评价。

2. 开放性

科学实验总动员强调构建“大科学课堂”，其科学探究空间是开放的，即学生可以走出学校，利用计算机网络查资料，或者寻求相关帮助。因此，小学科学实验总动员的评价也是开放的，科学教师应鼓励学生对自己研究的问题提出独特的见解。

3. 主动性

科学实验总动员是一项个性化的活动项目，它的定位是基于自己特点和特长的科学实验，其主角是学生本人，科学教师充当配角。所以，科学教师应让学生学会自己对自己评价，自己对自己负责；科学教师的作用应局限在组织、关心、指导和评估等方面。

4. 过程性

科学实验总动员是基于学生个体水平的实验活动，由于小学生的年龄特点和能力水平的限制，他们还不能开展稍复杂且有太大难度的科学探究活动。它更关注学生在实验过程中的情感体验等非智力因素的培养。所以，与注重结果的传统实验评价相比，科学实验总动员的评价更注重在实施过程中学生的自身体验与收获。

5. 研究性

科学实验总动员作为一项实验活动，它和科学家所从事的观察实验相比，虽在难度上无法相比拟，但同样具有研究性的特点，同样有从提出问题到形成结论的较完整的过程。因此，科学教师应强调评价要以发展学生个性为目标，其目的在于让学生在实施过程中不断地发展自己的研究能力与创造能力。

第二节　小学科学实验总动员的评价形式

小学科学实验总动员的评价方法很多，大体上可以把科学实验的评价形式归纳为以下几类：

一、定性评价与定量评价相结合，以定性评价为主

1. 科学发现日志

科学发现日志是指学生针对某个实验项目，作出假设，设计实验，选择材料，动手实验，分析数据，以书面型和实物型的形式给予表达。科学教师可以通过科学发现日志了解学生的研究情况、研究态度，从而作出质性评价。

2. 科学态度量表

科学态度量表是指学生针对某个开展的实验项目而设计的问卷，通过实验者（可以是科学实验总动员的全体成员）对实验的反应，以了解实验者对某实验的态度倾向，从而作出质性的评价。

科学态度量表主要用来收集学生的实验态度反应信息。通过对学生实验态度的了解，以确定实验是否对学生有吸引力，然后对相关的实验活动进行改进。

“煮饺子秘密”的实验兴趣量表

	很感兴趣	感兴趣	不感兴趣	很不感兴趣
选择				
理由				
说明				

3. 科学小实验家

科学实验总动员是学生在课内外开展的实验活动项目，对于那些在实验活动中有着突出表现的学生，科学教师应授予“科学小实验家”等这样一类荣誉称号。对于孩子们来说，这可以说是最好的评价方式。例如：

________同学：

鉴于你在“科学实验总动员”活动中的杰出表现，决定授予你“科学小实验家”荣誉称号。

特此鼓励

科学实验总动员评委会

年　月　日

二、自我评价与他人评价相结合，以自我评价为主

1. 教师评价

教师评价是指科学教师对学生的科学实验态度、情境体验情况、技能掌握情况与能力发展情况作出公正、激励性的评价。评价学生是教师的责任，也是教师的权利，科学教师评价是整个科学实验活动过程中的重要环节。为了对学生负责，为了对科学实验负责，科学教师要谨慎使用手中的评价权，因为科学教师的评价会对学生产生很大的影响。这不仅会影响学生的行为，而且会影响学生的内心；不仅会影响学生的一时，甚至可能影响他们的一生。

因此，科学合理地评价学生是每一个科学教师的基本功，科学教师能否正确运用评价手段促进学生科学实验的开展，取决于科学教师是否具有正确的评价观。科学教师要适应素质教育的要求，就必须能正确运用科学的评价手段，使学生在科学评价的引导下，开展好科学实验活动，进而使学生的素质得到均衡协调的发展，逐步走向成熟、迈向成功。

2. 学生自评

学生评价（也称自我评定、自我测评或自我评估）是指评价主体根据评价目标和标准对自身的各个方面所作的评定和价值判断。在这里是指学生根据一定的目标和标准对自己开展的科学实验活动的各个方面所作的价值判断。

学生自我评价对其科学实验活动的开展具有重要的作用。首先，自我评价是学生个体成长和发展中的一条主线。在学生的科学实验活动中，他人的评价以及外部社会的评价最终要与学生的自我评价相结合，才会促进学生科

学实验活动的发展，学生最终要靠自我评价来完善自己、发展自己。其次，有效的自我评价有利于学生激发内在的学习动力，养成良好的行为习惯，并对自己的行为进行不断的检查和调整，形成自我反思、自我调整的有效机制，进而主动地开展好科学实验活动。再次，有效的自我评价有利于学生和教师共同承担评价的责任，使评价成为科学实验的一部分。因此，学生自我评价是学生自我认识、自我反思的基本手段，也是学生自我诊断、自我矫正、自我完善、自我实现的过程。

直接的自我评价是指学生通过自我参照和自我反思对自己在课内外开展的实验活动进行的评价。

“自制潜望镜”评价表

姓名________　　　　　　　　　　　　年　　月　　日

实验材料				
描述外观和性能				
与商家潜望镜相比，其优缺点				
评估自制潜望镜	不太好	基本满意	好	很棒
学生自评				
改进设想				

间接的自我评价是指学生通过参照他人的评价或通过与同伴的对照和比较对自己在课内外的实验活动进行自我评价。

“自制潜望镜”评价表

姓名________　　　　　　　　　　　　年　　月　　日

	与同学相比	与商家潜望镜相比	自己的潜望镜
材料			
外观			
性能			
价格			

3. 家长评价

家长评价是指家长参与孩子们学科学、用科学的评价过程。可以这么说，评价是一门技术，也是一种能力。家长参与科学教育的评价在我国还较为新鲜，因此，科学教师非常有必要对家长参与科学教育的评价进行科学的引导，帮助家长正确地对待和实施科学教育评价。

4. 特殊人员评价

特殊人员评价是指根据评价的需要，可以邀请学校领导、中学理科教师、科技工作者等参与学生科学实验活动的评价及对活动成果的评定。

三、整体评价与专题评价相结合，以整体评价为主

根据要求和考核范围的不同，可将科学实验评价分为整体性评价和专题性评价两种。整体性评价就是指科学教师深入学生的生活，对学生的科学实验的各个要素进行综合的、全面的、切合实际的分析评价。专题性评价则是根据科学实验的需要，就实验的某一方面进行较集中的、深入的评价。由于各要素总是相互联系、相互影响，进行专题评价必须兼顾其他有关方面，且有必要在专题评价的基础上进行整体性综合评价。

第三节　小学科学实验总动员的评价流程

科学教师在评价科学实验总动员的活动效果和教育价值时，必须按照一定的流程予以展开。其具体流程如下：

一、制订评价量表

对学生科学实验的评价，至今没有一个通用的评价指标及优化标准，通常是根据学生的实验内容以及实验的效果制订评价的具体方案。当前，评价学生的科学实验能力及其他相关方面，主要是根据学生提供的实物和报告。因此，在指导学生开展科学实验的过程中，要求学生如实填写实验报告，保存好实验后取得的成果。例如：

家长评价用表

评价项目	评价标准	评价等级			
		优	良	中	差
实验态度					
实验目的					
实验准备					
实验方法					
实验程序					
实验指导					
实验效果					
家庭实验室的管理					
综合评价		总评等级			

教师评价用表

评价项目	评价标准	评价等级			
		优	良	中	差
实验平台创建					
科学实验资源					
成人支持程度					
实验成果					
实验报告					
综合评价		总评等级			

二、收集评价资料

为了解学生开展科学实验总动员的情况，科学教师可以让学生自由组合在一起进行实验，并将实验现象、过程和结论记录下来，然后对其进行批阅并加以总结，表扬做得好的，对存在的问题提出改进意见，让学生带着求异思维继续深入探索。

科学实验总动员评价主要根据学生的实验报告来施行，对学生在实验中提出的问题，科学教师应及时解答。科学教师一定要让学生把在实验中见到的异常现象做好记录，这样才能保证收集到准确可靠的评价资料。在实验观察之后，应创造条件给学生整理和完成实验报告的时间，并要求学生提供实验报告。

另外，在学生进行科学实验观察的过程中，科学教师和其他评价者，特别是孩子的家长，要有目的、有次序地指导孩子开展实验活动，注意发现能够反映出学生观察能力和品质的不同等级的典型。

三、分析整理资料

在分析和总结学生的实验报告时，首先在批阅科学实验报告的基础上，对学生的实验报告水平进行分类；其次，查找在实验观察过程中记录的不同等级的典型，分析典型学生的观察能力是否能够反映所处类别的一般水平；最后，为实验观察能力和水平相近的学生评定相同的等级。但是，科学教师应该明白，根据科学实验报告对学生的实验观察能力进行的评价是一种相对评价，这只是一种间接了解学生实验开展情况的手段。

科学实验总动员以点带面，为学生提供了一个展示的平台，对学生的学习有良好的促进作用。学生通过多种形式的评价，回味成功的乐趣，相互交流、从中总结、肯定自己、增强自信心。评价的目的意在激励学生，帮助学生找到不足或发现自身的闪光点，让学生看到并肯定自己的成绩，从而激发学生探索科学的兴趣。

第四节　小学科学实验总动员的成果集市

科学实验成果集市是欧美小学中一种十分普遍的交流学生专题研究成果的活动形式。该活动由学校组织，一般在每学年结束之前举行，不强制每个学生参加。实践证明，这种形式不仅给参展的学生提供了一个良好的交流及展示成果的机会，更重要的是给每一个参观者提供了一个极好的学习科学知识与技能的机会，可以更好地推动学校科学实验活动的发展。参展的学生能感受到自己辛勤劳动的成果所带来的喜悦和自豪感，增强心理上的自我肯定，这对发展他们良好的科学情感有着极大的帮助。同时，科学实验成果集市对家长与学校之间的配合与联络也有很大的促进作用。

一、小学科学实验成果集市的特点

认真分析和总结一些成功的科学实验成果集市，我们可以发现它一般有着以下特点：

1. 全员参与

科学实验成果集市虽然不强制参与，但却积极鼓励每个学生参加，尤其鼓励女同学及那些成绩落后的学生参加。因为开展科学实验成果集市的目的在于提高每个学生的科学技能，培养每个学生积极的科学情感，而不在于挖掘几个“小天才”。

2. 领导支持

学校领导要积极配合科学教师搞好科学实验成果集市的组织工作，并在物质、时间、场地上给予最大的支持，特别要对科学实验成果集市多作指导和安排。

3. 家长配合

学校应争取和鼓励家长积极配合，科学教师在学期开始时就要给家长写信，交代时间表，让家长明确任务，也可邀请家长代表参与科学实验成果集市的组织和评选。

二、小学科学实验成果集市的“摊位”

科学实验总动员成果集市上每个专题小组或学生个人都应有他们自己的“摊位”。这个“摊位”一般包括：科学实验书面报告、科学实验成果展示板、实物和视频等。

1. 科学实验书面报告

科学实验书面报告就像科学工作者完成一项科研项目后发表在专业期刊上的文章。当然，小学生的科学实验书面报告不需太长，但应有一定的格式。其一般包括以下部分：

（1）封面：课题，学生的姓名，联系地址，电话或电子邮件。

（2）目录。

（3）简介：课题的背景（为什么选择这个专题）。

（4）课题的目标：（这个专题期望达到的目标）。

（5）感谢：对在整个实验过程中帮助和支持过的人表示感谢。

（6）假设：如果是非假设性研究可以省略。

（7）实验和结果：实验过程，实验方法，实验结果，图表。

（8）讨论：根据实验结果，分析数据，得出结论，并分析整个实验过程，最后提出建议。

2. 科学实验成果展示板

科学实验成果展示板实际上是书面报告的浓缩与精华。对大多数参观者来说，他们没有时间看书面报告。为此，实验者必须用简洁的语言，配上照片、图表、音响甚至录像，把整个实验过程形象地展示给参观者，就像商场里的产品广告。展示板要精心设计，要用简练的语言及版面给评委及参观者留下深刻的印象。当然，整个设计要与研究课题相吻合。

3. 实物

学校要在科学实验成果集市上陈列科学实验中使用的设备装置、用具、结果等，以帮助参观者和评委对专题有更进一步的了解。但有一点应注意，一般情况下，不要展览活的动物。特别是带电、带光、带声及易碎装置，千万要注意安全。对于比较大的装置，要注意其稳定性，以防发生意外。

4. 视频

如果条件允许，可以拍摄视频。实际上，按照现在的家庭条件，很多家庭都拥有摄像机和数码相机。为此，科学教师要指导学生用摄像机把开展科学实验总动员的整个过程记录下来，在科学实验成果集市上展播。实践证明，真实的实验、生动的画面很吸引大众的眼球。

三、小学科学实验成果集市的评定标准

科学实验成果集市一般应邀请学校领导、中学理科教师或家长代表（尤其是那些在科技领域工作的）组成评委团对学生展示的成果进行评定，选出优胜课题并给予奖励。实践证明，科学实验成果集市评定对促进学校开展科学实验活动有很大的推动作用。从总体上讲，成果评定要做到公正、公平、公开。更具体地讲，我们可以从以下方面考虑：

1. 原始性

科学实验是学生通过观察认真思索的结果还是简单照搬别人的？实验装置是学生设计的还是买来的？数据是学生通过做实验收集的还是从资料中得来的？……总之，整个实验过程从题目到结论，有多少是学生的成分？还有很重要的一点，正如前面提到的，家长的帮助与支持是学生进行专题研究及科学实验成果集市成功的重要因素。但经验告诉我们，有些家长往往会“帮助过头”，科学实验成果集市往往变成家长之间的“智力竞争”和“财力竞

争”。这与小学开展专题研究及科学实验成果集市的目的与初衷完全背道而驰的。我们一定要努力防止这个偏向的发生，所以评委在评定时也要看，在学生的专题研究中，有多少成分是来自家长与教师的“帮助”，多少成分是建立在“财力”上而不是建立在“智力”上。

2. 原创性

科学实验的选择是否“与众不同”？是否有点“异想天开”？科学实验过程的实施、装置的设计是否“新颖别致”？在分析数据、得出结论及提出建议时，有没有自己独到的见解？家长在实验过程中指导的程度如何？整个研究有没有体现学生的创造性思维？这些都是在成果评定时需考虑的。

3. 科学性

学生对和课题有关的科学概念及原理的理解程度如何？在科学实验中运用的方法正确与否？有没有用“科学研究方法”？科学性的精髓是“客观”，评委要注重学生在整个科学实验过程中有没有体现出尊重客观的精神。例如，有没有足够的数据？有没有重复测试？在给出结论时，是客观地根据实验数据，还是凭主观臆测？

4. 清晰性

学生在分析数据、表述实验结果、提出实验建议、撰写论文或演讲时所表达的意思是不是清楚、有条理？是不是有逻辑、有说服力？是不是流畅易懂？成果展示板的组织与安排是不是主题突出，各个部分是不是衔接紧密？图表、照片及插图是不是有说服力？整个版面是不是整洁、色彩是不是漂亮、有吸引力？

5. 技能性

科学实验装置的制作是否体现出学生很强的动手能力？在实验过程中学生有没有正确地使用各种科学过程技能（观察、推理、测量、分类、制表、作图……）。例如，在测量过程中有没有注意到有效数字的表达？在实验中有没有很好地控制“变量”？

通过近年的摸索实践，现已逐渐形成了一套行之有效的、既科学又符合实际情况的实验考核方法，并付诸实践。但如何使评价具有更加积极的意义，还有待进一步完善。

第四节　小学科学实验总动员成果记录袋

小学科学实验总动员记录袋作为一种新型的评价方式，自20世纪80年代以来，已在国外的科学教育评价改革中得到广泛应用，其主要原因是科学实验记录袋能较全面地反映学生的科学实验活动过程，为教师提供全面真实的评价材料，尤其是学生平时参与表现性活动的信息。

一、科学实验记录袋的适用性分析

科学实验记录袋是有目的地收集、记录学生在一个特定的探究项目、特定时段内的科学实验状况。它在一定意义上是对活动的记录，包括实验方案、实验过程、实验报告、实验成果等。这些评价材料必须是在实验过程中积累的，能真实地反映科学实验的现状。科学实验记录袋不应该只是装满材料的容器，它应当为评价学生的科学知识、技能、情感态度和价值观提供依据。所以，科学实验记录袋应具有以下特点：

（1）材料的收集与选择是有目的的，要与活动的目标和实际相适应。

（2）科学实验记录袋除了包括学生的科学实验作品外，还应包括学生对完成科学实验的过程性描述，以及学生的自我评价、家长评价和其他人员的评价。

（3）科学实验记录袋应该是有结构的、可以量化的。

（4）科学实验记录袋内的材料要在活动过程中产生并收集。

二、科学实验记录袋的实践性分析

科学实验记录袋可以包括以下内容："学生的实验方案、实验记录单、科学小制作、科学观察日记等。"那么，怎样使用科学实验记录袋对学生的科学实验情况进行全面、合理的评价，使它不流于形式呢？

1. 科学编码，建立索引

科学实验记录袋不只是为了装材料，它应该是有结构的，整个科学实验记录袋是一个评价系统，应当使记录袋里的材料更具系统性。让学生将袋中的每一份材料编上代码、建立索引，可以使材料一目了然，更好地为评价服务。在操作中，可以以年级为一级代码，学期为二级代码（上学期代码为

"1"，下学期代码为"2"），科学实验名称为三级代码。例如，在五年级上学期进行的第二个实验，其在科学实验记录袋编码系统中的代码为"512"。我们又根据材料的不同类别进行二次编码：科学实验方案用"F"代码；科学实验记录单用"J"代码；科学实验成果用"Z"代码。比如"623J"，就表示六年级下学期第三个科学实验的记录单。

2. 星级评定，科学统计

对于放入科学实验记录袋中的每一份实验材料，原则上都应给予评价。评价时为了体现客观性和公平性原则，我们采用自我评价、同学互评、教师评价、家长评价相结合的形式，并制订五星级评价标准，要求评价者从完成质量、完成时间、科学实验的创意、材料所反映的学习态度、与他人的合作情况五个方面给作品打星级，然后记录在材料的评价栏上。再由被评价的学生计算出评价者评定的平均星数（总星数÷评价人数），其结果就是这份科学实验的成绩，最后由学生统计在"评价材料索引目录"相应的"星数"栏目中。评价者要由教师、学生、家长等组成，让学生参与评价过程，目的是以此激发学生的实验兴趣，让他们在自我评价中正确认识自己，检查自己的实验过程，反思实验中存在的问题，达到自我教育的目的。通过学生之间互评促进学生互帮互学，在实验中建立一种新的伙伴激励机制，形成合作学习的良好机制。让家长参与评价，一方面是为了让家长了解孩子家庭实验情况，让他们更支持孩子的科学实验；另一方面，以家长的肯定来激励学生进行科学实验。科学教师则根据学生的科学实验质量并结合科学课堂实际表现给学生以比较全面的评定。采用星级评定的方式来量化学生的科学学习成绩，使学生看得见，可以比较对照，有利于形成你追我赶的实验氛围，整个评价过程实际上是共同提高的过程。

3. 交流展示，鼓励竞争

评比和展示是保持学生开展科学实验的动力的有效途径，科学教师应为学生创设相互学习、相互赶超、相互欣赏的氛围，以及展示自我、体验成功的广阔舞台。比如，可以采用"每季度一评"的方式，根据科学实验记录袋材料索引目录所记载的一个季度的总星数，评出班级前三名为"科学小实验家"，公布在"科学之星榜"上予以表扬，达到激励的目的。"每季度一展"由师生共同评选一个季度来最佳五星级的科学实验方案、科学实验记录、科学观察日记等，并在"科学园地"中展出，以供学生相互交流与学习，鼓励学生间的学习竞争，从而促进学生共同进步。

4. 期末汇总，科学评价

期末评价主要是指对整个学期学生科学学习的评价，可以结合科学实验记录袋进行评价。根据记录的数据，按照材料的编码分类计算出一学期来学生的科学实验方案、科学实验日记、科学小制作、科学观察日记等项目的总星数，再由科学教师提供优秀、良好、及格和不及格等第的星数指标，学生则根据星数指标确定自己科学学习各方面的等第。科学教师根据评定结果，结合学生课堂表现附上评语，并以通知书的形式，指导学生把一学期的研究状况和成果通知给家长。

5. 长期保存，形成档案

评价并不是最终目的，而是为了使每个学生的潜力都能够得到发掘，以激励后续的研究。科学实验记录袋真实记录了学生科学实验的历程，学生翻阅“科学实验记录袋”，回顾自己的学习历程，无疑是一次很好的复习过程，有利于督促他们不断地给自己制订出新的目标。因此，建议学生将每学期的“科学实验记录袋”保存好，作为自己的成长档案加以珍藏，并进行学期间、学年间的比较，从而促进每个学生的发展。

三、对科学实验记录袋的实践思考

科学实验记录袋在整个评价过程中由学生、教师和家长共同完成，内容涵盖了每个探究项目，包括从起始阶段到结束阶段的完整过程。为此，评价学生的科学实验过程，可以真实地反映科学实验的初步历程，并增强学生学好科学的信心。事实上，让学生参与构建科学实验记录袋的整个过程与记录袋中所收集的内容同样重要，有助于培养学生的反思能力，也有助于把科学实验过程与评价过程有机地结合在一起。这样既不增加学生和教师额外的负担，又使学生参与了评价，成为评价过程中不可分割的一部分。科学教师在实践中应充分发挥主观能动性，积极开展研究，创造出更多有效的评价形式。

斯塔弗尔比姆曾经指出：“评价最重要的意图不是为了证明，而是为了改进。”对学生的评价没有唯一的标准，也没有统一的模式，重要的是学生能够喜欢并获得成功。无论采用何种方式，评价都要成为学生向上的阶梯和进步的推进器。科学实验记录袋发挥了评价的快乐功能、引领功能，它真正地使学生实现自我教育，成为自我学习的主体，并不断开发自身的智慧潜能。

当然，科学实验记录袋评价还处于初探阶段，一切尝试只是为了让孩子们学会自评和互评、树立信心、懂得欣赏。

第五节　小学科学实验总动员的辅助评价

小学科学实验总动员是在新课程理念指导下诞生的一种新型活动模式，随着影响力的不断扩大，现已成为许多学生日常生活的一部分。但要深入发展，要成效显著，必须创设一些辅助管理方式。

一、家长开放日

这是学校在预定时间、有目的、有准备地请家长来校参观或参与科学教育的一种综合性活动。科学探究既是科学学习的目标，又是科学学习的方式，亲身经历以探究为主的学习活动是学科学、用科学的主要途径。如果让家长亲历、再现孩子在课堂上的探究活动，家长也能体验到科学探究的乐趣，那就能够产生多方位的综合效应。还记得，一次家长日活动后，我在日记中这样描述：

这次家长日活动，我让家长和孩子们一起设计、制作并放飞一个简易的热气球。当家长陪伴孩子一起进行这项活动时，孩子们的表现欲和创造力被大大地激发。当他们用小手让许多热气球升上天空时，活动现场沸腾了，学生和家长们欢呼着、雀跃着。

可以想象得到，这一特殊的活动，既可提高家长的科学意识，加深家长对科学课和科学探究的理解；又对提升孩子的科学素养起到了潜移默化的作用。我想，家长经历这样的活动后，肯定会对家庭实验产生情感上的支持。

当然，家长日活动不要打扰学校的正常教学活动。特别是低年级的学生注意力不容易集中。因此，家长日活动参加人数要尽量少，如可以增加家长日的次数，拉长活动的时间。同时，家长可以根据自己的情况作出安排，次数可多可少，时间可长可短。这样可以给予家长更多的选择与机会，家长和学生更能得到科学教师的个别指导。

二、致家长信

致家长信是指科学教师利用书信或邮件的方式，就孩子们的科学学习情况、学生的实验情况和家长进行沟通，目的是为了促进学生的科学实验活动更好地开展。通过书信的形式，可以让家长知道他们的孩子在下一阶段的科学学习内容，特别是那些需要在课内外开展的拓展性实验活动。如“热”单元，为了让学生在家里开展好教材的前伸性探究活动，可以把活动项目和要求以书信的方式告之学生家长。如：

亲爱的家长：

从下周开始，您的孩子将和我们一起研究《科学》五年级下册“热”单元内容。我们诚邀您参与我们的探究活动，因为孩子们在随后的几周中，将把一些科学探究活动带回家。

“热”单元共设计了四个大的活动：

探究活动一：衣服能给身体增加热量吗？

探究活动二：水受热上浮的原因。

探究活动三：生活中的热胀冷缩现象和应用。

探究活动四：传热比赛。

当然，最开心、最富有刺激的莫过于设计和制作保温杯的活动。

如果您参与活动，相信定会给您留下深刻的印象。如果有什么问题或者有什么好的建议，请写条子给我们，或者给我们打电话，我们感谢所有乐于贡献智慧的人。同时，非常感谢您前段时间对孩子科学学习活动的关注和支持。

科学老师

2008 年 3 月 18 日

三、博客日志

科学教师还可以通过博客日志的形式管理学生的课内外实验，尤其是一些中长期观察实验。如栽培凤仙花、饲养蚕、观察记录月相变化、观察记录天气、观察记录气温、观察记录风向变化等。为了让六年级学生在课外观察“月相的变化”，可以利用博客日志对此进行有效管理。

尊敬的家长：

您好！我们将在科学课上学习我们地球的邻居——月球。但孩子们在课上是无法实际观察月相变化的，为了让您的孩子对月球移动的规律，特别是月相有更为清楚的认识，我们请您在最近一个月内，在每个能见到月球的晚上，指导并督促您的孩子完成这项有意义的观察活动，并以跟帖的形式展示您和孩子的观察记录。祝愿您和您的孩子在这次观察活动中收获多多。

科学老师

2009 年 4 月 1 日

由于要求学生以跟帖的形式把自己的观察结果发在博客上，结果发现，约有 62%的同学交了观察报告，其中约有 20%的同学观察报告很完整。部分学生还写了观察中与家长发生的趣事、观感等。

四、家长义工

家长义工（志愿者）是指家长以志愿者的形式参与孩子的实验活动，共同承担孩子的科学教育。家长可以作为活动的技术顾问、活动的赞助者、活动的组织者、活动的安全保障者等。邀请家长参与科学活动，可以使活动的组织和开展更为有效。如聘请家长或由家长联系相关的科技工作者为学生做科普类、科技类讲座，可以让学生了解最新的科学动态，提高学生对科学课程的认识，帮助学生树立开放的科学学习观念，等等。

五、家长沙龙

可以把科学实验情况编印成科学实验报告，让学生把实验完成后的情况填入报告中，再交给老师检查批改。科学教师根据学生的实验报告进行总结，在表扬好的同时，对存在的问题提出改正意见，并提出今后实验要求和注意事项，让学生带着求异思维继续深入探索。

还可以邀请家长对学生的实验情况作出评价。一方面帮助家长认识、了解自己的孩子，另一方面让更多的家长在相互借鉴中知道如何指导自己的孩子进行实验活动。另外，学生也能在家长的肯定、欣赏的眼光中找到自信，产生更大的实验热情。

六、答题大赛

开展科学实验的一个很重要的目的，就是提高学生的科学基本能力。而举行答题大赛，可以让学生把学到的知识运用到解答题目上去，使之融会贯通，以提高学生接受新信息和灵活运用知识解决问题的能力。事实证明，开展科学实验的学生基础知识扎实，知识面广，钻研的问题多，兴趣浓厚，做起题目来往往比一般学生顺畅得多，成绩也提高得快。

因此，科学教师在每一次科学实验完毕后，都要设计一些与实验有关的题目让学生去思考，使之加深对实验内容的理解，并在实验的基础上得到发展。

七、成果展览

科学教师还应及时收集一些好的科学实验报告，定期将好的实验报告举行展览，树立榜样，发挥榜样的作用，鼓励学生继续探索，在实验中找真理，在实验中求发展。科学教师还应要求学生在实验的基础上将体会写出来，使他们加深对科学知识的理解，对学生的小论文进行评选，并将好的科学小论文送交有关单位参评或送有关报刊刊登。

著名教育家叶澜教授说过："要学会倾听孩子们的每一个问题、每一句话语，善于捕捉每一个孩子身上的思维火花。"苏联著名教育家苏霍姆林斯基也说过："在人的心灵深处，都有一种根深蒂固的需要，那就是希望自己是个发现者、创造者、探索者。"说实在的，在学生的精神世界里，这种需要尤为强烈。由此可见，学会倾听能使家长和老师走进学生的心灵，满足学生内心的需要。还记得有一位伟人曾经说过："喜欢倾听的民族是一个智慧的民族。"借用此话，我想说："喜欢倾听的家长、教师一定是智慧的家长、教师。"因为，孩子们的自信定会因为教师和家长满含深情的眼神而提升，孩子们的兴趣和热情定会因为教师和家长的期待而得到更大的激发。

第六节　小学科学实验总动员的组织和管理

科学实验总动员由于涉及课内外这一很长的时间段，这就给活动的组织和管理工作带来一定的难度。为了使科学实验活动安全而富有成效，科学教师可采取如下措施。

一、将科学实验总动员纳入学校教学管理

科学教师应设法将科学实验总动员纳入学校的教学管理之中，从学校层面推进这项活动的开展，这也是大多数学校之所以能取得成效的重要原因。如浙江温州实验小学、江苏盐城第一小学、江苏浪沧实验小学……这些学校，在每个学期的开始，科学教研组就将科学实验活动计划提交校长室讨论，由学校作出统一的安排，建立起一个与学科教学平行的但又不依附于学科教学的活动体系。

例如，为了让科学实验活动开展顺利有序，可以要求科学实验的组织做到"六定"，即定项目、定时间、定地点、定辅导、定教师、定辅导对象、定检测要求，并要求科学教师和家长认真准备、认真指导、认真实施，同时要求器材到位、保证时间。

当然，学校还可以成立科学实验管理委员会等辅助组织，用以专门负责

管理科学实验活动，从而让科学实验的开展更为科学有效。

二、健全小学科学实验总动员的管理制度

为了使科学实验逐步做到规范化、科学化、正规化，科学教师还要配合学校制订出宜于操作的科学实验管理制度。这些制度应力求目的明确、要求具体、简明扼要、切实可行，并要有一定的规范和激励作用，如《科学实验管理委员会工作制度》《科学实验成果评比制度》《科学小实验家选拔制度》《科学小实验家表彰制度》等。

关于开展“科学实验平台”建设情况自查和成果评选活动的通知

为进一步推进“科学实验平台”建设，有序、有效开展研究性学习，丰富科技校园内涵，请按照要求查漏补缺，不断完善，不断总结，学校将于×年×月举行成果评比活动。

一、“科学实验平台”建设情况

每个“科学实验平台”要做到“五有”：有名称、有场所、有项目、有器材、有记录。

二、“科学实验平台”开展情况

科学实验平台要针对选题开展实实在在的实验研究，做好活动记录，鼓励写好实验观察日记，同时积极提炼研究成果，撰写实验（成果）报告。

实验项目可以围绕一个专题，不断深化；可以围绕一个专题进行多次实验对比；也可以完成一个专题后另选其他项目……

三、“科学实验平台”成果评选

1. 集体成果评选：各班汇编“科学实验平台”研究成果集参加评选。基本内容应包括：“家庭实验室”登记表；活动情况简要小结；个案成果完整呈现；实验日记、实验记录、实验心得、实验成果选编等。要求做到内容丰富、图文并茂，突出真实性、科学性。

2. 单项成果评选：以实验室个体为单位，参评成果形式自定，如观察日记、实验记录册、研究报告、完整个案成果等，保证质量，数量自定，但上报总件数不应超过实验室总个数。

3. A级、AA级和AAA级“科学实验平台”评选：对照《××小学“科学实验平台”活动评价方案》，在自行申报的基础上评选若干个A级、AA级和AAA级“科学实验平台”。

各类评选资料上送时间为××××年×月×日前，请早作准备。

科学实验平台和科学实验总动员成果的评比是推进此项活动的重要动力源之一。因此，学校应重视此项工作，最好有校级领导专门分管此项工作，

以协调和解决此项工作实施过程中遇到的问题。当然，还包括制订出切实可行的各种评比细则。

××小学“科学实验平台”活动评价方案（试行）

为推进“科学实验平台”的建设，指导学生建设自己的科学实验平台，开展好相关科学实验总动员活动项目，特制订评价方案如下：

一、基本要求

1. 科学实验平台有固定场所、实验室名称、实验器材。

2. 科学实验平台有展示区、实验区等，展示自己的研究过程，并附有照片。

3. 根据课内外及自身特点，开展感兴趣的项目研究（1项以上）。

4. 根据参选项目进行科学实验（5次以上），每次实验必须在“科学实验平台记录本”中有完整的科学实验过程记录，能够完成简单家庭实验报告，并附有实验照片。

5. 不进行危害人体健康的实验，也不进行烟酒、化妆品、药品等实验。

6. 不做虐待动物的科学实验。

二、A级科学实验平台评价标准

1. 学生积极参与，认真开展实验研究。

2. 符合“科学实验平台”活动的基本要求。

三、AA级科学实验平台评价标准

1. 符合科学实验平台活动的基本要求。

2. 在科学实验平台记录本中，每次实验方案设计合理严密，实验记录准确真实，实验结论完整科学，有实验体会文章，体现出科学探究全过程。

3. 作品或成果获得科学实验展示评比或校级科技类比赛三等奖以上。

四、AAA级科学实验平台评价标准

1. 符合“科学实验平台”的基本要求。

2. 在实验平台记录本中，每次实验方案设计合理严密，实验记录准确真实，实验结论完整科学，实验体会文章精妙独到，体现出科学探究全过程。

3. 自选项目研究具有一定的独创性，有推广学习的价值。

4. 作品或成果获得学校科学实验展示评比或校级科技类比赛二等奖以上。

5. 研究成果入编学校优秀成果集，对全校同学有很好的借鉴意义。

三、加强小学科学实验总动员的队伍建设

学校想要提高科学实验活动的质量，关键在于建设一支业务水平高、工作能力强、具有奉献精神的科学实验辅导员队伍。这是开展科学实验活动的

基本保证。各级各类学校要从自身的实际出发，建立专兼职结合的、稳定的科学实验活动辅导员队伍。

现在，一般学校专职的科学教师不多，因此，在辅导员队伍的组建上，可以做好几点：一是聘请学校思想政治素质好、有一定教学能力并热爱此类活动的教师；二是聘请在此方面有专长的在职或离退休科技专家；三是发动家长志愿者。其中，家长志愿者是辅导员队伍的主要力量。实际上，在家长志愿者中也包括了前面所说的热爱此类活动的教师和在此方面有专长的在职或离退休科技专家。

为此，加强科学实验指导队伍的建设，其落脚点在家长志愿者身上，要把家长志愿者这支队伍建设好、管理好。

四、强化小学科学实验总动员的管理平台

为了把科学实验总动员活动扎扎实实地开展起来，学校应指导学生在家里建起科学实验平台。在建设中，应注意因地制宜、因陋就简地添置实验活动器材，同时，积极争取社会支持，充分挖掘本地区实验资源，利用当地的植物园、土壤所、地理所、气象台、大学、农场等开辟辅助科学实验平台。

学生所在地的科技场馆、重点实验室、科学中心等设施，具有很强的科普功能，要充分发挥它们的作用，通过展览、演示、讲座、影视和参与操作等形式，向学生传播科技知识、科学方法和科学精神，向他们形象、直观地介绍我国科技发展的成就及其对生产发展和生活质量提高的作用，促进广大小学生对科学、技术与社会相互关系的理解，从而有利于他们科学素养的培养和全社会物质文明和精神文明的建设。有条件的地区还可单独设立小学科技活动示范点或科技活动中心。

五、发挥社会组织的作用

学校要经常利用诸如家长会等形式，向家长宣传科学实验总动员活动的重要性，告诉家长科学实验对培养孩子适应社会的能力及创造力是非常重要的。家长只有认识到科学实验总动员的重要性，才会支持孩子参与科学实验，才可能根据实际情况为培养孩子的科学素养提供基本的物质条件。学校和教师要善于与广播、电视、报社等大众传媒单位进行沟通，发挥大众传媒的作用，弘扬科学精神，宣传家庭实验活动的重要性，对学生优秀的实验成果进行大力宣传，营造一个良好的重视科学教育的社会环境。

六、确保科学实验的安全

科学实验总动员安全性原则是由青少年的年龄特点决定的，也符合《中华人民共和国未成年人保护法》的要求。《中华人民共和国未成年人保护法》第十七条规定：“学校和幼儿园安排未成年人和儿童参加集会、文化娱乐、社会实践等集体活动，应有利于未成年人的健康成长，防止发生人身安全事故。”

在组织和实施科学实验活动之前必须做好安全工作部署，要求每一位科学实验辅导员始终把安全放到第一位。安全计划要周密、细致、有效，安全责任要明确、落实到位，确保无漏洞。

科学教师要让学生学会自我保护的方法：如实验仪器的基本操作方法；化学药品的试验方法；使用小刀、钳子等工具的安全方法。比如，使用钳子的注意事项：(1) 一般情况下，钳子的强度有限，所以不能用它操作一般手的力量所达不到的工作；(2) 一般的钢丝钳有三个刃口，只能够用来剪断铁丝而不能够用来剪断钢丝；(3) 钳柄只能用手握，不能用其他方法加力（如用锤子打、用台虎钳夹等）。

对于户外活动，如外出考察活动、采集标本活动等，尤其要注意安全问题。户外活动情况比较复杂且容易变化，同时，处于兴奋状态下的学生也难以控制。这要求科学教师和家长事先要接受急救培训，熟悉紧急救援步骤，并把这些步骤告诉学生。如果去的地方离家比较远，要准备一套急救工具、双筒望远镜、饮用水和移动电话，并让学生熟悉路线图和活动地的地图，指出可能有危险的地方。

科学教师要让学生了解一些危险动物和植物的知识，告诉学生在野外不可以品尝任何野果、蘑菇、种子、叶子或别的东西，特别是蘑菇，有些蘑菇可能会使人中毒身亡。

外出之前，科学教师要向医生或家长询问学生的病史或有无过敏反应，同时要带齐相应的药品。

此外，科学教师还要把活动的内容和地理范围告诉学生，让学生始终保持在科学教师或家长的视线之内；让学生知道如果活动时离开了指定范围，就可能有危险，应立即回到指定地点。科学教师或家长还应该事前给学生规定好统一的提醒信号；还可以让学生组成小组，各小组成员要相互帮助，密切注意并及时报告本组成员的去向。

第十章 小学科学实验总动员的困惑和展望

小学科学实验总动员活动的开展，其目的是通过实践活动，培养学生的动手能力和探究兴趣，引发他们的创新思维，促进其实践能力的发展。但在实际活动中，由于多方面的原因，特别是在农村地区，这一愿望很难实现，使得科学实验总动员成为一个口号、一种虚设、一副空架子。

第一节 小学科学实验总动员的困惑

一、科学教师力不从心

小学科学实验总动员的全面开展，需要科学教师的奉献精神，更需要充分依靠集体力量，统一思想，统一要求，统一实施。同时，还要取得家长的支持，这些都是开展好科学实验总动员的重要保证。

从很多城市的调查结果看，除极少数多年来坚持开展科学课外活动的学校设有固定的专、兼职人员外，大部分学校人员不固定，缺少规范、可行的计划和实施项目，有些学校根本就没有专门从事这项活动的教师。

科学教师业务水平的高低也直接影响到学生参与科学课外活动的积极性以及活动质量。到目前为止，还很少有上级教育主管部门专门组织这类培训活动，社会上出现的也大多是校外盈利性机构。由于缺少相对稳定的、业务水平较高的科技辅导员队伍，小学科学课外活动整体水平也就很难从根本上得到改观。

另外，从事科学课外活动的开展、推广和指导工作，毕竟不是包括科学老师在内的教师分内的工作，上级教育主管部门和普通中小学也没有硬性的规定。因此，没有对这项工作的热爱、对这项工作的责任心，是不能开展好这项活动的，或者说，根本就做不好这项活动。目前，在指导学生开展课外科学活动方面，国内做得比较好的有湖北监利县黄歇口镇中心小学的邓从新老师、浙江温州实验小学的陈耀老师等。然而，陈耀老师也曾这样无奈地自嘲。

我非常喜爱科学，只要在科学的世界中，我会忘记一切！我有时甚至会这样自我嘲弄，希望大家不要见怪，如果哪天我看见你忘了和你打招呼，我肯定在想科学的问题。尽管从教 12 年，花在学生科学研究上的钱已经超过 17 万元（这是有记录的钱，不包括没有记录的钱，到实验小学以后自己个人花掉的直接研究经费达到 9 万元左右）。但是我一直不后悔，因为我非常喜爱科学，只要是做科学，我就会不惜一切代价。这些都是我的“角落”给我的影响，这些角落其实就是最简单的家庭实验室。

如果没有一点忘我的精神，如果没有一点奉献的境界，有几个科学教师愿意如此付出呢？有的人常常感到自己没有主宰，不能确立中心的目标，这是因为他本身还没有信仰所致。没有信仰的人，往往不能使思想统一并产生力量。但是有信仰没有行动也不行。纪伯伦说：“信仰是心中的绿洲，思想的骆驼队是永远走不到的。”

记得有一次在网上看到网名为“走近自然科学”的网友写的一篇文章，读后颇为感动。他在题为《科学老师路在何方》一文中这样写道：

老师都辛苦，而科学老师最辛苦。科学课通常除了作业本外，必须配一套能够提升能力的作业，否则靠作业本，我不知道有没有哪位科学老师敢自信地面对中考的 200 分。所以，日常作业必须为 2 本，而且要求全批全改，以一位老师教两个班级、平均每个班级 40 人算，你每天要改 160 本作业，这只是常规作业，除此之外遇到单元测试、月考、期中考，平时偶尔的练习不知道要改多少，改作业就够忙的了。面对作业的重负，科学老师该何去何从？

为了上好一节课，还要做演示实验，但并不是每所学校都有条件配备器材、药品和专职实验员。就我吧，每个实验都是自己到实验室找器材、找药品，如果是学生实验，还得准备很多东西。在课堂中有些探究性实验由于条件限制，实验很难取得直观的效果，甚至得到错误的结果，对于实验中的误差和错误，还必须向学生解释清楚……有时连实验器材都得自己设计，自己动手做，而探究如果方向性不强，则根本无法给出评价。所以，光是实验这一块，也是科学老师很大的一个负担。面对实验的条件和无奈，科学老师该何去何从？

还有，科学课堂教学知识过于分散，就是一节课的知识点也很多，无论是需要记忆的，还是需要理解的，都多得够呛！想要上好一节课，必须准备好课件，尤其是地理部分，如果没有视频动画等的辅助，那学生就不感兴趣，因为七年级的学生根本不具备那么好的空间想象能力。你如果拿着粉笔讲讲知识点，那一节课下来，学生将一无所获。而我们科学老师多是理科出身，对地理真的是一知半解，有时要花很长时间去理解某个知识点，你说怎么能游刃有余地给学生讲解呢？从整个教材体系来看，一学期四章通常包括生物、物理、地理，八年级还多了化学，一章一个新的知识点，如果课堂知识掌握得不够扎实，学生学完一章基本上连上一章是什么都忘了。面对知识点的“散漫”和考点的“集中”，科学老师该何去何从？

此外，现在的教材真的很有意思，如果一个老师想照本宣科，很遗憾，科学老师你没机会这样做了，书本上只是几幅插图，有的只是几个探究实验的步骤和思路，而结论得你和学生一起来探寻。面对课本的“空洞”与考题的“充实”，科学老师到底该何去何从？

再说说教材的内容，就生物而言，如果你是生物专业出身，可能还不会觉得什么，而如果你是一位物理或化学老师，可能来自学生的问题会让你在课堂上找不着北。我最近上课时常遇到学生问科幻片人兽杂交（最近一部正在宣传的电影），我真的没法回答。还有，我们科学老师还得肩付青春期生理教育，而学生在课堂上突如其来的一问，照样能把你问蒙。最近，我在课堂上遇到学生问得最多的是：“老师，到底什么是‘性行为’？双胞胎、多胞胎、生男生女到底是怎么回事？为什么小狗一次可以产下很多崽，而人通常只能生一个？”还有女学生问：“老师，‘白带’是怎么回事？”这样那样的问题你在课堂上怎么解决？避而不答，还是放在课下交流？对于一个七年级的孩子，有些问题不是很容易就能让她懂的，这牵扯到高中的一些生物学知识。还有些问题，说实在的，也不太好回答。科学老师在面对这些问题时又该何去何从？

中考分数200分，表面看是对科学课的重视，但考生考差了，老师只有挨骂的份，考好了是学生自己聪明，孩子有学理科的天分。面对家长的不理解、社会的不认可（甚至有人认为科学谁都可以教，笔者所在县的有些学校就是科学老师不够随便找个老师顶上），科学老师又该何去何从？

真的，我化学和生物都学过，并且从最初的自然科学到现在的科学已经教了近8个年头，我真的觉得太难教了（当然，如果你只是想应付，那这些都不是问题）！在此，我发自内心地感叹一声，科学老师真的很“苦”！

虽然本文来自一位初中科学老师，但小学科学老师难道不是如此吗？我一直认为，中国的小学科学教师是一个特殊的群体，并且有着充分理由：一是小学科学在学校里一般被戏称为“二流学科”，和语、数、外相比似低一等，和音、美、体相比又似高一些，这一低一高，可以折射出小学科学教师地位的特殊性；二是很多小学科学教师一般都身兼几职，或兼任语、数，或兼职实验员，或者兼任其他工作，其特殊性也就由此而生了。

我们暂且不管这种特殊性是好是坏。俗话说，干一行，爱一行。既然我们已经选择了小学科学教育事业，我们就有责任和义务做好这项工作，更何况我们还承担着提升下一代科学素养的重任。

二、任课教师爱莫能助

当科学实验总动员从点走向面，全面展开的时候，也是包括班主任在内的任课教师大显身手的时候。因为这个时候，单靠科学老师管理学生，他们将会显得力不从心。一是科学老师往往一人兼有多个班级，不可能有那么多的时间接触每个学生，也不可能有很多的机会接触每个学生，因为除了正常的课堂教学外，学生在校时间本来就不多，而且这个时候，往往有限的时间被语、数老师占着；二是科学老师往往缺少班主任老师手中的诸多法宝，如扣分单、告家长书……所以在学生的眼中威信不够。

对于班主任在指导学生开展家庭实验中的作用，我们不妨看这样一篇文章，也许对我们会有很好的启示。

有一天上课时，一个孩子哭着告诉我：“老师，我栽的凤仙花被妈妈扔了。妈妈说，弄得家里太乱了。”

像这样的事情发生过多次。在很多家长的眼中，重要的是语、数、英这几个科目，科学课则是一门占用过多课余时间的课。看来，做好家长的工作是科学教师的重要工作。

怎么做？我们科学备课组经过激烈讨论后一致认为，如果得到班主任的密切配合，通过家长会这个阵地大力宣传科学课的重要性，使家长切实转变观念，进而关心、帮助、支持孩子进行科学研究，肯定事半功倍！

说干就干！我们分别找到各位班主任，夸奖了他们班孩子的科学学习热情，然后说明我们遇到的难题，期望得到他们的帮助，他们都很爽快地答应了。

家长会如期召开，科学老师、各位班主任和家长们亲切地交换意见，会议进展顺利，交流十分融洽。各位家长都表示此次会议使他们受益匪浅，决心和科学老师一道担负起培养学生科学兴趣、提高孩子科学素养的重任。

养蚕的日子到来了！我教学生把嫩桑叶剪碎喂给小蚁蚕吃，教他们如何清理“蚕室”，如何用毛笔刷小蚕，如何保持“蚕室”的湿润……孩子们听得津津有味。

各位班主任也都来了，和班里的孩子一起学习养蚕知识。

我还经常接到家长的电话，询问养蚕的有关知识。有的家长欣喜地告诉我，为了给小蚕采到鲜嫩的桑叶，他们每天早起上山，为孩子心爱的小蚕摘一天的食粮。因为每天有了这个动力，竟然无意中养成了早起晨练的好习惯，真是一举多得呀！有的家长告诉我，孩子不但没因为养蚕耽误学习，反而促进了学习积极性，做作业更快了，学习效率提高了！家长们普遍反映学生通过养蚕活动更加爱护小动物了，责任心强了……

可见，科学教师要学会发动班主任，让班主任参与学生科学实验总动员活动的管理，这样不仅有效，而且效果奇好。温州实验小学班主任胡晓莲老师，自学校创建家庭实验室活动以来，自觉地担当起本班学生家庭实验管理，所以对如何管理好所在班级学生的家庭实验活动，她有着一本真经：

作为五（12）班的班主任，在“家庭实验室”开展得轰轰烈烈的实验小学，平时耳闻目睹，我也认识到了科学研究对学生素养发展的重要性。尤其是受到班上34位孩子的影响，不知不觉地我也和他们一起走近了科学，在活动中努力当好配角，让家庭实验更出彩。

精心管理是配角工作的灵魂

关注实验室的建设。记得刚接任这个班的时候，科学老师要求大伙在家里因地制宜，找个角落开辟一个家庭实验室。我想，不就是几个瓶瓶罐罐、外加一个平台或几张凳子的事儿嘛。但说起来容易做起来难。有些孩子就是迟迟不肯动手，每次询问，总是托词“正在进行中”。怎么办？批评？不行！家庭实验自愿为上，一切要看孩子有没有兴趣。做了十几年的班主任，经验告诉我，这会儿得用高招——树立正面形象，多表扬少批评，这样孩子接受的信息多半是积极的，他们的心态也会像阳光一样灿烂、明朗。于是我召开班级实验室建设交流会，事前让每个做得好的孩子把家庭实验室的照片发给我并做成课件。课上，孩子们看到一组精致的迷你型实验室照片，羡慕不已，再听听他们的介绍，心动了，于是我趁热打铁，把它列入周末选做作业，让大家去完成。一段时间下来，大部分同学的家庭实验室已建成，他们纷纷展开探究。

关注家庭实验的有效开展。实验室建设只是个硬件投入，家庭实验的正常开展才是最重要的。要知道，我们班孩子虽然聪明，但没有耐性，如果没有老师的监督，很可能很多实验会半途而废。对待这些，我有我的法宝，那就是多问问、多听听、多看看。有学生开始养蚕了，要时不时地问问进展情况，关心蚕宝宝的生长发育；有学生做水钟实验，又得问问孩子们实验的准备，讨论讨论哪些方法更有创意；多看看孩子们做的试验小报，看看他们制作的成果，与他们一同分享研究的快乐，在这时候总能让我感觉到做配角的幸福。因为不会指导，做不好主角，但我还可以做听众。曾经有一段时间，早上一到校，叶港就会迫不及待地跑来告诉我昨晚航模试验的情况，有时是尝试螺旋桨的改进，有时是尝试着将航船改造成潜水艇，有时是成功的，有时是失败的……这一切都无关紧要，最重要的是孩子需要有人跟他分享试验的过程。

协调关系是配角工作的考验

外事协调。作为配角，除了参与其中进行监督管理，扮演好本身的角色外，还要做好外事协调工作，保证家庭实验的正常开展。比如家长的工作，因为家长的支持关系到活动的成败。还记得那次到陆陆家家访，当我提出要参观实验室时，孩子一脸委屈，实验室被她妈妈撤了。怎么会这样？开始不是做得挺好的吗？和妈妈一交谈，事出有因，这段时间孩子参加排练特别忙，没有时间做，再加上精神状态差，实验器材散乱得很，所以就被整理了。找到问题的症结，再加上孩子表示自己对家庭实验非常感兴趣，如果妈妈重新给她机会，她一定会做得更好，实验室的整理一定不用妈妈操心。双方很快达成共识。从陆陆前段时间发过来的实验照片看，孩子现在又有了属于自己的领地，看起来做得确实不错，上回班会课上，陆陆还作了重点介绍。看来我这个配角的作用也是功不可没呀！

内部调整。处理好外事关系，还需要协调好内部矛盾。为了班级的实验开展更有意义，我向科学老师提出能否把家庭实验室外延扩大，向大自然进军。征得同意后，我们把实验做到了田头。在种植西瓜的活动中，同学们热情极高，每一回都是争着要去。可是场地有限，人多并不利于研究。怎么办？只能分组轮流去。于是，我这个配角就派上用场了，负责活动安排乃至联络家长。为便于管理，与同学们讨论之后，实施了组长负责制，把西瓜地承包到组，这样更是激发了同学们的积极性。

搭建平台是配角工作的义务

搭赏识希望之台。说实在的，在家庭实验活动中，我一个配角，也只是多看、多问、多听，并不能给他们过多的技术指导，但是我可以以此为平台促进孩子各方面的发展。我们班的郑捷同学，一直以来成绩一般，动作磨蹭，在班级里是属于那种不起眼的孩子，可这次在家庭实验活动中她的表现却让大家刮目相看。从开学初到现在，她始终坚持在做外部环境对蚕宝宝结茧影响的研究。孩了做得很投入，也很有耐心，作为班主任，我想这就是教育的契机，要创设机会让孩子展示，改变她在群体中的地位、关系。于是在平时的班会上、综合实践课上，以及平时的聊天中，我经常有意无意地让她跟大伙说说实验的进展。那天在班会课上，她欣喜地告诉大家蚕茧结出了茧中茧，同学们报以热烈的掌声，这不但是大家对她所取得成果的祝贺，更多的是对她这种持之以恒的科学态度的鼓励。家庭实验成了孩子自我突破的一个成长点。

搭学科融合之台。从语文老师的角度上，我可以借此指导孩子们写实验报告、观察作文、试验日记，这样就能让孩子们在探究中反思、在总结中改进，于科学，于语文，真可谓种瓜不但得瓜，还得豆。

是的，在活动中磨炼，在活动中成长，我们班在科学探究方面也取得了令人骄傲的成绩。

我们班的“迷你菜园”是达到种植目标最好的班级，荣获“神农杯”称号，劳动实践与研究活动得到了大家的一致好评。班级中科技人才辈出，邵程远是第一届“少年诺贝尔奖”获得者，胡钰妍获市科技创新一等奖，还有温文等同学，也正向“小诺贝尔奖”、创新大赛进军！

在家庭实验的舞台上，我属于一个配角，但我尽到了自己应尽的一份责任，做自己应做的一些工作。我和我的孩子们在这个舞台上收获着、快乐着，相信这不单单是几次实验、几项活动，它必定会促进我们的孩子更好地发展。

胡老师以她的责任心，带领孩子们克服自己的惰性、克服家长的不支持等种种困难，终于帮助每个孩子建起自己的幸福角落，让孩子们收获成功的喜悦，收获成长的快乐。同时，胡老师自己也在这个过程中享受到了班主任工作的意外之喜。

然而，众所周知，班主任可能是天下最小的主任，但涉及的事情可不少。对孩子们有着重要意义的科学实验总动员活动项目，他们也只能摆摆手——爱莫能助哪！因为上头有紧箍咒呢，小小的班主任怎能动弹？

三、家长不敢苟同

科学和技术课程提倡终身教育，不仅是对学生，还包括家长及所有对教育感兴趣的人。事实证明，如果家长能参与对孩子的科学教育，学生在校内外的表现就会好得多。为此，科学教师应引导和指导家长支持孩子开展实验项目。

1. 家长角色定位不准

虽然科学实验总动员是新课改背景下诞生的活动模式，而且已成为许多学生课内外生活的一部分。但也由于科学实验总动员还是一个新鲜的事物，很多家长和老师对此尚存在着很多的困惑。那么家长应该扮演什么样的角色呢?

在回答这个问题之前，先让我们看几则小故事。

第一则：1922 年诺贝尔奖金得主尼尔斯·玻尔的父亲是哥本哈根大学著名的生理学教授，还是丹麦皇家科学文学院院士。父亲平常的工作很忙，但他却从来没有因此而放下对孩子们的日常教育。因为工作的原因，玻尔家中时常会聚集一些有名望的学者或者科学家，共同商讨时事、哲学及科学问题。在玻尔和兄弟姐妹初谙世事的时候，父亲就常常让他们旁听这种学术讨论。所以很小的时候，玻尔就能够听到不同的声音，接触各个领域里不同智慧的碰撞，也让他从小就有一种高瞻远瞩的精神和开阔的思想境界。后来，在一次丹麦科学院的会议上他还提起此事，并流露出一片怀念之情。

第二则：1976 年诺贝尔奖金得主丁肇中的父母也都是科学家，家里进进出出都是科学人才。后来他回忆说：“我的父亲小时候就告诉我法拉第是谁、伽利略是谁、牛顿是谁，他常常给我讲大科学家的故事。在耳濡目染中，我也就对科学有了浓厚的兴趣。”

第三则：1972 年诺贝尔生理学或医学奖获得者罗德尼·罗伯特·波特于 1917 年 10 月 8 日出生在英格兰开夏郡。父亲在铁路部门工作，也许是在铁路部门工作的原因，他总是保持着豪爽乐观的性格与不怕苦、不怕累的精神，在最艰难困苦的时候，他都没有叫过苦、喊过累。波特从小就体会到了父母拉扯自己的不易，所以非常懂事。父亲虽然对科学不大感兴趣，但他不反对波特对五彩缤纷的自然界的浓厚兴趣，经常还会为波特买一些科普读物，波特深深地受着这些科学故事的影响。

第四则：1973 年诺贝尔生理学或医学奖获得者科拉德·洛伦兹的父亲是一名医生，父亲非常重视两个孩子的教育，他常带着他们到美丽的大自然玩。每当这时，洛伦兹感到非常高兴，他从小就对动物特别感兴趣，看着蝴蝶在草丛中翩翩起舞，听着知了在树枝上欢快地歌唱，在观察中写下了许多详细的日记，这为他以后的研究打下了良好的基础。他那时就在心里想，自己长大能当一个专门研究动物的动物学家，那是一件多美好的事情啊!

……

我想，只有家长意识到自己所担任的角色，才能更好地开展科学实验总动员，从而更好地履行相应角色所应承担的责任和义务。让我们听一听温州实验小学陈耀老师在《温州都市报》——真生活论坛家庭实验室专题讨论区就家长角色问题的回答。

认真倾听者。首先听孩子们说说自己的发现，关于实验过程中的一些发现、问题等，这是培养孩子们喜欢做科学实验的第一步。其次，听听他的下一步计划，因为做事有计划是每个孩子最基本的素养。所以，在某种程度上这非常重要，因为做事有计划是做实验的好习惯。

民主评价者。家长不要武断地评价孩子，而要能够客观公正地对孩子的发现提出自己真实准确的看法，但是原则上应当对孩子的发现给予鼓励与表扬，再提出好的建议。

真诚欣赏者。成功的家长总是能够欣赏孩子实验中的优点，优秀的孩子是表扬出来的（但是也应当有挫折的体验）。关键是孩子遇到挫折时，应通过正面引导让他们找到正确道路，并享受成功带来的喜悦。

坚定支持者。家长要像民众支持总统一样支持自己的孩子。孩子有困难要给予解决与适当帮助，但不是全部帮他们搞定。

正确引路人。关键时刻家长才出手帮助，这里改动刘欢歌中唱的一个字：“该出手时，才出手。”

乔治·赫伯特曾经说过：“一个好的母亲抵得上一百个学校的老师。”大量的事实证明，此话并不是没有道理。家庭对儿童的成长具有举足轻重的作用。即使孩子进入学校，家庭也仍然是其“后方阵地”和心灵的“避风港”，其作用仍然是学校和教师不可替代的。

2. 家长的认同度不高

当科学实验走进学生家庭的时候，作为科学实验总动员的推动者——科学教师，不得不面对这个非常现实的问题。因为家长的态度对实验是否能正常开展所起的作用太大了。不过，随着家长科学素养的进一步提高，随着小学科学的重要性进一步被广大家长所认识，家长对孩子在课外开展科学研究的态度也正在改变。

让我们先看一看江苏盐城第一小学三位家长在该校网站上的留言。

家长一：孩子在玩的过程中学到了许多课堂上学不到的东西，而且是自己主动地学习、探索，增强了动手能力。特别是实验不成功时刨根问底的钻研劲、成功时的欣喜若狂，这些都深深地感染着我们！家庭实验室活动非常棒！感谢盐城一小家庭实验室的平台和杨俊老师！

家长二：女儿从小就喜爱问“为什么”，喜爱动手。学校这个家庭实验室平台，既满足了她的好奇心，又让她长了见识。女儿在学中玩，玩得很开心；在玩中学，学得很用心。做家长的看在眼里，乐在心里。希望家庭实验室这个活动越办越好，走出一小校门，走出盐城，走向全国！

家长三：闲暇时间，一家人利用身边平淡无奇的小物件做一些小实验，在司空见惯或匪夷所思的各种现象中感受科学的无穷魅力，轻松愉快中也增添了浓浓的亲情。卢阳在实验中兴奋而充满惊奇，他还不能熟练地进行观察、测量、比较、分析，他懵懂于科学和科学精神，但无疑增长了知识、合作意识和集体荣誉感，并从中获得了极大的快乐。真诚地感谢活动举办者和班级老师引导他们探索科学的努力，也许他们好奇的目光正是明日之星初露的光芒！

……

从家长的留言可以发现，他们均对开展科学实验总动员道尽了好话，都肯定了科学实验总动员的意义，肯定了科学实验总动员对其孩子的影响力，更有甚者，还把家庭良好科学氛围的营造也归功于科学实验总动员的开展。

说实在的，但凡认认真真在家里开展过科学小实验的孩子，真心真意帮助孩子在课外开展过科学实验总动员的家长，我想都会发出上述感言。因为，科学实验总动员之于孩子的影响力是真真切切的。

然而，我们也不得不承认，这样的家庭、这样的家长还是少数。如果盐城一小没有以行政的手段推进，没有用制度的形式要求每个学生、每个家庭创建家庭实验室，试想，科学实验总动员这朵美丽之花能在几个家庭中绽放？是一朵、两朵，还是三朵？

我想不会太多吧！因为有太多的理由，因为有太多的现实，可以让家长把科学实验总动员拒之门外。

(1) 条件不足

科学实验总动员，家长准备好了吗？无论城里还是农村的家长，可能大多数都没有准备好。特别是在农村，很多学生由于家离学校有很长的路程，因而平时都住校，而这些实验通常都要借助一些生活中的器材来完成，只重视成绩、卫生、安全的学校不会支持，这些器材肯定是找不到的。双休日回家做，一是过了时效性，学生的兴趣会下降；二是由于受各种社会因素的影响，很多家长认为开展科学实验总动员是“不务正业”，持否定态度，就更谈不上帮助孩子解决实际问题了。城里的家长，因为科学素养相对高一些，所以对科学实验总动员之类的活动，在态度上要好一点，但由于应试教育在城里相对来说要厉害一些，所以孩子们也不得不低着头过日子。

（2）时间不够

学生的课业负担重是一个不争的事实。中共中央国务院三令五申地要求各地学校必须减轻学生过重的课业负担，以促进学生的健康成长，多出人才，出好人才，从而整体提高民族素质。然而，由于种种原因，“减负令”执行的情况不容乐观。因为问题就在于应试教育制度，因为这个制度导致了学生之间巨大的竞争。即使表面上不让布置作业，学校与学校之间的竞争也会导致学校内部有相应的应对方法。学生与学生之间也会在空闲的时间去参加课外补习班，做课外“作业”。你认为真的可以“减负”吗？哪个家长不想自己的孩子上北大、清华啊？所以，在这以成绩论英雄、一分定终身的当前，一些看似正式的政策规定也只能是无奈地流于形式。鉴于此，家长和孩子也只好无奈地放弃兴趣爱好了。

（3）器材消耗

科学实验强调培养学生动手动脑的能力，其中涉及科技发明、科技制作，而这些动手作品需要相应的实验器材。如航模、车模、海模等一些作品的制作，都需要购买一定的部件。学校老师在发动学生参与活动并要求购买所需的部件时，就会遇到来自家长方面的阻力。许多家长错误地认为，上学是为了学习书本知识，为了考试、升学，而参与科技活动与考试、升学没有直接关系，因而不予支持。当然，不排除有的家长十分支持，个别学生甚至已经有了小型科学实验室，但大多数家长持保守态度，并不是特别热心。

（4）个体差异

蒙田说：“世上没有两根头发是一样的，没有两颗谷粒是一样的，也没有两种观点是一样的，世界的最大的特点就是多样化。”爱尔维修说：“我们在人与人之间所见到的精神上的差异，是由于他们所处的不同环境，由于他们所受的不同教育所致。”确实如此，因为不同的成长环境和成长经历，使得学生的差异明显，且不以人的意志为转移。因此，学生的个体差异是一个不容忽视的因素，科学教师务必正视此问题，试着让科学实验总动员适合于每个孩子、每个家庭。当然，这也是科学实验总动员想要进一步推广遇到的又一道难题。

3. 家长指导方法欠妥

当科学实验总动员在一个个家庭变为现实时，亲爱的家长，你准备好了吗？如果你还没有准备好的话，且听听天文学家卡尔·萨根是怎么说的：“每个人在他们幼年的时候都是科学家，因为每个孩子都和科学家一样，对自然界的奇观满怀着好奇和敬畏。”

因为几乎所有的孩子对小动物都有着浓厚的兴趣，所以保持和呵护孩子们的这份好奇心应成为科学老师和家长们的重大责任。千万不要忽视一只蚂蚁、一只小鸟、一群蜜蜂或者是一条小鱼对孩子们的吸引力。也许让他们花20分钟去背诵一段名篇或一首小诗会非常困难，但他们会在没有任何督促和要求的情况下，花上一个下午去观察一群蚂蚁的活动。他们兴致勃勃，心无旁骛，即使太阳把背晒脱皮，或者汗水顺着脖子往下流也不在乎。这就是好奇心所使，这就是兴趣的力量。

但是，我们也应知道，像这样让孩子花上两年时间与蚂蚁玩，他并不能增长多少知识，这时的关键是科学教师和家长的正确诱导。让我们再看一个真实的故事，即小斯宾塞的父母是怎样诱导孩子的。

当我发现小斯宾塞开始在屋后的花园对蚂蚁产生兴趣时，我也加入了他的“兴趣小组”。第一天，仅仅是看、是玩。看它们怎样把一粒面包屑搬回家，怎样跑回去报信，带来更多的蚂蚁……第二天，我为小斯宾塞拟出了一份关于蚂蚁的“研究”计划：（1）在“自然笔记”里开设蚂蚁的专页；（2）从书本上更多地了解蚂蚁，并记笔记；（3）了解蚂蚁的生理特点：吃什么？用什么走路？用什么工作？（4）了解蚂蚁群的生存特点：蚂蚁群有没有王？怎样分工？怎样培育小蚂蚁？

因为有了目标，小斯宾塞的兴趣更浓了。如果说开始他只是觉得好玩，那么现在他还觉得有意义了。这项研究持续了几乎一个夏天。实际上，在这份计划里，已融入了系统获取知识的方法，还培养了孩子专注达到目标的意志。

现在，我们可以毫不犹豫地告诉所有的科学教师和家长，不单单是小斯宾塞，其实每一个孩子都会对不同的事物产生不同的兴趣，每一种兴趣都会对应孩子的某种潜能（如果它充分地表现出来，就是特长）；还可以毫不犹豫地告诉所有的父母和学校的老师，没有笨的孩子，只有教导方法不恰当的父母或老师。

如何利用孩子的兴趣，以诱导的方式开启和培养孩子的智力？我们非常有必要去认识那位被陶行知称为造就科学小孩子的母亲——爱迪生的妈妈。

说起爱迪生的家庭教育，我们还得从爱迪生退学开始。关于爱迪生退学的原因，大家都知道，是因为爱迪生问老师：“为什么一加一是二?”老师说：“爱迪生，你拿一支铅笔再加一支铅笔，不就变成两支铅笔了吗?”“可是老师，拿一只杯子里的水放到另一只杯子里，水就集中在一个杯子里了呀！一加一怎么会是二呢?”老师不知如何回答了。“老师，两块泥巴粘在一起就是一块，为什么一加一是二，也许一加一是一。”这时老师发火了：“真烦！你自己想去吧。”于是老师又继续上课。爱迪生又举手了。“什么事，爱迪生?”老师强压住火气问。“老师，为什么会起风?”“老师，鸡蛋为什么会孵出小鸡?”老师说：“那是因为母鸡给鸡蛋加温了。”“老师，为什么给鸡蛋加温就能孵出小鸡?”爱迪生又问了许多为什么，“鱼为什么不会被淹死”“天空为什么是蓝色的”，等等。这些“为什么”让老师终于忍无可忍，老师将他狠狠地骂了一顿：“真烦，混蛋，老老实实地学你的算数！你是傻瓜吗?像你这样读书也是白读！”可怜的爱迪生只好哭着回家了。

从此，世界上产生了一个只有妈妈和儿子的两个人的学校，妈妈教爱迪生学习算数、英语、文学、理科、社会……什么都在一起学。但母亲从不拘泥于教科书，而是注意身边发生的事。

爱迪生孵蛋的故事大家都知道，也有很多种说法。在确切的资料里妈妈是这样做的：

妈妈说：“爱迪生，昨天鸭蛋孵出小鸭来了。”爱迪生好奇地问：“妈妈，鸭蛋为什么能孵出小鸭来?”妈妈说：“是因为鸭妈妈抱着鸭蛋加温的呀。”爱迪生又问：“为什么给鸭蛋加温就能孵出小鸭来。”妈妈说：“是啊，为什么呢?”“我试试也许就明白了。”妈妈高兴地说：“好啊，你去试试吧。”于是，爱迪生就把鸭蛋抱在怀里孵蛋了，结果孵了两天也没有动静。儿子大失所望，妈妈温和地对他说：“很遗憾吧，爱迪生。”“是啊，妈妈，我也给鸭蛋加温了，为什么孵不出小鸭来呢?”“是啊，你去查查百科全书吧。”于是，母子俩一起查百科全书，爱迪生查蛋项，妈妈查鸟项。虽然没有什么结果，但爱迪生却学到了许许多多的知识。妈妈从不给他答案，而是一起和他翻阅百科全书，和他一起思考，帮助他对科学产生兴趣，有这样的兴趣就会不断学下去。每天晚上，妈妈就睡在儿子的旁边，把名著一本一本地读给他听，以此代替儿歌。后来，读书这个习惯对爱迪生来说像呼吸一样自然。爱迪生爱读书的习惯和快读是著称于世界的。

爱迪生 9 岁时，妈妈拿到一本与化学实验有关的书——《自然哲学的学校》，是高中生用的书，里面介绍了许多实验方法，爱迪生不知不觉地迷上化学这个神奇的世界。爱迪生就说服父母在地窖里开设了自己的化学实验室。接着，爱迪生又要买实验的材料，家里没有钱，他就找妈妈商量：“妈妈，我想买实验的材料，怎么才能攒够钱呢?”妈妈说：“看看咱家有没有什么卖的?”爱迪生在院子里转了一圈回来说：“我看咱家后院种的菜可以拿到镇上去卖。”妈妈说：“好主意，我们试试看。”第二天一早，爱迪生就拉了一车菜到镇上去了。

爱迪生 12 岁时，在火车上做水果、报纸、杂志的推销员，由于一次意外事故，他的耳朵失去了听力。望着精神萎靡不振的爱迪生，妈妈紧紧地握着他的手对他说："稍微有些听不清，没有关系呀！你还有健康的身体，长着漂亮的眼睛和鼻子。如果振作精神继续学习，前面的道路一定很开阔。你不能放弃自己的理想啊！"后来，爱迪生在日记里留下这样的话："无论发生什么事，都有母亲为我支撑着，所以才会有我的今天。无论在什么样的情况下，只有母亲体谅我任性。无论在多么痛苦的时候，我都能坚持下来，努力想让母亲高兴。这都是托母亲的福。"对爱迪生来说，南希既是妈妈，又是老师，还是朋友，与母亲的交流对爱迪生的人格产生了巨大的影响。

毋庸置疑，没有一位正常的母亲不爱自己的孩子。母亲爱孩子的方式有很多种，得到的回馈方式也是多种多样、千差万别的。俗话说："种瓜得瓜，种豆得豆。"教育更是如此，你在教育的土壤里播种了什么种子，就会收获什么庄稼。农民播错了种子，只错过一季；家长如果播错了种子，那就错过了孩子的一生。

其实，我们的孩子天生就是科学家，他们带着好奇心和探索的欲望来到这个世界，是那些不懂孩子科学教育的家长磨灭了孩子的天才。假如他们能像南希那样教育他们的孩子，想想我们的孩子未来会是什么样子呢？著名的"罗森塔尔"效应给我们这样一个启示："外来的对教育主体的期望，可以转化成一股巨大的动力，在很大程度上影响着教育主体对目标的追求和实现。"因此，每个家长都应该认识到，孩子是正在成长的尚不成熟的个体，要以科学的态度对待孩子，用宽容去扣开孩子的心扉，让宽容成为家长解读孩子最美的语言。面对孩子的好奇心，家长可以成为一个未来科学家的启蒙老师，也可以成为扼杀孩子创造性思维的刽子手。作为一名虔诚的科学教师，我给家长以下建议：(1) 当孩子对某件事物表现出兴趣时，不简单地因为自己认为"没用"而指责、否定他；(2) 兴趣可能给孩子们带来快乐并使他专注，孩子从而获得与这一兴趣相关的知识；(3) 诱导孩子通过自己查阅和请教别人的方式来获得知识；(4) 记录是使知识存留下来并是训练孩子使用文字、图画、书籍的好办法；(5) 对于还不具备文字记录能力的孩子，父母要给他准备笔记本，把题目写下来，让他口述；(6) 尽量不使用"任务""作业"这类词，而代之以有趣的名目。

儿童是天生的创造者！每个儿童身上都潜藏着创造的天赋，教育的全部艺术在于激励和唤醒，在于让儿童发现自己能成为什么样的人，而不是使他们成为什么样的人。陶先生说得好："教育就是解放儿童的眼睛，解放儿童的头脑，解放儿童的双手，解放儿童的嘴，解放儿童的空间，解放儿童的时间。"亲爱的家长，千万不要因为自己的认识不到位，而阻塞了孩子成为小小科学家的道路。

第二节　小学科学实验总动员的展望

科学实验总动员虽以替补的身份出现，但由于其对激发孩子们科学学习兴趣，培养孩子们的创新精神和实践能力，特别是推动科学教育的发展等方面有着独特的作用，它不但被上级主管部门和一线教师所重视，更是成为广大家长和孩子们的最爱。可谓是：回首过去，我们思绪纷飞，感慨万千；立足今日，我们胸有成竹，信心百倍；展望未来，我们引吭高歌，一路欢笑。

一、上级部门的支持

陶行知先生说过："现在是一个科学的世界。科学的世界里应该有一个科学的中国，科学的中国要谁去创造呢？要小孩子去创造！等到中国的孩子都成了科学的孩子，那时候，我们的中国便自然而然地变为科学的中国了。"说实在的，理解和支持科学教师的工作，就是在培养创造科学中国的未来一代，如果能从这样一个高度来思考"理解和支持科学教师的重要性"，我想，还有什么比这个更重要的事情呢？

为此，我们完全有理由相信，随着对科学实验总动员认识的进一步加深，理解和支持科学教师的工作将成为上级部门的自觉行动。我们可以在最近出台的一系列重要文件中找到相关答案。

《国家中长期教育改革和发展规划纲要（2010－2020年）》中有这样一段话：

坚持能力为重。优化知识结构，丰富社会实践，强化能力培养。着力提高学生的学习能力、实践能力、创新能力，教育学生学会知识技能，学会动手动脑，学会生存生活，学会做人做事，促进学生主动适应社会，开创美好未来。"纲要还进一步写道："注重知行统一。坚持教育教学与生产劳动、社会实践相结合。开发实践课程和活动课程，增强学生科学实验、生产实习和技能实训的成效。充分利用社会教育资源，开展各种课外及校外活动。加强中小学校外活动场所建设。加强学生社团组织指导，鼓励学生积极参与志愿服务和公益事业。"

最近出台的另一个重要文件《国家中长期科技发展规划纲要（2006－2020）》中则有这样三段话：

实施全民科学素质行动计划。以促进人的全面发展为目标，提高全民科学文化素质。在全社会大力弘扬科学精神，宣传科学思想，推广科学方法，普及科学知识。加强农村科普工作，逐步建立提高农民技术和职业技能的培训体系。组织开展多种形式和系统性的校内外科学探索和科学体验活动，加强创新教育，培养青少年创新意识和能力。加强各级干部和公务员的科技培训。

加强国家科普能力建设。合理布局并切实加强科普场馆建设，提高科普场馆运营质量。建立科研院所、大学定期向社会公众开放制度。在科技计划项目实施中加强与公众沟通交流。繁荣科普创作，打造优秀科普品牌。鼓励著名科学家及其他专家学者参与科普创作。制定重大科普作品选题规划，扶持原创性科普作品。在高校设立科技传播专业，加强对科普的基础性理论研究，培养专业化科普人才。

建立科普事业的良性运行机制。加强政府部门、社会团体、大型企业等各方面的优势集成，促进科技界、教育界和大众媒体之间的协作。鼓励经营性科普文化产业发展，放宽民间和海外资金发展科普产业的准入限制，制定优惠政策，形成科普事业的多元化投入机制。推进公益性科普事业体制与机制改革，激发活力，提高服务意识，增强可持续发展能力。

这是两个必将影响我国今后很长一段时间的教育和科技发展的政策法规，它们都在有限的篇幅里，就推动像科学实验总动员这样对促进人的全面发展、培养人的创新精神和实践能力的活动给予最有力的支持。我们完全有理由相信，这样的支持必将成为一线科学教师的强大动力。

无意中看到温州商报上的一篇报道，更是振奋人心，报道是这样写的："浙江省首期'家庭实验室'培训于近日在温州市籀园小学举行开班仪式，共有60多位来自全省各地的小学科学教师参加为期三天的专题培训。温州市实验小学'家庭实验室'项目于2011年底被列为浙江省中小学教师培训平台的培训项目之一，全省各地小学教师可通过浙江省网络师训平台，自主选择报名参与培训并获取相应的学分。"

1. 加强科学教师职前和职后的培养

由于科学课程承担着培养小学生科学素养的重任，在整个小学教育中的地位越来越重要，因此，提高科学教师的素养与水平显得非常紧迫，不能再让上不了语文、数学课的教师教科学，必须逐步建设一支专职的小学科学教师队伍。只有拥有这样一支队伍，才能实现科学课由课内向课外延伸，实现提高学生科学素养的目标。

在当前，首先要做的是在中等与高等师范教育中设置和科学教育有关的课程，以保证新任小学科学教师有扎实的科学知识基础与较高的能力水平。

实际上，国内一些师范院校已经开设了科学教育专业。据查，国内最早开设科学教育专业的是重庆师范大学，学制四年，但遗憾的是科学教育专业主要面对中学科学教师，虽然小学科学教师也可以参加学习，但在课程设置方面不怎么配套，所以学习的效果也不怎么好！

在这方面，我还是有点发言权的。因为2006年参加了浙江师范大学科学教育专业本科函授，其实这是面向中学科学教师的专业。这不，参加函授的80多位学员中，我是唯一的小学科学教师。还记得2007年5月8日，在一篇题为“在浙师大学习科学理论——接受高一层次的教育”的日记中写道：

当其他人悠闲地过着“五一”长假时，我这个小学科学教师，却静静地待在浙江师范大学做一名“学生”！

我一直认为自己和科学课有着前身因缘。这不你看，1982年教育部决定从小学三年级起开设自然课。那一年，我刚好从小学二年级升到三年级，于是也就成了自然课的第一批受益者。其实，小小的我当时并不知道运气有这么好，能成为自然课的第一批幸运儿，实际上是身为自然教师后从章鼎儿老师的一次讲座中获知的。

更加让我意想不到的是，1991年在衢州师范学校毕业时，在没有思想准备的情况下，稀里糊涂地在一所只有8位教师的完小做起专职的自然教师。而且，很快就以不错的业绩被领导和同行认可。1992年，也就是中师毕业的第二年，我的处女作“怎样激发学生学习自然的兴趣”居然发表在省级刊物《浙江教育》第一期。1999年，我以不错的教学业绩被评为常山县第六届教坛新秀（常识学科），当年全县小学常识学科仅评了两名教坛新秀，一名在城里，另一名在农村，我就是那名任教在农村的教坛新秀。2004～2006年，我参加了浙江省小学科学骨干教师培训班。2006年，我被评为衢州市教坛新秀。同年，县教育局招聘一个科学教师进城任教，我以第一名的成绩被录用。还是在这一年，科学课来到了我们这个小县城。我呢，成为县里第一批科学教师。让我觉得更为有缘的是，2005年浙师大首设“科学教育”本科函授（针对初中科学教师），我在一位师兄的劝说下，参加了“科学教育”本科函授，授课地点在浙师大本部（金华），也就是我现在工作的地方。还记得，妻子当时怪我浪费钱，说县进修校有本科函授课程，我为何要到浙师大接受函授，我当然无言以对。实际上，妻还不明白我和科学课的情结严重着呢！更可笑的是，劝说我的那位师兄，没有坚持下来。我，一个小学科学教师却坚持至毕业（我是班里唯一的小学科学教师）。

在“五一”长假里，我们学习的是一门叫“科学课程与教学论”的课程。授课的是一位叫卢玮的副教授，他原是浙师大附属中学的化学教师，后调入浙师大生化学院工作。卢教授从科学教育开设的国内外背景，科学课程标准的解读，科学、技术和社会的关系，科学课程的设计，科学探究式教学，科学课的说课和评课，厨房里的实验室等七个方面，为我们进行了详细的阐述。

“科学要社会化，社会要科学化。”“科学素养只有在科学探究中培养。”“科学探究如果没有在教学中施行，就相当于新课程改革没有进行。”……句句经典之语敲击着在座每一位科学教师的心。在卢教授的精心讲解中，我对当前国内外的“科学教育”有了一个较为全面的了解。我想，这必将影响着在座的每一位科学教师，至少我是这么认为的。

俗话说，视野决定高度。在高等院校接受系统的理论学习，精读若干本学科教学的专著，对一个在实践中执着摸索的一线教师来说意义重大。对科学课要想有更深的认识，必须要有更加丰厚的积淀。理想之帆已经扬起，借着强劲的东风，才可破浪远航。

其次要对现任小学科学教师设立专门的上岗培训计划，按《课程标准》中规定的必须具备的科学素养设计培训课程与教材，分期分批实施上岗培训，建立相应的资格考核制度，持合格证上岗。争取经过3～5年的努力，使小学科学教师的能力水平上一个台阶，能基本胜任小学科学教育的需要。好在这方面不但已经引起上级教育主管部门的重视，而且相关的培训活动已经开展起来。如教育部组织的“国培”计划就有专门的小学科学班，浙江省人民政府资助的“领雁工程”项目，也有专门的小学科学教师骨干班，还有其他一些形式的科学教师培训项目。

浙江省领雁工程小学科学骨干班学员合影

2. 理解和支持科学教师的工作

科学课程要求教师带领学生开展各种活动，需要为学生准备大量的活动器材和实物材料，自制教具、学具。特别是现场考察、参观访问等活动，更要事先踏勘路线及场地。科学教师要帮助学生达到较高的科学素养，必须深刻理解所教的内容，建构自身的科学知识体系。而科学课在一些农村难已开展，也主要与此有密切的关系。

其实，不单单我们中国的小学科学课，很多国家的小学科学课都曾遇到过这方面的问题。如《56号教室的奇迹——让孩子变成爱学习的天使》一书中，雷夫·艾斯奎斯向我们描述了这样一个片段：

“自然课的教学重点，是让学生自己动手做。”这个概念不是新的，问题在于实践。自然课的设备往往是很多个班级一起共享的，或许可以用上一阵子，不过通常不到一年就会磨损、报销。老师都会有解说实验的指导手册，但若实验所需物品都不翼而飞了，空有指示又有何用？大多数的科学实验都少不了管理组，但老师却无力管理遗失或不当使用的教学用品。

由于以上的原因，自然课在美国的小学中竟然逐渐消失。也许大家不相信，但确实如此。更为可怜的是，在美国小学购置实验器材所需的费用，很多是老师用微薄的薪水，也就是老师自掏腰包购买器材，也许可以用荒谬一词来形容。

不过，据最近几年去美国考察的老师回国介绍，近10年来，美国开始在各个州成立实验材料研发与配送机构。于是，美国科学、数学教师变得非常幸福，因为他们每个单元和课题的材料都由中心研发和配送到每个学校。

说实在的，教育并不只是我们通常所理解的灌输和管理，它的更深层次的含义应该是发现、发掘学生的创造潜力，启迪学生的创造性思维，培养学生的创造精神，造就大批创新人才。江泽民总书记就说道：“创新是一个民族的灵魂，是国家兴旺发达的不竭动力。”

6年的实践证明，参与实验研究的学生中，绝大多数学生都选了科学作为自己最喜欢的学科，并且在科学学习中更加积极主动。他们的动手能力、创新能力、学习积极性与未参与的学生比较有着明显的优势。毋庸置疑，这种影响肯定会延续到孩子们中学对科学课的学习，甚至可能影响孩子们的一生。

二、必将成为更多学校的自觉行动

教育是一把双刃剑，既可以培养创新人才，也可以扼杀创新人才。我国的传统教育有自己的优势和特色，但也有明显的不足，其中一个方面就是习惯于按照一个固有的模式，把千差万别的学生经过反复地打磨，最后塑造成一个个标准产品。杨振宁博士曾以他的亲身经历说道：“中西教育比较，各有优点，西南联大教会了我严谨，西方教会了我创新。有这样两个事实：一个是我国中学生参加学科世界奥赛，每年都能拿到许多金牌，这说明我们教育的优势；另一个是，新中国成立50年来，我们还没有独立培养出一个诺贝尔奖获得者，这从一个侧面反映了我们教育的不足。”面对这样的现实，我们要善于反思，取长补短，改变我们的教育教学方式，更加重视创新精神的培养。

创新精神和实践能力的培养要贯穿于教育过程的始终，要建立师生的平等关系，确立学生在学习中的主体地位；要爱护学生的好奇心、求知欲，鼓励学生独立思考、敢于争辩、积极主动的精神；要营造一个崇尚真知、追求真理的氛围。创新精神和创新能力的培养，最重要的是鼓励和支持学生参加社会实践，亲自动手去做、去实验。《中共中央国务院关于深化教育改革全面推进素质教育的决定》把创新精神和实践能力的培养并列来提，是很有道理的。没有实践能力的人，绝不可能成为有创新精神的人。实践出真知，脱离社会实践来谈创新精神和创新能力的培养，只能是纸上谈兵。

不可否认，教育改革和发展确实包括诸多方面的内容，但中心是全面推进素质教育，培养学生的创新精神和实践能力。可以说，素质教育是21世纪教育教学改革的旗帜和行动指南。像温州实验小学、杭州文三教育集团、江苏浪沧区实验小学、江苏盐城第一小学、山东青岛沙子口小学、华中科技大学附属小学和金师附小教育集团的“家庭实验室”“科学实验总动员”等，就是希冀从学校的层面推动这项活动，让学生通过参与活动，培养他们对科学学习的兴趣，增强他们学好科学的信心和勇气，从而为中国素质教育的推进添砖加瓦。

这是盐城市第一小学的一封告家长书，读后让人特别带劲：

告家长书

尊敬的学生家长：

您好！

小学科学教育是全民素质行动计划的主要内容之一，为了让每一个孩子都能够拥有激发想象力、拓展思维能力，特别是运用科学概念进行实践的机会，我校创造性地举办了家庭实验室专项活动，为孩子们搭建了动手操作实践、享受科学教育的平台，使每个学生都有机会“像科学家一样开展研究”，真正体验发现和认识科学原理的过程，培养他们的科学态度、创新精神和实践能力。

经过近两年的实践，在广大学生家长的积极支持下，家庭实验室项目已经轰轰烈烈地展开并取得丰硕成果。目前，我校第三期家庭实验室活动已经开始，现将第三期活动的有关事项告知于您，希望您能鼓励并督促孩子积极踊跃地参加活动。

一、家庭实验室专题网站地址：www.exp.ycyxg.cn。

二、投稿方法和注意事项（网站已做修改，增加了一些功能）

注册用户并登陆后可进行投稿、修改稿件、评论、查看积分；详细投稿教程、图片处理教程和注意事项见网站中第三期投稿须知（请详细阅读）。

三、可以投稿栏目（需图文结合）

1. 规定实验：六个主题任选一个或多个进行实验并投稿。

主题1：人造美景（火山、雪、钟乳石……）

主题2：研究植物生长的条件（光线、嫁接、营养、水分、传粉等）

主题3：小调查（超市过期产品去向，油条加了洗衣粉吗，豆芽放化肥吗……）

主题4：蜡烛巧做小实验

主题5：观察小动物（生活习性、听觉、视觉、触觉、繁殖等）

主题6：科技小制作（树叶贴画、泥板浮雕、科技制作、小发明等）

2. 自主实验：自行选择其他主题进行实验并投稿。

四、积分规则

每篇被录用的实验稿件加1分，精彩稿件另加1分。

五、第三期活动截稿时间：2012年5月20日。

真诚希望您的孩子在您的支持、指导下，参与到活动中来！

盐城市第一小学北校区

2011年9月20日

这是网上搜索到的一所叫九峰小学的“家庭实验室”活动实施方案：

九峰小学“家庭实验室”活动实施方案

一、活动背景

解读纲要的精神，我们认为小学科学教育是全民科学素质行动计划中非常重要的一个环节，因为小时候形成的科学素质对一生的发展都是有深远影响的，特别是对人的思维能力、问题意识、好奇心、社会责任感等方面的影响。我们不但要引导孩子学会做研究，更要让他们学会为社会作贡献，实现自己的科学价值。我校介于城市与农村之间，相当一部分为拆迁户的孩子，对他们来说既失去了农村这个天然的科学实践乐园，又尚未被纳入城市文化的体系中。因而他们实践面窄，亲身体验生活的机会少，动手创新能力弱。而我校的科学教师人数又相对较少，科学课也不多，更制约了孩子们的实践能力。由此，我们计划开展“家庭实验室”活动，以实现人人参与、人人发展、人人都能享受成功的喜悦，真正为孩子的科学发展服务。

二、活动目的

要求学生根据家庭条件选择合适的场地，在教师和家长的帮助下选择项目，在固定时间内自主完成家庭实验，以适合自己的方式进行科学成果发布活动。开展这项活动的主要目的：

1. 贯彻《全民科学素质行动纲要》，让每个学生都有机会参与科学研究活动，实现面向人人的科学教育。

2. 紧密结合小学科学课程，通过家庭实验室的创建以及在家庭中进行的家庭实验活动，培养学生发现问题、提出问题、分析问题和解决问题的综合能力。

3. 通过科学实验、调查研究、专家讲座、技能培训、观看科学实验录像、家庭实验成果展示等教育活动，丰富学生科学研究体验，使学生学会一些科学研究方法。

4. 通过自己动手建设家庭实验室以及进行家庭实验的方案设计与实验研究，将家庭实验与科技创新紧密结合，引导学生运用创新的方法解决生活中的实际问题，发展学生的创造性思维，培养其动手能力。

5. 通过家庭实验活动，引导学生在生活中学习，在实践中发展，培养学生健全的人格，发展学生的创新精神与实践能力，培养学生的社会责任感以及参与社会实践的能力，向他们渗透热爱祖国、热爱家乡的意识。

三、活动过程

第一阶段（2008 年 10～12 月）：制订实施方案阶段

1. 确定星级家庭实验室创建的标准

2. 创建家庭实验室

3. 推出科学评价体系

（1）家庭实验室展览会

（2）家庭实验演讲会

（3）成绩单评价

（4）家庭实验毕业论文答辩

（5）“少年哥白尼奖”评比

4. 确定三个活动主题：“关注身边的科学”“关注家乡的自然资源”和“关注健康与环保”。

第二阶段（2009 年 1～3 月）：启动阶段

1. 面向 3～6 年级学生启动以“关注身边的科学”为主题的家庭实验室活动。鼓励学生共同参与研究，由学生自主选择。当然更鼓励学生选择生活中的其他课题展开研究。

2. 举行家庭实验答辩会，评选出这个阶段中突出的家庭实验成果。将每个学生的家庭实验成绩记录到期末成绩单“家庭实验”一栏中，并评出星级家庭实验室。

第三阶段（2009 年 4～6 月）：巩固提高阶段

1. 面向 3～6 年级学生启动以“关注家乡的自然资源”为主题的家庭实验室活动。鼓励学生共同参与研究，由学生自主进行选择。进一步鼓励学生选择与家乡资源有关的其他课题展开研究。

2. 在这一阶段活动进入尾声之时，召开全校性的家庭实验展示会与演讲会，汇报家庭实验成果。

3. 根据过程中的情感态度以及实验收获等，给每个学生的家庭实验以等级成绩，记入期末成绩单中。

第四阶段（2009 年 7～9 月）：全面普及阶段

1. 面向学校 3～6 年级学生全面启动以“关注健康与环保”为主题的家庭实验室活动。这个阶段的活动主要以学生自主选择项目为主、学校提供家庭实验项目指南为辅的方式进行。

2. 对上面所有阶段的研究成果进行梳理，举行年度“少年哥白尼奖”评比活动，请入围学生向全校 1～6 年级同学轮流演讲，并由学生投票，通过层层筛选，选出年度“少年哥白尼奖”获得者。同时，使全校学生在聆听中思考，在交流中碰撞，科学探究热情进一步得到激发，使学校科学探究和动手实践的氛围更为浓厚。

第五阶段（2009 年 10～11 月）：拓展深化阶段

根据学生特点，向全体学生发布专题探究活动，能力强的学生可根据自己的意愿任意确定选题。

根据“关注身边的科学”“关注家乡的自然资源”“关注健康与环保”等主题确定家庭实验选题。

第六阶段（2009 年 12 月）：活动总结阶段

1. 对三年来所有的活动内容进行总结，结合科学课教学和作文课、美术课教学布置家庭实验室长廊。

2. 将学生的家庭实验成果进行总结，编辑成册。

3. 对活动进行总结，评选出新一轮星级家庭实验室、优秀家庭实验成果，并设计下一轮家庭实验活动方案。

有点遗憾的是未能确认九峰小学是一所什么样的小学。它在东部沿海发达地区，还是在中西部贫困地区？是一所大型的集团化小学，还是一所只有百十来人的小学……其实，九峰小学是一所什么样的小学并不重要，重要的是它也在倾力推动这样的活动。我们完全有理由相信，在祖国的大地上，这样的学校还有很多很多，受益于此项活动的学生将是成千上万的。

三、更多的家庭和孩子乐在其中

我有点好奇地在百度搜索引擎中搜索“家庭实验室”，居然找到相关结果约4720000条。我又试着用google搜索引擎搜索，找到相关结果约11400000条。随意点击相关的条目，更多的则是某某学生在家里建造实验室并开展相关实验活动的博文和报道。仅仅博文和报道就达到这样一个数目，试想，没有报道的家庭将是一个怎样海量级的数字？

写到这里，我仿佛看到一百个、一千个、一万个……祖国的下一代，正蹲在家庭的某个角落，目不转睛地注视着某个实验，或用小手做着某个实验。当然，这样的动人情景我是亲历过的，因为我的学生也在我的指导下，在家长的帮助下开展着这项活动。

这是2009年4月21日我写的一篇日记：

用心珍藏

今早10点29分，收到一条让我异常感动的短信，这是我在附小两年工作的最好奖赏，我把它当作最好的“礼物”。

短信来自劳越的家长：“您好！劳越的科学小论文再次获奖，谢谢您的指导与培育。小学阶段快结束了，我想劳越一辈子都会感激科学老师，惦记科学老师。”在敲击电脑键盘，再次品读这短短的几句话时，眼睛竟有点湿润。

还记得，劳越是在一次科学单元检测中进入我视野的。2007年下半年，那时我刚来到金师附小，她是我任教班级的一个学生。在一个单元学习结束后，为了了解他们的掌握情况，我让同学们做了一张小测试。劳越那整洁的卷面、满分的成绩，一下子从我任教的260多名学生中脱颖而出，再加上“劳越”这个好听的名字，我一下子就把她给记住了。不过，当时我还不能把名字和人对上号，于是在我脑子里想象着劳越的样子：可爱的？高高的？瘦瘦的？……

还记得，当我带着一连串的问号，再次来到她所在的班级时，我用眼睛在班里扫视了一圈，劳越是谁呢？面对49名学生，我没能看出来。该不会是一个不起眼的小家伙？我决定用一个问题来解开谜底，让她出现在我的眼前。“劳越，请你站起来回答一下……”一个长得有点瘦弱又有点黑的小女孩从最后一排站了起来，这就是劳越？我从昨天起，一直在脑子里想象的劳越？她用很小的声音回答了我的问题。在接下来的40分钟时间里，她始终没有举手，但我注意到她的眼睛是专注的，也就是说，她虽然没有参与问题的讨论，但她的思维始终没有游离于问题之外，她的不声不响，还不会影响其他的同学呢！这就是劳越？难道这就是劳越？

我想象中劳越应该是出众的，但出现在眼前的她，恰恰是那么的平常，普通得让人惊讶！每个星期三节课，也就是说至少有三次和她见面的机会。她一直以这么一种状态出现在课堂上，随着时间的推移，不紧不慢、平平淡淡地度过。不过，普通的劳越时不时让人激动，每次布置的课外拓展活动，她都能保质保量地完成，如制作太阳能热水器、做小杆秤、种玉米、写科学小论文……显然，这是一个动手能力极强又善于思考的并不普通的小女孩。

直到有一次带他们去金华北山考察，才算是真正认识她。还记得，为了让孩子们了解高山生态茶，我决意冒险带他们去金华北山考察。原想：这样的考察活动，参与的孩子不会多吧？星期五通知了 20 个孩子，心想能有十来个参加也就差不多了。没想到第二天来了 19 个孩子！一个没来的孩子，在我们快到北山的路上，竟接到他的电话，告知由于迟到没能赶上，问能否让爸爸送过来，我告诉他以后还有机会，这个孩子就是四驱车高手毕睿。

北山考察回来，其他的孩子都是两手空空的，劳越却带着好几块石头，说是留作记念。我注意到她所带的几块石头，还是蛮有特点的。光从这一点，她就表现出和别的孩子不一样。由此，也让我对劳越有了一个新的认识。

过了一段时间，《金华晚报》记者想采访我带学生开展课外活动的情况。在考虑采访人选时，我不假思索地想到了她。当我把记者带到她家时，劳越让我观赏了她的好多藏品，而那几十块小石块被精心地放在一个透明的圆形塑料盒里。她的父母告诉我，这是她每次旅行时所收集到的，记者对这盒石头标本也很感兴趣，这就是后来被刊登在《金华晚报》上的那张照片，劳越手捧着她那心爱的石头标本。

劳越不爱说话是肯定的，劳越做事认真又是肯定的。后来的种植玉米活动，更是一个有力的证明。应该是 2008 年的春天吧！学校课题组的老师有机会去我的家乡江郎山。在保安镇，也就是戴笠的老家，我在一家种子店里购得黄色和白色的玉米种子，劳越就是几个种植玉米的同学之一。不过完成整个种植过程的，只有两个，一个是劳越，另一个是朱金涛。劳越边观察边记录，把玉米的整个生长过程细心地记录下来，后来参加金华市科技创新大赛还获得一等奖呢！

面对劳越妈妈的感谢，其实在我看来，这是一名科学教师应该做的，要说有什么大的贡献，也许是更尽职一点吧！换句话说，对孩子们的期待更大一点罢了！就如苏霍姆林斯基在《给教师的建议》一书中所说：“我们应该使每一个学生在毕业的时候，带走的不仅仅是一些知识和技能，最重要的是要带走渴求知识的火花，并使它终生不熄地燃烧下去。”

这篇4年前的随笔，我时时有翻看的欲望。为什么？原因在4年前，像这样的家长还是少数，更多的家长把关注的目光放在语数外等学科上，以及由此延伸的课外活动方面。然而，科学实验总动员走到今天，无论是熟悉的还是陌生的，这样的家长已不是少数。其实，我知道他们不是冲着我来，而是冲着像科学实验总动员这样有益的活动而来。

毋庸置疑，今天的教育环境还不利于推广科学实验总动员这样的活动，就某一个人或某一所学校来说，还不足以改变外部大环境，不过，我们可以改变自己所处的小环境。我非常喜欢奥斯特洛夫斯基在《钢铁是怎样炼成的》中写的一句话："人最宝贵的是生命。生命属于人只有一次。人的一生应当这样度过：当回忆往事的时候，他不会因为虚度年华而悔恨，也不会因为碌碌无为而羞愧；在临死的时候，他能够说：'我的整个生命和全部精力，都已经献给了世界上最壮丽的事业——为人类的解放而斗争。'"

虽然所从事的是非常普通的小学科学教育事业，而且只是一名微不足道的小学科学老师，无法和"为人类的解放而斗争"这样高尚的事业相比，但我并没有羞于全身心投入小学科学教育这一事业中，我甚至把科学教育当作我的精神家园、我的宗教信仰。

我，一个普通而平凡的小学科学老师，来自灵魂深处的声音告诉我，必须忠实于做一个小学科学老师，必须和孩子们一起学科学、做科学，否则我始终无法安静。科学课，我的精神家园，我将继续求索在这个家园里；科学课，我的信仰圣地，我将继续求索在这块圣地上。

参考文献

1. 蔡铁权，藏文彧，姜旭英编著．科学实验教育与研究［M］．上海：华东师范大学出版社，2008.

2. 郁波主编．走进课堂——小学科学新课程案例与评析［M］．北京：高等教育出版社，2003.

3. 浙江省教育科学研究院编．“育人模式”新探索（小学篇）［M］．杭州：浙江大学出版社，2009.

4. 张红霞主编．小学科学课程与教学［M］．北京：高等教育出版社，2004.

5. 项红．科学教育新视野［M］．杭州：浙江大学出版社，2006.

6. 袁运开，王顺义主编．发达国家科技活动教育的最新理念和实践［M］．上海：华东师范大学出版社，2010.

7. 陈华彬，梁玲编．小学科学教育概论［M］．北京：高等教育出版社，2003.

8. 袁振国．教育新理念［M］．北京：教育科学出版社，2007.

9. ［英］简·约翰斯顿．朱方，朱进宁译．儿童早期的科学探究［M］．上海：上海科技教育出版社，2008.

10. 刘默耕．小学自然课改革研究［M］．成都：四川教育出版社，1988.

11. ［美］约翰逊．王悦译．历史上最美的10个实验［M］．北京：人民邮电出版社，2010.

12. 赵国忠主编．教育最伟大的奇迹［M］．南京：江苏人民出版社，2009.

13. 监利县教育丛书编委会编．聂利实验［M］．武汉：华中师范大学出版社，2008.

14. 朱永新．新教育［M］．北京：文化艺术出版社，2010.

15. 钱伟长．中国历史上的科学发明［M］．上海：上海大学出版社，2009.

16. 罗利建．钱学森之问——大师是怎样炼成的［M］．北京：中国经济出版社，2011.

后 记

当写完这本书的时候，我感到自己是一个幸福的人。说实在的，想要把6年来的许多思想、实践和故事付诸文字，这工作的确比我预想的要难得多。但只要静下心来，一个个在眼前跳动的身影——劳越、朱金涛、金秋语、周昀、孙翰、潘乐扬、刘可意……一段段在脑中闪现的往事——煮饺子的秘密、泡茶的秘密、高速桥结冰的秘密、考察金华北山生态茶园、金华金东生态养殖场、金华东关奶牛养殖场、浙师大科技馆，以及2009年7月22日观察百年一遇的日全食……这些因参与科学实验总动员和我结缘的智慧孩子，这些因科学实验总动员而发生的精彩往事，都在激励着我挑灯夜战、奋笔疾书。

在写这本书的过程中，我时常思考这项亲手创建、努力实践、孩子们疯狂喜爱的活动——小学科学实验总动员，它真正的教育价值在哪里？

在《科学家是如何炼成的》文中我找到其教育价值。这篇文章描写了一个叫霍普菲尔德的科学家成长故事：小霍普菲尔德生长在一个鼓励孩子大胆探索的家庭。在他的眼里，父亲能修好一切东西。于是，孩提时代，只要父亲做这些事情，他就会守候观察。他的母亲则送来试管、软木塞和一本教孩子们做各种有趣实验的书籍。就这样，小小的霍普菲尔德制成的晶体虽不如书上看到的那么漂亮，但晶体的对称结构相当清楚。当然，更重要的是通过动手制作，他明白了晶体的成因。小霍普菲尔德在家里看父亲用红色洋白菜作试剂，观察到了随着溶液酸度的不同，红色洋白菜或变红或变蓝的神奇现象，他被这些神奇而有趣的现象深深地吸引住了。

当然，小霍普菲尔德能成为科学家的因素是多方面的，不过，有一点可以肯定，那就是父母在他还是小孩时，在他对科学知识渴求之时，不失时机地为他营造了良好的家庭科学氛围，并在他小小的心田中播下了科学的种子。

在《小时候父亲这样教育我》的文中我找到其教育价值。小费曼的父亲非常留意培养小费曼的观察习惯。有一天，小费曼在拉动马车时，发现车斗里一个小球奇怪地运动着。他找到父亲说："嘿！爸，我观察到一个现象，当我拉动马车时，小球往后走；当我拦住马车时，小球往前滚。这是为什么呢?""因为运动的物质趋于保持运动，静止的东西趋于保持静止，除非你去推它。这种趋势就是惯性。但是，还没有人知道为什么是这样。"这是很抽象的解释，但小费曼父亲并没有就此为止，又接着说："如果从边上看，小车的后板擦着小球，小车启动时，小球相对于地面来说其实不是往前挪了一点。"

他的父亲在许多这样的实例中与他进行有趣的讨论，在一生中一直激励他，使他对科学着迷。虽然费曼母亲对科学丝毫不懂，但她对费曼的影响也非常大，因为她特别幽默，让小费曼懂得"理解世界的最高境界是欢笑和广博的同情心"。

小费曼的故事表明，家长不懂科学也不要紧，重要的是应有意识地培养孩子对科学的兴趣。换言之，在对孩子进行科学教育的过程中，家长要注意培养孩子求真求实的态度、批判与创新的精神以及坚韧不拔、不屈不挠的品质，并注意与孩子建立民主、平等、自由、合作的关系。实际上，从一些科学家的传记或回忆录中，可以发现许多著名科学家和小费曼一样，正是因为小时候在家受到父母亲的激励和引导，才对科学探索充满兴趣，立志献身崇高的科学事业，从而有了伟大的科学发现。

这不，2008年度诺贝尔化学奖获得者钱永健，少年时患哮喘病，经常留在家中很少出户。父母怕他寂寞，送他一套化学实验器材，不久家里的地下室成了他的实验室。在一次次的实验中，他对化学产生了浓厚的兴趣。

有些时候，父母会为孩子远离学习而感到痛苦，其实，他们完全可以利用这样的特殊时机，对孩子进行科学兴趣的培养，就如钱永健的父母买一套化学实验用具，不需要多少钱，但对孩子所产生的效应则呈几何级倍增，甚至影响其一生。

家长在孩子科学教育方面的重要性，一些教育家早就提出过，如我国著名教育家陶行知先生在《儿童科学教育》一文中，关于父母如何对孩子进行科学教育，他讲了两个故事：一个是造就科学小孩子的父亲，另一个是造就科学小孩子的母亲。

大科学家富兰克林是一位在科学上很有贡献的学者。他的父亲是做肥皂和洋烛的。富氏入校读书不久，便去学手艺，他的父亲任凭他东去看看、西去做做，随便地、自由地去工作、去参观。他愿意做什么，便让他去做什么，所以他对工厂中的化学和工作很有兴趣。富氏自传中谈起他 40 岁后从事于科学工作，然而富氏对科学的兴趣，在很小的时候，在东看西玩中已经形成了，这是他父亲的功绩。

爱迪生是一个大发明家，但他在学校才待过 3 个月。他是一个喜欢刨根问底的小孩儿，却因此惹火老师和校长而被学校开除。庆幸的是他有一个很好的母亲，在母亲的帮助下开始了新的学习生活。西洋人的家里，都有一个贮藏杂物的地窖，爱迪生就在地窖中玩他的科学把戏。爱迪生的母亲，起初亦不愿孩子玩有点危险的实验，但看到孩子非常喜欢，于是也就任他去玩了。

陶老先生是那么地希望中国的父亲都学做富兰克林的父亲，中国的母亲都学做爱迪生的母亲，任凭自己的小孩子去玩把戏。他更希望中国的男教师学做富兰克林的父亲，女教师学做爱迪生的母亲。然而，今天的科学教育仍不受重视是一个不争的事实，孩子错过这样一个特殊的时期意味着什么？

我国科学教育知名专家张红霞老师在《别让孩子错过科学教育的"关键期"》一文中写道："教育心理学有一个著名的词汇叫作'关键期'。如果在生长发育的关键期，小动物或者儿童应该受到的教育机会被剥夺，将产生无法逆转的结果。"她进一步写道："如果认为年龄较大的儿童学习任何事物时，始终比年龄较小的儿童要有效一些，从而把智慧训练延期，那会超过儿童学习的适当准备点，使本来能够容易完成的事情，却被毫无必要地放弃了。"

在小学阶段给予孩子们适当的科学教育，能使他们的天赋更好地开发出来。但看似简单而重要的事情，很少有家长持如此观点，更不要说尝试着去做了。没想到，我创建的科学实验总动员似乎是以"作业"的形式出现，却刚好填补了家长在这方面的空白，还给孩子们一小片科学的蓝天。

幡然醒悟，我部分地担当了孩子们科学爸爸的角色，孩子们因为有了我这样的"爸爸"而欣喜、疯狂。我不但满足了孩子们对科学的渴求，而且无意中做了一件伟大的事情，那就是孩子们再也不会错过科学教育的"关键期"了！还记得那首叫《奉献》的歌吗，唱得多好啊："白鸽奉献给蓝天，星光奉献给长夜，我拿什么奉献给你，我的小孩？"是的，我拿什么奉献给你，我的小孩？今天，我为自己能用科实验总动员这样一份礼物奉献给共和国的孩子而感到欣喜、欣慰。

在写作中诸多踌躇，最后能顺利出版，实有赖于不同人士的协助。首先要感谢尊敬的黄文虎院士欣然同意为我的拙著写序，让我感动不已，也让本书添彩不少；其次要感谢尊敬的徐锦生校长，他长期潜心于小学生非智力因素培养的研究，在这方面取得了一系列重要成果；再次要感谢金华市教育局基教处吴惠强处长、金华市教科所金跃芳所长、婺城区教育局基教科金根福科长和婺城区教科所郑正林所长，他们四位作为教科研专家，从课题研究的角度，对此进行了细致、缜密的指导，从而让此项活动能够科学有效地开展；最后还要感谢浙江省小学科学教研员喻伯军老师，衢州市小学科学教研员朱雪英老师，金华市小学科学教研员朱银山老师，婺城区小学科学教研员杨志炎老师、叶益平老师和杜升朝老师，常山县小学科学教研员江根祥老师，金华电视台曾泳华女士和何如英女生，金华日报社王健女士，还有《金华晚报》记者任文林先生等。文林以一个教育新闻记者的敏锐视角，长期对这项活动给予关注和报道。当然，还有我那亲爱的同事和一批又一批可爱的孩子！

江美华

2012 年 12 月 12 日

图书在版编目（CIP）数据

小学科学实验总动员：大科学课堂有效提升学生创新力/江美华著．—南京：江苏教育出版社，2013.3

ISBN 978-7-5499-2610-7

Ⅰ.①小… Ⅱ.①江… Ⅲ.①科学实验—教学研究—小学 Ⅳ.①G623.62

中国版本图书馆 CIP 数据核字（2012）第 312162 号

书　　名	小学科学实验总动员——大科学课堂有效提升学生创新力
作　　者	江美华
责任编辑	林　琬　李　平
出版发行	凤凰出版传媒集团 凤凰出版传媒股份有限公司 江苏教育出版社（南京市湖南路 1 号 A 楼　邮编 210009）
苏教网址	http：//www.1088.com.cn
集团网址	http：//www.ppm.cn
照　　排	润星之源文化有限公司
印　　刷	九洲财鑫印刷有限公司
厂　　址	河北省三河市灵山大口
开　　本	787 毫米×1092 毫米　1/16
印　　张	17
字　　数	305 千字
版　　次	2013 年 3 月第 1 版　2013 年 3 月第 1 次印刷
书　　号	ISBN 978-7-5499-2610-7
定　　价	30.00 元
邮购电话	025-85406265，85400774　短信　02585420909
E - mail	jsep@vip.163.com
盗版举报	025-83658837